세상을 바꿀 행복한 소비자

이종인 지음

세상을 바꿀
행복한 소비자

프롤로그: '소시바' 이야기

소시바 북콘서트에서 즐거워하는 지인들

지난 연말, 후반기 인생의 설계를 위해 다니던 직장에 사직서를 냈다. 가족과 지인들의 염려뿐 아니라 스스로의 고뇌도 적지 않았으나 결정은 의외로 쉬웠다. 어려웠던 점은 정(情)이었다. 이십여 년간 고락을 같이해 온 한국소비자원 동료들과의 이별이 그랬고, 몇 번씩이나 자리를 옮기면서도 처리하지 못한 손때 묻은 자료와 책자들을 버리는 일이 그랬다.

책장 사이마다 끼워져 있는 메모들, 출연기념 사진들, 사진과 함께 실린 칼럼 기사 스크랩들을 정리하던 중 혜성같은 아이디어가 떠올랐다. 그래, 생각들을 꿰어보자. 독자들의 따뜻한 눈길로 반짝이는 보석 목걸이가 될지도.

　제출한 사직서가 처리되기를 기다리던 몇 주간 연구실 공간은 편집실이 돼 주었다. 크고 작은 사건들이 터질 때마다 소비자의 시각으로 기록해 놓았던 아이디어들을 모으고, 중앙 일간지와 전문지, 온·오프라인 저널에 게재했던 글들과 인터넷에서 나의 이름으로 검색된 기사들을 스크랩했다. TV와 라디오방송을 통해 공중파를 탄 대담 자료까지. 그렇게 해서 꾸려졌던 책이 소시바(어느 네티즌이 붙여준 『소비자의 시선(視線)으로 시장경제를 바라보다』의 줄임말)였다.

　소시바가 세상에 나온 뒤 뜻밖의 호평이 이어졌다. 파이낸셜뉴스와 엔씨미디어와 같은 온·오프라인 매체에서 추천할 만한 책으로 소개하고, 평화방송 시사프로그램 '열린세상 오늘'을 통해 애청자들과도 만났다. 7월의 한 주말에는 지인들과 친구들이 '이보다 좋을 수 없는 북콘서트' 자리를 마련해줬다.

　지난 연말에는 2011년도 문화관광체육부 우수교양도서에 선정되는 영예를 안았다.

　소시바의 두번째 이야기가 될 이번 책은 '불만족을 만족으로 바꿀 힘이 없는 소비자는 불행하다'는 컨셉 아래 내용과 제목을 디자인했다. 일반약 슈퍼판매와 전세대란 등 최근의 시사거리에 관한 글을 전면에 두고, 그 사이사이에 가볍게 읽을 수 있는 얘깃거리를 배치했다. 재벌문제나 소비자주권과 같은 무거워 보일 수도 있는 내용은 수월하게 읽히도록 대화 문체로 꾸몄고, 소시바에서의 글들도 부분적으로 활용했다. 수필 형식으로 가급적 쉽게 독자들에게 다가가고자 했다.

세심한 지적과 도움말을 아끼지 않은 거창고 28기 친구들의 축하의 말과 눈빛과 마음에 고마움을 전하며, 여러 온라인 채널에 소시바의 후기를 올려준 독자들께 감사한다. 출간을 위해 애써 주신 한국학술정보(주) 편집부 여러분에게 심심한 감사의 마음을 전해드린다. 사랑하는 아내와 세 딸의 관심과 배려는 부끄러움을 이기는 데 큰 힘이 되었다.

아무쪼록 이 책에 실은 50여 편의 글이 일상생활에서 잠자고 있던 소비자의 권리를 깨워서 이들의 행복한 경제생활에 일조할 수 있기를 독지들과 함께 기대해 마지않는다.

2012년 2월 설날 아침에
이종인 씀

차례

contents

01
행복해야 할 소비생활 불행한 소비자

그들만의 리그:
일반약 슈퍼판매와 전문약 약국판매 공방

가까운 친지가 약국을 경영하신다. 잠실 아파트 인근의 제법 목 좋은 곳에 위치한 아담한 약국이다. 일반약이 편의점이나 대형마트에서 팔리기 시작한 지난 7월 말 이후 매출이 눈에 띄게 줄었다고 한다. 웬만한 약 한 통을 팔아 얻는 마진이 몇 십 원밖에 되지 않는 마당에, 박카스와 안티푸라민과 같은 대중적 일반약(OTC)^{tip!하나}을 찾는 고객의 발길이 뚝 떨어져 걱정이 태산이란다. 그러면서, "소비자를 위하는 것은 좋은데 왜 약사만 골탕 먹이느냐. 소비자를 위해서라면 전문약도 대폭 풀어 줘야 하는 것 아니냐" 하신다.

지금 보건복지가족부 장관이나 관계자들은 엄청나게 골치가 아플 것이다. 지난 6월 하순경 일반약의 슈퍼판매를 둘러싸고 오락가락했던 정책에 여론의 뭇매를 맞고서야 "계획했던 개인적 정치 일정을 제쳐 두더라도 약사법을 개정"하여 일반약의 슈퍼판매를 관철하겠다고 장관이 직접 선언했던 것이다. 이는 정부에서 약사법 개정안을 마련해서 국회에 제출하고, 국회에서 법안이 통과돼야만 가능한 일이다.

하지만 많은 국민들이 원하는 실질적인 슈퍼판매가 실현될 가능성은 여전히 낮아 보인다. 법안을 검토할 국회 상임위 의원들의 생각도 부정적인 것 같고, 정기국회까지 넘어간다 해도 자신들의 정치생명이 걸린 큰 선거를 앞두고 표를 잃을지도 모르는 선택을 하지 않을 공산이 없지 않다(실제로 보건복지가족부 국정감사에서도 국회의원들의 부정적 시각을 읽을 수 있었다).

한 조사에서는, 국민의 70% 이상이 일반약의 슈퍼판매에 찬성표를 던졌다. 장관뿐 아니라 대통령까지 나서서 반드시 관철돼야 할 국민을 위한 정책이라 했지만, 오랜 공방은 언제까지나 되풀이될지 알 수 없어 보인다.

기억을 더듬어 보니 10년도 훨씬 넘었다. 지난 1997년에 처음 정부 일각에서 감기약과 해열제와 같은 일반약을 (미국과 같이) 슈퍼에서도 살 수 있어야 되지 않느냐는 얘기가 나왔었고, 세상을 시끄럽게 했던 2000년도 의약분업 분쟁^{tip!둘} 때에도 의료계에서 상대편을 공격하는 발언으로 일반약 슈퍼판매를 주장하기도 했다.

이러한 배경이 있던 터에, 이번에도 의료계에서 전문가의 입장에서 일반약 슈퍼판매를 찬성한다는 취지를 밝히자 약사계에서 발끈한 것이다.

그동안 의사의 처방이 필수인 이른바 전문약을 의사 처방 없이도 약국에서 바로 살 수 있는 일반약으로 전환해 달라는 것이다.

그래야만 국민들의 불편이 줄어든다는 것이다.

일반약의 슈퍼판매와 전문약의 약국판매를 둘러싼 공방의 내면에는 물론 여러 사정들과 이해관계가 매우 복잡하게 얽혀 있다. 하지만 한 가지는 분명해 보인다. 바로 '그들만의 리그'라는 점이다.

약사들은 비록 오남용의 우려가 적은 일반의약품이지만 국민의 안전을 위해 복약지도가 필수이고, 의사들도 환자의 안전을 위해 전문지식에 근거한 처방이 꼭 필요하다고 주장한다. 과연 그런 이유에서일까?

내가 들렀던 병 의원의 의사들은 진료 후에 약에 대한 설명을 해주는 경우가 많지 않았다. 처방전을 출력해 건네주는 직원 역시 환자의 질문이 없으면 약에 대한 설명을 해 주지 않는다. 처방전을 들고 찾아간 대부분의 약국에서는 무슨 무슨 약이니 식후 30분에 맞춰 드시고 부작용이 있으면 복약을 멈추라는 관행적인 '복약지도'만 해 준다.

전문약이 일반약이 되면 의사 입장에서는 처방받는 환자가 줄고 약사에게는 득이 된다. 일반약이 슈퍼판매약이 되면 앞서 말한 친지와 같은 약사에겐 적지 않은 실이 됨은 누가 봐도 알 수 있다. 그래서 이들은 기를 쓰고 반대하는 것이 아닐까.

의사든 약사든 의료서비스 소비자의 입장을 한번 진지하게 생각해 주면 좋겠다. 일반약이 많아지면 환자들은 손쉽게 약을 살 수 있어 편하긴 하지만 약에 대한 의존도가 높아질 것이다. 외국과 같이 슈퍼나 편의점에서 약을 손쉽게 살 수 있게 되면 국민들의 불편이 줄어들지만, 만에 하나 부작용이나 잘못된 복용으로 약해(藥害)를 입을 수도 있다.

정부의 입장대로 의약품의 약국 외 판매를 허용하면 국민에게는 실보다 득이 더 많을 것이다. 비슷한 제도를 갖고 있는 선진국의 경우를 보더라도 쉽게 짐작된다. 지금 시점에서 중요한 점은, 어차피 약사법 개정을 하게 된다면 국민을 위한 현실성 있는 의약품 분류체계를 만드는 일이다. 미국이나 일본과 같은 경험 있는 나라들의 사례뿐만 아니라 관계 전문가들의 의견을 충분히 반영해서 분류기준을 만들어야 한다.

진짜 중요한 일은, 이번에야말로 십 년 넘게 끌어온 일반약 슈퍼판매 공방에 종지부(終止符)를 찍을 수 있도록 약사법이 개정돼야 한다는 점이다.

일반약은 의사의 처방 없이 약국에서 판매될 수 있는 약사법에서 정한 '일반의약품'을 말한다. 흔히 Over the Counter라는 영어에서 OTC약으로 부르기도 한다. 약사법에서의 의약품 분류체계에 따르면, 의사 처방에 따라 약국에서 판매되는 전문의약품과, 처방이 요구되지 않는 일반의약품, 그리고 약국이 아닌 곳에서도 판매가 가능한 의약외품으로 나눠진다.

최근에 보건복지부에서 일반의약품 중 44개 품목을 선정하여 약국이 아닌 곳에서도 판매를 가능토록 했다. 그런데 말이 44개 품목이지 실제로는 생산 중단된 품목을 제외하면 박카스와 까스명수, 위청수, 구론산 등 20여 개에 불과하단다.

그동안 논란이 되어 왔던 감기약과 해열제, 소화제 등 가정상비약들이 슈퍼와 편의점에서 판매되려면 약사법이 개정돼야만 현실적으로 가능하다.

의료계와 약사계는 약을 매개로 서로 땔 수 없는 관계 속에 있다. 몸이 불편한 환자들에게 의사도 약을 쓰지만 약사는 이러한 약들을 파는 입장이다. 약에 관계된 약사와 의사와의 관계에 관해 그동안의 정책 변화와 함께 생각해본다.

의약분업 제도는 원래 질 높은 의료서비스를 제공하기 위한 취지로 논의되었으며, 지난 2000년 초 시행됐다. 하지만 제도의 시행을 둘러싸고 의료계에서 장기간 진료 행위를 거부하는 등 집단 반발로 국민의료서비스에 심각한 불편을 초래했고, 약사계에서도 집단이기주의적 행동으로 여론의 비판을 받았다.

더욱이 보건복지가족부에서도 여러 차례 정책 시행의 혼선을 초래했다. 대표적인 사례가 2005년에 논란이 되었던 이른바 '제2의 의약분쟁'과 국민 건강 보험료의 계속적인 상승으로 국민 부담이 늘어난 문제이다.

나라마다 차이가 있지만 우리나라는 의약분업제도 시행 이후 '약은 약사에게 진료는 의사에게'라는 구호에 어느 정도는 맞는 교통정리가 이루어졌다. 환자들은 의약분업 이전에는 병원에서도 약을 탈 수 있었고 약국에서도 처방전 없이도 약을 살 수 있었다. 하지만 약사계에서 주장한 의약분업이 관철된 후로는 의료계에서 일정 부분 갖고 있던 약 처방의 수입 수단을 약사계에서 독점하게 된 것이다.

# 오락가락 '오픈프라이스' 제도

'아이스크림 반값 세일' 가게마다 심심찮게 볼 수 있는 선전문구이다. 실제로 아이스크림을 제값 다 내고 사면 바보라는 얘기가 있을 정도로 소매가의 30%에서 반값 정도로 사 먹는 것이 우리의 일상이다.

대체 원가가 얼마이기에 절반 가격으로 파는 것일까? 혹시 실제 판매기를 두 배로 뻥튀기하진 않았을까? 딴 상품들을 팔기 위한 미끼상품은 아닐까? 궁금한 점이 한두 가지가 아니지만 소비자들은 알 길이 없다. 바로 오픈프라이스(open price)^{tip!하나}라는 제도 때문이다.

오픈프라이스는 제조업체가 표시하는 '권장소비자가' 대신에 동네 슈퍼와 같은 최종 판매자인 유통업체가 가격을 정하는 제도이다. 이 제도는 업체 간 자율적인 가격인하 경쟁을 유도해 소비자가격을 낮출 목적으로 1999년에 처음으로 도입됐고, 2010년 7월부터는 과자와 라면, 아이스크림과 빙과류에도 적용됐다.

그런데 문제는, 소비자를 위한다는 취지와는 달리 제도의 역효과로 소비자의 혼란과 불만이 더욱 높아졌다는 점이다.

당초 기대와는 달리, 제도를 확대해서 시행하자 빙과와 아이스크림, 과자류와 같은 유명 인기 상품의 가격상승률이 3~5% 수준인 일반 소비자 물가상승률보다 훨씬 높아 5~25%나 됐다. 더욱이 동네 슈퍼나 영세업체들이 판매가를 표시하지 않는 곳이 많아 소비자들의 불편이 가중됐다.

한 조사에 따르면 지난 몇 년간 평균적인 가격표시율은 높아졌으나, 빙과와 아이스크림, 라면, 과자의 경우는 표시율이 각각 21.5%, 48.8%, 61.2%로 매우 낮았다. 또한 대형마트와 편의점, 골목상점 등 판매점별로 크게는 3배나 가격 차를 보였다.

그러다 보니 소비자들은 가격표시가 비교적 잘돼 있고 가격노 서렴한 대형마트나 SSM[tip!둘]을 더 좋아하게 되어, 동반성장이나 상생(相生)을 외치는 정부 정책과 어긋나는 결과를 초래하는 것 같다.

오픈프라이스로 인한 소비자문제는 이것만이 아니다. **사실 '50% 할인' 광고를 해도 소비자들은 속는 것은 아닌지 의심스럽지만 확인할 방법이 없다.** 가격 표시가 안 돼 있으니 가격이 언제, 얼마나 오르는지 판단하기도 어렵다.

오픈프라이스에 관련된 혼란과 애로는 영세한 슈퍼나 소매점도 예외가 아니다. 소매점들은 스스로 가격을 정할 수 있음에도 현실적으로 그렇게 하지 못한다. 많은 경우 거래하는 납품업체에서 제시하는 가격을 따를 수밖에 없다. 그러다 보니 권장소비자가가 지켜지던 시절과 별반 차이가 없는 것이다.

아이러니한 점은, 2010년에 추가된 빙과류나 아이스크림, 과자, 라면을 제외한 275개의 다른 품목들은 비교적 잘 정착되고 있다는 것이다. TV나 냉장고, 유명브랜드 의류와 신발 등의 소비자가격은 판매점에서 정해지고 가격 표시도 잘되고 있다. 물론 이러한 제도에 관한 소비자의 불만도 그다지 많아 보이지 않는다.

문제는, 정부가 생활물가 수준을 대표하는 빙과류와 아이스크림, 과자와 라면 등 4개 품목을 면밀한 검토 없이 오픈프라이스로 바꾼 데 있었다. 제조업자가 권장소비자가를 결정함으로써 소매점이나 대리점의 가격경쟁을 제한하는, 다시 말해 '재판매가격유지행위'tip!셋 억제를 위한 오픈프라이스 적용의 예상효과에 대한 검토가 부족했던 것이다. 그 결과, 앞서 지적한 여러 문제들뿐 아니라 최근의 물가상승의 주범으로 지목된 것이다.

다행히 정부에서는 최근에 이 4개 품목을 오픈프라이스 대상에서 제외키로 하여 문제의 소지가 다소 줄어들 것으로 보인다. 라면과 같은 일부 제품에는 다시 권장소비자가격이 표시되고 있다. 하지만 생활물가 안정을 위한 정부 정책방향에 문제가 있었다는 비판을 피할 수 없게 됐다.

선진국들도 우리와 같은 문제들로 인해 오픈프라이스를 단계적으로 줄여 나가고 있다. 미국과 독일은 권장소비자가격(MSRP; manufacturer's suggested retail price) 표시를 상당부분 허용하고 있고, 우리와 여건이 유사한 일본도 조례 등을 통해 권장소비자가격 표시 대상품목을 상세히 지정하여 시행하고 있다.

우리도 시행 중인 275개 오픈프라이스 대상품목을 선별하여 제한적으로 줄여 나갈 필요가 있다. 다만, 제도시행의 혼선을 없애기 위해 정부가 권장소비자가 표시에 대한 구체적인 가이드라인을 신속히 만들어서 시장에 제시해 줄 필요가 있다.

간과해선 안 될 점은, 오픈프라이스가 궁극적으로 소비자 이익을 위한 제도라는 것이다.

아이스크림과 스낵류와 같은 일부 품목 외에는 이 제도로 인해 시장에서 가격경쟁을 통해 소비자가격이 낮아졌음이 경제 이론적으로도 밝혀졌다. 따라서 **장기적으로는 소비자 상품의 가격을 제조자가 아니라 최종 판매자가 매기도록 하는 오픈프라이스가 잘 정착되는 것이 바람직하다.**

나만, 세조업자들이 권장가격을 부당하게 징한다든지, 유통업체들이 표시를 제대로 안 하거나 판매가를 터무니없이 높게 정하는 것을 감시하고 규제할 수 있는 장치가 필요하다. 시민단체의 적극적인 감시활동과 더불어, 소비자들도 오픈프라이스가 자신들에게 이익이 될 수 있다는 인식을 가져야 한다.

TIP ! 하나

상품의 생산자가 권장소비자가격이나 희망소비자가격과 같은 기준이 되는 가격을 표시하는 대신에 동네 슈퍼와 같은 최종 판매업자가 가격을 결정토록 하는 방식을 오픈프라이스(open price) 제도라고 한다. 이 제도는 '소비자기본법(제12조)'에 근거를 두고 있는데, 특정 품목에 대해 권장소비자가격 등의 표시행위를 '사업자의 부당한 행위' 중의 하나로 지정하여 고시하고 있는 것이다.

오픈프라이스 제도는 1999년에 처음으로 도입됐는데, 초기에는 가전제품이나 의류, 운동화, 러닝머신, 롤러블레이드와 같은 일부 품목을 대상으로 시행돼 왔다. 그러다가 2009년 7월 '가격표시제 실시요령' 개정을 통해 247종의 의류 전체 품목과 빙과와 아이스크림, 라면, 과자 등 가공식품 4품목을 포함한 전체 279개 품목으로 확대됐다.

지에스(GS)마트나 롯데마트, 홈플러스, 이마트와 같이 대기업에서 운영하는 '기업형
슈퍼마켓'을 SSM(Super Supermarket)이라 한다.
대개 연면적이 9백9십에서 3천3백 평방미터(3백~1천 평) 규모이고, 대형마트에 비
해서는 점포를 내는 것이 쉬운 편이다. 가공품을 주로 판매하는 편의점과는 달리 채
소나 생선류와 같은 농수축산물도 판매한다.

상품을 만들어 파는 사업자가 소매업자에게 상품의 재판매가격을 정해 그 가격대로
판매할 것을 종용하거나, 직접적인 조건을 붙여 거래하는 행위를 '재판매가격유지행
위'라고 한다. 예를 들어, A라는 메이커가 대리점에게 소비자 판매가격을 미리 정해
주고, 대리점이 이를 따르지 않을 경우 대리점 폐쇄나 거래중지, 리베이트 지급중지
등의 조치를 할 경우 재판매가격유지행위에 해당된다.
이러한 행위는 자유롭고 공정한 경쟁을 저해하고 수요와 공급의 원칙에 근거하는
정상적인 가격 형성을 방해함으로써 소비자들의 이익을 해칠 수 있다.
그러한 이유로 우리나라를 포함한 많은 나라들이 이러한 행위를 법을 통해 불공
정한 것으로 규정하여 금지하고 있다. 일부 상품에 대해서는 허용되는 예외적인
경우도 있다.

휘발유가 사치재?!

일전에 모 인터넷매체에 기름값 공방에 관한 짧은 글을 올린 적이 있다. 이를 본 네티즌과 지인들이 글의 취지에 공감한다면서 왜 정부의 조치가 없느냐, 언론을 보면 문제점을 인정하면서도 왜 모두들 남 탓만 하고 서민의 애로사항은 넓어 두려 하느냐 하는 불만들을 토로했다.

그러는 동안에도 기름값은 하루가 다르게 오르기만 했다. 이번 주에는 무연휘발유가가 리터당 1천9백 원, 경유가는 1천8백 원 내외로, 서울의 비싼 주유소는 2천 원 선을 훌쩍 뛰어넘었다.

우리나라 자동차 기름값이 세계 최고수준이고, 그 주된 요인이 역시 실질적으로 세계 최고수준인 세금(유류세)임은 이미 알려진 상식이다. 하지만 원유를 전량 수입에 의존하기에, '국제 원유가가 올라서겠지', '중동의 재스민혁명^{tip!하나} 때문에 국제정세가 불안해서겠지'라고 생각했던 소비자들은 반복되는 매스컴의 '기름값 책임공방'에 어이가 없어 한다.

높은 기름값의 원인에 대해 정부는 여전히 '사상 최대의 영업이익'을 누리는 정유업계의 폭리 탓으로 돌리고, 정유 업계는 정부의 높은 세금 탓이라 한다. 이에 한술 더 떠 주유소와 정유사는 서로 상대방의 높은 마진 탓을 하고 있다.

얼마 전 미국 서부지역 출장을 다녀왔다. 렌탈한 자동차로 이곳저곳을 방문하다 보니 자주 주유소를 찾게 됐고 자연스레 여러 운전자들과 얘기를 나누게 됐다. 그런데 주유소에서 만난 운전자들은 한결같이 비싼 기름값을 불평했다. 하긴 몇 년간 거주했던 2000년대 초 샌프란시스코 지역의 갤런당 1.4달러 수준에 비해 3.4달러 수준으로 두 배 넘게 올랐으니 그럴 만도 하다.

그런데 이 가격은 리터당 980원에 해당하는 금액이다. 국내 주유소에서 판매되는 무연휘발유 가격이 1,900원 내외이니 우리의 절반에 못 미치는 수준이다(1갤런은 3.8리터에 해당하고, 환율은 달러당 1,100원에 맞췄다).

소득을 감안한 우리 소비자의 기름값 부담은 일본의 3배, 미국의 5.8배, 독일의 2배라고 한다. 국민들의 생계부담 완화를 포함한 기름값에 관련된 근본적인 해결책을 찾기 위해 고민하기보다는, 정부나 업계 모두 '남의 탓' 공방을 하고 있는 것으로 비춰진다. 한마디로 꼴불견이다.

일각에서 주장하는 에너지 소비억제를 위해 세금을 통해 높은 기름값을 유지해야 한다는 논리는 기본적인 경제논리에 맞지 않는다. 예컨대 휘발유는 더 이상 가격조절을 통한 수요량 조절이 용이한 사치재가 될 수 없다. 기름값이 오른 만큼 자동차 주행거리가 비례적으로 줄지 않는 것이 관련 연구에서도 입증되고 있다. 오히려 기름값과 무관한 경우가 일반적이지 않을까? 국민들에게 자동차는 생활의 필수품인 것이다.

선진국이 되려면 소비자들을 선진 국민으로 대우해야 한다. 우리와 마찬가지로 산유국이 아닌 일본보다 소득을 감안하지 않은 절대액으로도 1.4배 이상 높은 기름값을 국민에게 요구하는 것은 어불성설(語不成說)이다.

정유사나 주유소의 폭리 내지 마진의 문제도 시장경쟁의 범위 내에서 가능한 한 합리적인 영업으로 소비자의 부담이 줄어들도록 해야 하겠지만, 핵심은 유류세(油類稅)이다. **기름값의 60%를 차지하는 특별소비세, 교육세, 수행세, 부가세 능 세금을 다소나마 줄여 줘야만 높은 기름값으로 고통받는 소비자들의 부담이 줄어들 수 있게 된다.**

유류세 수입은 국가 운영에 영향이 매우 큰 정책의 문제이다. 하지만, 소비자의 기름값 부담뿐만 아니라, 기업들의 고유가에 따른 원가부담을 줄여 국가 경쟁력을 강화하기 위해서도 적어도 한시적으로라도 유류세를 낮출 필요가 있다.

최근 언론에서 비춰지는 정부의 논리대로 정유사나 주유소의 폭리 내지 높은 마진이 문제라면, 정부에서는 기름값 산정[tip!둘]에 관련된 입증자료를 통해 이를 확인하여 관련법에 따라 시정토록 적극적으로 조치하면 될 것이다. 소비자도 시민단체 등을 통해 시장 감시자의 역할을 다해야 할 것이다. 가난한 저소득층에 대해서는 혜택이 골고루 갈수 있는 별도의 유가보조 제도[tip!셋]를 만들어서 시행하면 될 것이다.

민주주의의 열망을 담은 중동(中東)의 재스민혁명과 같은 예기치 못한 국제 환경의 변화에 따른 일시적 현상일 수도 있지만, 무연휘발유 가격이 2천 원 고지를 넘어서고 있어 더욱 절박해진 서민의 입장을 정부나 업계는 제대로 알기나 하는 것일까? 기름값을 둘러싼 앞으로의 정책이나 책임공방에서는 가격이 오를 때마다 반복되는 소비자의 고충과 기대가 우선적으로 고려되었으면 한다.

재스민혁명은 2011년 1월 튀니지 중부의 소도시 시디 부지드(Sidi Bou Zid)에서 과일 행상을 하는 한 청년의 분신자살로 촉발된 독재타도 민주주의 시민혁명을 의미한다. 튀니지에서는 시위대의 압력으로 24년간 장기 집권해 온 벤 알리 대통령이 결국 해외로 도피했는데, 이를 서방세계에서 재스민혁명으로 불렀다. 튀니지의 재스민혁명은 이웃하는 리비아, 알제리, 그리고 이집트와 오만, 시리아 등 여러 중동국가들에서 민주주의 시민혁명의 불길을 당기는 계기가 됐다.

재스민(jasmine)은 물푸레나뭇과 영춘화에 속하는 식물의 총칭으로 '신의 선물'이라는 뜻을 가지며 북아프리카 튀니지의 나라꽃[國花]이다.

기름값은 대개 국제가격에 정유사 마진과 주요소 마진 그리고 여러 세금으로 구성된다. 예를 들어 올 초 3개월간 국제휘발유가격의 평균은 리터당 768원 수준이었고, 정유사와 주유소의 평균마진은 각각 50원과 101원이었다. 여기에 유류세와 수입 부과금, 관세 등 각종 세금 954원을 합쳐 휘발유 소비자가격의 평균은 리터당 1,870원 수준이었다.

정부에서는 주로 영업용 화물차 운전자의 기름값 부담을 덜어 주기 위해 10여 년 전부터 유가보조금 제도를 시행하고 있다. 기름값의 고공행진으로 생계가 위협받을 정도로 화물차주의 부담이 늘어남에 따라 정부가 고육책으로 내놓은 것이 이 제도이다. 유류세를 낮추는 대신 에너지 세제를 개편해 영업용 화물차에 한해 유류비의 일부를 직접 지원하고 있다.

그런데 문제는, 연간 2조 원 규모로 운용 중인 이 제도가 허점투성이라는 데 있다. 언론을 통해서 종종 보도되기도 했듯이 LPG와 경유 차량의 경우 리터당 180원에서 280원을 보조받게 되는데, 곳곳에서 누출 현상이 발생하고 각종 불법, 탈법, 부정사용 사례가 끊이지 않고 있다.

아무리 좋은 취지의 제도를 만들더라도 시행이 잘 안 되면 없느니보다 못하다. 요즘 같이 기름값이 천정부지로 올라갈 때는 의례적으로 등장하는 유류보조금 제도 확대 논의는 그런 관점에서 신중한 접근이 필요하다고 본다.

금융권서 외면받는 서민

　요즘 빈번한 생활뉴스 중의 하나는 민생문제들이다. 언론에서 보여 주는 각종 경제지표를 보면 3년 전에 시작된 글로벌 경기침체의 늪에서 벗어난 듯하지만, 서민경제는 여전히 바닥이다.

　통계상의 실업률과는 달리 일하고 싶어도 일자리를 구하지 못하는 언론에서 얘기하는 사람들의 숫자와 지난 연초부터 매매를 한 건도 성사시키지 못했다는 동네 부동산중개업자의 하소연만으로도 꽁꽁 언 체감경기를 짐작케 한다.

　사람들이 겪는 경기침체로 인한 어려움은 서민금융의 문제에 그대로 묻어난다. 실질소득의 감소로 저축은 생각지도 못하며, 생활에 부족한 자금을 빚으로 충당하는 경우가 많다.

　현대 자본주의 사회는 말 그대로 신용사회여서, 일정한 소득이 있는 경우에도 얼마간의 빚[債務]을 안고 살아간다. 또한 경제구조적으로도 신용카드의 사용이나 보험 가입 등으로 인해 대부분의 사람들이 신용소비자의 위치에 서게 된다. 표현을 달리하면 구조적인 채무자의 입장에 있게 되는 것이다.

　저소득층이거나 정해진 소득이 없는 소비자 그리고 영세자영업자와 같은 이른바 서민층은 특히 금융소외자의 위치에 놓일 가능성이 높다.

정부의 저금리정책과 금융기관의 지속적인 가계대출, 중소기업대출의 확대에도 불구하고 이들은 상대적으로 낮은 신용등급 등의 이유로 제도권 금융을 이용하기가 쉽지 않다. 그러다 보니 불리한 조건으로도 사채(私債)와 같은 사금융을 이용하게 되고, 매우 높은 이자율 부담에 따른 상환불능이나 불법채권추심으로 심각한 어려움을 겪는 경우가 많다. 예컨대 사금융피해상담센터에 접수된 피해상담사례가 연간 50%나 늘었고, 수사기관에 통보된 건수도 무려 3배 넘게 승가 tip!하나 되었다고 한다.

요즘 같은 경기 침체기에는 집과 같은 실물자산이 있어도 자산의 가치하락(디플레이션)으로 처분하기가 쉽지 않다. 일반 가계의 자산비중을 보면 은행예금보다는 실물자산 비중이 높아 금융위기와 같은 외부충격에 구조적으로 취약하다. 가계의 부채상환능력을 나타내는 가처분소득 대비 금융부채 비율이 선진국에 비해 높아서 금리상승과 같은 여건 변화에 매우 취약한 상태이다.

경기 침체기에는 이와 같이 실물자산이나 일정한 소득이 있는 경우에도 금융이나 신용상의 어려움을 겪는다.

물론, 이러한 어려운 서민 여건은 국제적으로 경기가 회복되고, 그에 따라 국내경제가 활성화된다면 어느 정도는 일시에 좋아질 수 있다. 일자리가 늘어나 실질소득이 증가하고, 실물자산의 유동성이 높아진다면 부채상환능력도 개선되어 생활여건이 좋아질 수 있다. 하지만 문제는 당장에는 이러한 긍정적인 대외 환경변화를 기대하기 어렵다는 것이다.

다행히 정부에서는 민생우선의 정책기조 아래 서민금융문제의 해결을 위한 다각도의 정책을 펴고 있는 것 같다. 미소금융이나 햇살론과 같은 서민대출 프로그램tip!둘을 통해 서민에 대한 신용지원을 늘리고 있다. 또한 고리사채의 횡행(橫行)과 과도한 금리 요구와 같은 서민가계를 피폐하게 하는 탈법적 행태를 막고 사금융 이용자 보호를 위한 제도정비에도 힘쓰겠다고 한다.

이러한 조치들은 정부와 금융 감독기관에서 당연히 추진해야 할 일이며 빠를수록 좋다. 대부분의 규제가 그렇듯이 타이밍이 중요하며, 시기를 놓친 규제조치는 없는 것보다 못한 경우도 허다하다. 현행 이자제한법상 금리수준과 대부업법상의 제한금리 tip!셋의 적정성문제도 전문가들의 의견을 수렴해 적기에 재조정할 필요가 있다.

경기침체기 서민금융을 둘러싼 이러한 여건개선의 필요성은 정책당국만의 몫은 아니다. 정책의 결과나 제도의 운용은 시장에서 이루어지므로 금융서비스의 제공자나 이용자도 자신들의 몫을 다해야 한다.

제도권 금융기관이나 대부업 종사자 등 금융서비스 제공자는 법과 사회적 규범을 잘 지키고, 그 이용자인 금융소비자나 단체 역시 스스로의 권리를 주장해야 한다. 한국소비자원과 같은 기관에서는 서민금융서비스에 관한 이용자의 의식이라든지 시장에서의 피해실태들을 조사해서 피부에 와 닿는 정책방안을 제시해야 할 것이다.

이러한 문제들과 정책 방향에 관한 나의 생각들은 다행히도 바로 정책 개발을 위한 연구로 이어질 수 있었다. '서민금융서비스 소비자문제와 제도개선 방안 연구'라는 제목으로 연구를 수행했고, 그 결과가 언론에 홍보되고 정책에 반영되기도 했다.

연구를 통해 얻은 게 적지 않지만, 그중에서도 법과 현실의 괴리가 크다는 점을 재확인한 것은 큰 수확이다. 예컨대, **소득이나 신용이 부족한 서민들은 은행 문턱 넘기가 여전히 어렵다**. 법에서는 연간 이자를 30% 넘게 받으면 불법이고 처벌할 수도 있다. 더 낸 이자는 되돌려 받을 수도 있다는데, 정작 서민들은 60%가 넘는 연 이자를 물면서 사채를 빌리는 경우가 태반이고 심지어 100%가 넘는 경우도 적지 않았다.

TIP ! 하나

금융당국의 사금융피해상담센터에 접수된 사금융 피해상담 건수는 2006년 3천 건에서 2007년 3천4백 건, 2008년 4천여 건으로 매년 10~20%씩 증가하다가 2009년에는 6천1백여 건으로 급증했다. 2008년과 비교하면 불과 1년 사이에 50%가 증가한 것이다.

소득이 낮거나 저신용의 서민들은 정부가 지원하는 미소금융과 햇살론 그리고 새희망홀씨대출 등 이른바 서민대출 3총사 프로그램을 이용해 보는 것이 좋겠다.

이들 대출상품들은 대부분 연소득 2천만 원 이하, 신용도 7등급 이하의 서민들을 대상으로 하고 있다. 햇살론은 유일하게 6등급까지 대출이 가능하며, 상대적으로 10~13% 수준의 낮은 금리로 빌려 준다.

새희망홀씨대출의 경우 생계지원에 포커스를 둔 맞춤형 대출상품이며 전국의 서민 금융기관 창구에서 대출받을 수 있다. 미소금융은 금융소외계층의 창업지원에 초점을 둔 금융지원 사업으로서, 연 4.5% 이내의 낮은 금리로 지원하지만, 대출심사가 까다로운 편이다.

이자제한법에서는 사채를 포함한 개인 간의 금전거래에서 연간 30%를 넘는 이자를 불법으로 규정하고 있다. 또한 저축은행과 캐피탈, 등록대부업체 등과 같은 금융업체들은 대부업법에 따라 연간 39%를 넘는 이자를 받을 수 없다. 이때 적용되는 이자율은 연체이자, 공제금, 수수료, 할인금, 사례금과 같은 대부업체나 사채업자가 받는 모든 금전을 포함한 것이다.

이러한 규정을 위반하는 경우 형사상 5년 이하의 징역이나 5천만 원 이하의 벌금을 물을 수 있고, 민사로는 연 39%를 초과하는 이자납입액은 무효로 원금을 상계하거나 반환 청구를 할 수 있다.

 대입전형료와 대학등록금

"별문제는 아닌데…… 한 가지 상의할 일이 있어." 오랜만에 듣는 친구의 음성이 무척 반가우면서도, 한편으론 무슨 일일까 약간은 긴장된다. 퇴근 무렵 전화로 전해 들은 내용은 이른바 "대입전형료"에 관한 고충이다.

요약하자면, 외교관인 친구를 따라 몇 년간 해외에서 학창시절을 보낸 고3년생 딸이 여러 사립대에 수시 지원서를 내고 있던 참에, 한 대학에서 외교관자녀 특채형식으로 합격통보를 받았단다. 축하할 일이다.

그런데 문제는, 지원했던 대학들이 아직 전형 시작도 하지 않았으면서 전형료를 되돌려 주려고 하지 않는다며 "부당"하지 않느냐, 지불한 항공요금도 비행기 타기 전에는 적어도 절반은 환불해 주고, 인터넷쇼핑에서도 단순변심으로 계약 취소하더라도 물건을 받기 전에는 환불받을 수 있는데 왜 전형료는 그렇지 않느냐는 것이다. 소비자를 보호한다고 하면서 이런 일에 왜 침묵하느냐며 애정 어린 질책까지 곁들이면서.

나도 고3 자녀를 두고 있어 친구의 사정과 별반 다르지 않다.

수시 지원한 대학들에 전형료로 나간 액수가 적지 않다. 얼마 전 방송뉴스를 탄 내용이지만, 대부분의 이름값을 하는 수도권 대학들이 '수지(收支)맞는' 입학전형료 장사를 하고 있다고 한다. 지난해만 해도 모 대학은 25억 5천만 원을 남겼고 다른 대학들도 10억에서 20억 원대의 순수익을 올렸단다. 물론 시험출제비용과 채점, 학생면접비용 등 입학관리에 든 비용은 모두 차감한 순수입이다.

신문 기사들을 보니, 대학들은 이렇게 벌어들인 돈을 입학전형과는 직접 관련 없는 곳에 아낌없이 쓴 것으로 드러났다고 한다. 대학 홍보비나 교수 수당 그리고 관광 연수비로 지출하고, 심지어 대학의 공공요금 납부나 기자재 구입비로 유용했단다. 모든 대학들에 해당하는 것은 아니겠지만 대학들의 도덕적 해이가 심각해 보인다.

내가 일했던 곳에서 조사해 보니 지난해 서울소재 대학들의 인문·자연계열 전형료는 작게는 1만 원에서 많게는 15만 원까지 평균 7만 2천 원 수준이었다. 그 전전해의 평균이 6만 4천 원 수준이었으니 2년 만에 11.5%나 증가한 것이다. 물론 같은 기간의 물가상승률 6.9%를 훨씬 웃돈다.

올해는 입학사정관제 명목으로 인상폭이 더 커질 것으로 예상된다. 모 대학은 논술고사 응시생만 4만 명이 넘었다고 하니 그 수입 규모는 짐작하고도 남는다. 넘치는 수입을 올해는 어떻게 유용할까 자못 궁금해진다.

장삿속 전형료 문제에 대해서는 그동안 여러 대책이 제시되어 왔다. 대학들의 과다한 전형료를 낮추거나 합당한 수준에서 책정되도록 교육당국에서 발 벗고 나선다고 했다. 또 친구의 경우와 같이 전형절차 전이나 도중에 취소하게 되면 일정액을 손쉽게 환불받을 수 있는 법적 근거를 마련해서 시행한다고 했다. 복잡한 전형방법을 단순화시켜 대학들의 전형료 수입의 감소를 유도한다고도 했다. 그런데 그런 약속들이 잘 지켜지는 것같이 보이지 않는다.

교육당국이나 대학교육협의회와 같은 공공기관에서 제도나 가이드라인을 마련해서 시행하거나 관리 · 감독하는 것도 물론 중요하다. 그럼에도 불구하고 같은 문제가 매년 되풀이된다면 피해당사자가 나설 수밖에 없다.

해당 대학의 전형료 환불규정에 따른 환불을 요청하고, 환불규정이 제대로 되어 있지 않다면 일반법에 준용하여 환불해 줄 것을 요구할 수 있다. 그래도 안 된다면 법정까지 가서라도 상식을 벗어난 전형료 장사가 더 이상 문제되지 않도록 해야 할 것이다. 또한 학부모나 시민단체가 전형료의 원가 공개와, 상식에 맞는 환불규정 마련, 그리고 지나치게 높은 전형료 수준의 인하를 요구해야 할 것이다.

대입전형료 문제가 지금은 수면 아래로 내려간 듯싶지만 연말이면 어김없이 불거지게 될 것이다.

대학입학에 관한 또 다른 이슈는 최근의 고물가와 취업난과 결부된 비싼 등록금이다. 우리나라는 대학등록금 수준이 매우 높은 국가 중의 하나이다. 최근 5년간 물가상승률보다 등록금 인상률이 훨씬 높다는 뉴스의 내용이 사실이라면 이야말로 정말 문제이다.

1년 남짓 머물렀던 동경도의 히토쓰바시(一橋)대학의 학부생 등록금이 우리 국립대 수준과 비슷한 것을 알고 적잖이 놀랐던 적이 있다. 그 대학에 재학 중인 친척 조카를 포함한 여러 학생들에게 직접 확인해 본 결과다. 물가도 비싸고 소득수준도 우리보다 두 배나 많은 일본의 등록금이 우리와 비슷하다니 말도 안 된다.

며칠 전 한 SBS프로그램에서 취업 후 상환토록 하는 학자금 대출의 문제점을 방영했다. 많은 대학생들이 비싼 등록금 때문에 매학기 수백만 원의 은행 빚을 지고 있고 취업난이 겹쳐 갚을 길이 막막하다는 내용이다. 미국과 같은 선진국들에서는 다양한 형태의 정책적이고 사회적 지원프로그램이 있어 우리와 같이 심각하지 않다는 내용도 곁들였다. 딸아이가 다니고 있는 미국 대학의 경우도 재학생의 40~50%가 장학금이나 재정적 지원을 받는다고 한다.

대부분의 고교졸업생들이 대학을 가야 하는 지금의 대학교육은 더 이상 논밭 팔고 소 팔아서 대학 보내던 시절과는 다르다. 개인의 문제이기보다는 누구나 교육받을 권리를 누려야 하는 시대의 사회적 문제이다. 경쟁의 원칙이 앞서는 자본주의 시장경제 속에서도 교육의 기회만큼은 물질적 경쟁에 그대로 노출시켜서는 안 된다.

　　정론지를 주창하는 보수언론에서조차 자본주의 4.0[tip!하나]이라
는 타이틀을 내걸고 공정한 사회를 지향하는 시장경제가 필요하
고, 그 주된 내용 중의 하나가 바로 공정한 교육기회에 있다고
주장하고 있다. 얼마 전 국제적 이슈가 되었던 영국에서의 대학
학비 인상 반대 시위나 요즘 미국 월가에서 번지고 있는 금융자
본주의에 대한 반발 데모[tip!둘]에서도 비싼 학비와 같은 대학 교육
의 문제점을 읽을 수 있다.

　　선거철을 맞아 정치권에서 제시하는 '반값등록금'공약이 아니
더라도 비싼 등록금 문제는 시급히 해결되어야 할 사안이다. 대
학들의 자발적인 능록금 인하로 학생들의 부남이 줄어시게 되기
를 기대해 본다.

TIP ! 하나 ....

조선일보에서 신자유주의로 인한 시장의 위기를 해결하고자 하는 취지에서 '자본주
의 4.0' 시리즈를 게재한 데서 유명해진 용어이다.

286, 386, 486 등 소프트웨어 버전처럼 자본주의도 진화단계에 따라 숫자를 붙일 수
있는데, 자유방임의 고전적 자본주의(1.0), 1930년대 정부의 역할을 강조한 수정자본
주의(2.0), 1970년대 시장의 자율을 강조하는 신자유주의(3.0)에 이어 등장한 네 번째
버전의 자본주의라는 의미이다.

자본주의 4.0은 대개 시장 기능을 존중하고 선도적 대기업의 성공을 지원하지만, 중
소기업들에도 공정한 기회를 제공해 성공할 수 있도록 하는 사회적 책임을 강조하고
있다. 경제언론인 아나톨 칼레츠키(Anatole Kaletsky)의 『자본주의 4.0』의 책에서 유래
된 말이다.

'월가를 점령하라(Occupy Wall Street)'며 10월 초 뉴욕에서 시작된 소수의 청년실업자들의 목소리가 부유층의 탐욕에 대한 반감과 항의를 나타내는 상징이 됐다. 뉴스를 보면, 이른바 반월가 시위는 경제적 불평등과 청년실업에 대한 반발로 비춰지고 있으며 전 세계 80여 나라의 900개 이상의 도시들에서 유사한 시위가 일어나고 있다고 한다.

시위라고 하면 빼놓을 수 없는 우리나라에서도 지난 10월 15일 서울에서 '여의도를 점령하라', '1%에 맞선 99%의 힘으로 세상을 바꾸자'는 구호를 앞세운 비슷한 시위가 있었지만, 그다지 세간이 호응을 얻지는 못한깃 같다.

 # '통큰' 상술, 어떻게 봐야 하나

벌써 지난해 일이다. 이름 있는 대형유통업체들이 이른바 골목시장에 비해 터무니없이 낮은 가격으로 치킨이나 김밥, 피자를 판매하여 이목을 끌었다.

당시 개점 한 시간 만에 상품이 매진되는 등 폭발석 호응을 얻었지만, 영세업체들의 반발로 정치 쟁점화되기도 했다. 대형업체의 골목상권 진출에 대한 언론과 정치권의 가열된 질타에 펼쳐놓은 매장을 서둘러 철수한 업체도 있지만, 저렴한 가격이나 더 많은 양을 무기로 여전히 소비자의 사랑을 받는 품목도 있다.

세간의 관심에서 다소 멀어진 감은 있지만 언제든지 수면 위로 부상할 수 있는 대형유통업자의 골목상권 소매업 진출에 관한 쟁점을 몇 가지로 나눠 생각해 본다.

우선, 시중의 절반에도 못 미치는 저가공세가 법에서 정한 불공정거래행위에 해당하지는 않는가의 문제이다. 공정한 시장거래를 위한 법인 공정거래법에서는 '공급원가보다 현저히 낮은 가격'으로 판매하는 것을 부당한 염매(덤핑판매)로 규정하여 금지하고 있다. 또 경쟁업체의 고객을 뺏기 위한 염매행위는 이른바 약탈적 행위[tip!하나]에 해당하여 처벌이 가능하다.

통큰치킨이나 이마트피자가 이러한 부당 염매에 해당하려면 현저한 원가 이하 판매 여부의 입증뿐 아니라, 그러한 염매 때문에 고객을 뺏긴 경쟁업자가 도산되었고, 그 후에 가격을 올림으로써 새로운 경쟁기업의 시장진입이 억제되었다는 것들이 어느 정도는 확인되어야 한다. 그런데 사실상 원가보다 낮은 염매가 분명한지는 객관적인 판단이 어렵다. 그래서 감독당국에서도 "L사의 염가판매 행위가 위법이라고 볼 수 없다"면서도 "해당 업종 단체 등에서 제소한다면 법 위반 여부를 검토해 보겠다"라는 다소 애매한 입장을 보였던 것이다.

다음으로, 이들 대형업체들의 행위가 중소 영세 상인들에 대한 지나친 횡포가 아닌지 여부이다. 문제가 되었던 L사 브랜드의 치킨이나 E사의 피자는 모두 시장점유율 상승을 노린 이른바 미끼상품에 해당한다. 특히나 소비자의 수요량과는 관계없이 하루에 판매되는 수량을 한정해 놓은 것은 전형적인 미끼상품 전략이다. 점포의 고객 확대를 위한 미끼전략으로 활용하면서도 적자폭을 줄이기 위한 최선의 선택인 것이다.

미끼상품 상술은 오래된 관행의 하나이다. 하지만 소비자나 경쟁업체의 불편과 피해를 담보로 하는 건전하지 못한 상술이다. 치킨이나 피자, 김밥과 같은 영세한 골목상권의 큰 피해가 예견되는 경우 비난을 피할 수 없다. 그렇더라도 규율을 어긴 것은 아니므로 법적 제재의 대상은 아니다.

생각해 볼 또 다른 문제는 시장경쟁과 소비자 후생 측면에서 득이 되는지 여부이다. 형태가 어떠하든 이러한 염가판매는 기존의 (영세)업체들의 가격 낮추기 경쟁을 촉발하게 된다. **시장경쟁은 바람직한 현상이다. 다만 지나친 미끼상품 상술은 시장의 자연스러운 질서를 왜곡시켜 영세업자의 생존권을 위협할 수 있다.**

영세업체들은 가격인하 전략과 더불어 특정 소비자의 입맛과 기호에 맞는 제품을 개발하고, 신속 배달이나 심야배달과 같은 서비스 차별화로 맞대응할 수 있다.

염매에 따른 저렴한 가격이나 시상에서의 다양한 서비스는 소비자의 후생을 높여 준다. 하지만 대형업체 인근 소비자들만 혜택(!) 보는 구조여서 일반 소비자의 후생증진 효과는 그다지 크지 않다. 간과하기 쉬운 점은 한정판매 등 전형적인 미끼상품 상술은 겉으로는 소비자 편익을 내세우지만 실상은 업체들의 영업이익 창출을 위한 포석이라는 점이다.

생계형 영세업체의 피해와 항의를 예상하고도 치킨이나 피자 베팅을 통해 광범위한 고객탈환 작전을 감행한 대형업체의 상행위는 건전해 보이지 않는다. 대기업의 우월적 지위로부터 중소기업을 보호해 주기 위한 '중소기업 적합품목'tip!셋 제도에 맞지 않을 수 있으며, 요즘 회자되는 대－중소업체 상생협력이나 공정사회의 관점에 역행하는 처사로 비난받을 일일 수도 있다.

그렇긴 해도 자본주의가 허용하는 엄연한 시장경쟁의 하나를 불법으로 간주하거나 죄악시하는 관점에는 문제가 있다. 정책적으로도 업계 당사자 간 자율적 해법을 촉구하거나 건전한 경쟁을 유도하는 수준이면 족하다. 물론 현행법을 어긴 경우는 일벌백계해야 할것이다.

TIP 하나

약탈적 행위(predatory behavior)는 시장에서 지배적 지위를 갖는 기업이 다른 기업에게 경제적 손실을 입히거나, 이 시장으로의 신규진입을 막기 위해 원가보다 낮은 가격으로 제품을 공급하고 잉여생산시설을 하는 등의 전략으로서, 약탈적 가격책정(predatory pricing) 전략이라고도 한다.

경제 이론적으로는 이러한 행위가 가능한 것인지에 관한 여러 관점이 있다.

TIP 둘

모 업체의 통큰치킨 에피소드를 전후해서 이른바 '통큰'시리즈가 소심한 업체는 엄두도 못 낼 큰 폭의 가격할인을 나타내는 대명사로 사용되는 듯하다. 통큰넷북, 통큰티비, 통큰항공권, 통큰모니터, 통큰주유소, 통큰아이, 통큰세상, 통큰공구 등등. 영업이익을 줄이고 줄여서 소비자에게 이익을 돌려주는 마치 자선가(慈善家)인 양 선전하기도 한다.

인터넷에는 '통큰ㅇㅇㅇ는 통큰 사기극', '소비자 우롱하는 '통큰'은 이제 그만!' 등의 소비자 불만도 적지 않으며, '통큰~ 상품보다 인터넷 판매가 더 싸다'는 시장정보를 올려 주는 네티즌도 있다.

통큰~ 상술이 가격 거품을 빼 구매자에게 기쁨을 선사하는 반가운 손님인지 업계의 얄팍한 미끼상품 마케팅전략인지의 판단은 똑똑한 소비자의 몫이다.

그동안 정부에서는 중소기업들의 사업 영역을 보호해 주기 위해 이들이 사업을 해도 좋을 만한 업종을 선별하여 법률로 지정해 왔었는데, 이를 '중소기업 고유업종 제도'라고 한다. 이 제도에 따르면, 법으로 정해 놓은 업종이나 사업 분야에는 대기업들의 신규 참여나 확장을 원칙적으로 금지하게 된다('중소기업사업조정법' 의 제3조와 제4조에 나타나 있다). 이 제도는 대상 품목이 한때 200여 개가 넘었으나 점차 줄어들은 뒤 2006년에 완전히 폐지되었고, 지금은 유사한 성격의 이른바 '중소기업 적합품목 제도'가 시행되고 있다.

최근 정부에서는 '동반성장위원회'라는 조직을 만들면서까지 대기업과 중소기업 간의 상생 내지 동반성장을 위해 노력하고 있는 모습이다. 전 국무총리가 위원장으로 있는 위원회에서는 최근에 중소기업 적합업종 선정 가이드라인을 마련했으며, 대기업이 중소업체와 협력사업을 통해 얻은 이익이나 결실을 공유하라는 취지의 '협력이익배분제도'를 도입하기도 했다.

시장경제와 소비자문제

소비생활을 하면서 기본적으로 궁금한 사항들이 많다. 예를 들자면, 물건을 사서 소비하는 과정에서 왜 소비자피해나 안전사고와 같은 소비자문제가 발생하는가? 소비자한테는 어떤 권리가 있는가? 또 이러한 권리들이 법이나 제도로 잘 보장되는가? 이러한 소비자권리가 지켜지지 않는다고 판단될 경우에는 어떻게 대처해야 되는가? 등 여러 가지 사항들을 들 수 있겠다.

이처럼, 시장경제 체제 안에서 경제생활을 하면서 소비자들이 꼭 알아 둬야 할 생활경제 이론들을 쉽게 설명해보겠다.

Q 경제 원론에서 접할 수 없는 소비경제 이론을 들을 수 있는 기회로 생각된다. 우선 소비자문제가 뭔지 쉽게 설명해 달라.

🎤 소비자와 기업 간에, 상품(goods & services)의 거래과정에서 발생하는 문제가 모두 소비자문제이다.

예를 들면, 엉터리 다이어트 건강식품광고로 인한 소비자 피해와 같은 기업의 허위 과장된 표시나 광고로 인한 피해, 또 몇 해

전 큰 사회적 물의를 빚었던 굿모닝시티상가 분양사기사건으로
인한 계약자 피해와 같은 사기나 기만적인 행위로 인한 여러 문
제, 약속했던 품질보증(warranty) 미준수와 같은 계약불이행으
로 발생하는 소비자피해, 또 자동차 급발진 같은 안전이나 기능
결함에 의한 위해(hazards) 등이 모두 소비자문제다.

불과 몇 년 전까지만 해도 이러한 소비자문제들을, 악덕 사업
자의 부도덕한 우월적 행위로 인한 약자인 소비자 피해구제 혹은
소외계층을 위한 사회복지 등의 차원에서 바라봤다. 최근에는
사업자와 대등한 입장에서 소비자의 자율과 책임을 강조하는 이
른바 consumer's sovereignty(소비자주권) 개념으로 소비자문
제를 이해한다.

소비자문제는 시장경제체제 기능상의 문제에서 출발하기 때문
에 본질적으로는 경제문제이다.

시장경제체제에서는 이러한 경제문제를 결정하는 주된 요인이
바로 소비자의 선택이다. 예컨대, 소비자가 선호하는 제품은 많
이 팔리고, 선호하지 않는 제품은 비인기 품목이 되어 시장에서
퇴출된다. 결국 시장에서 제품생산의 결정권(right)이 소비자에
게 있는데, 이것을 소비자주권이라 한다. 다시 말해 소비자와 생
산자의 상호관계에서 최종적인 의사결정의 힘이 소비자한테 있
다는 말이다(이는 국정의 최종최고 결정권자가 국민이라는 이른
바 '국민주권'의 의미를 생각해보면 쉽게 이해될 것이다. 차이점
이라고 하면, 국민주권은 1인 1표인데 반해 소비자주권은 소비자
의 구매력의 크기에 달려 있다는 것이다).

이런 말을 하는 이유는 한 나라 경제의 주인(주권자)은 생산자가 아니라 바로 소비자라는 것이다. 이런 사고의 틀 안에서 소비자피해나 안전사고와 같은 소비자문제를 그것도 소비자의 시선으로 바라봐야 하는 것이다.

경제 이론적 틀 안에서 소비자문제에 대한 이해가 가능해짐을 알겠다. 그렇다면, 여러 에피소드에서 봤듯이 상품을 소비하는 과정에서 왜 분쟁이나 피해와 같은 소비자문제가 생기는지도 경제원론적 시각에서 이해할 수 있을까?

물론이다. 우리가 소비생활을 할 때 스스로를 되돌아보면, 기업에 비해 정보나 전문성도 부족해서 권리행사에 어려움이 많다는 걸 느끼게 된다. 경제학에서는, 현실의 시장기구가 효율적으로 작동하지 않는 시장실패(market failure)^{tip!하나}를 소비자문제의 주된 원인으로 본다. 따라서 시장실패의 해결은 곧 소비자문제의 해결책이 된다는 얘기다.

시장실패의 원인에는 여러 가지가 있지만, 우선 기업과 거래할 때 당사자 간 정보의 불균형 혹은 정보가 부족할 때 시장실패가 나타난다. 예를 들면, 자동차의 안전성에 관한 정보가 제조회사보다 부족한 소비자는 합리적인 판단을 하기 어렵다. 따라서 자동차 안전성의 가치를 지나치게 높이 매기거나 지나치게 낮게 평가하기도 한다.

이런 시장실패의 관점에서 소비자문제를 살펴보면, 공해와 같은 외부효과(externality)^{tip!둘}도 소비자문제를 일으킨다. 예컨대, 섬유공장이 방출하는 매연이나 폐수는 공기와 하천을 오염시켜 그 섬유를 소비하지 않는 제3자에게도 손해를 끼친다. 하지만 섬유공장이 그 비용을 모두 부담하지는 않는다.

소비자문제는 또, 다른 사람들이 생산한 소비자정보(공공재)를 공짜로 소비하려는 무임승차자(free rider) 심리에 의해서도 발생한다. 훌륭한 정보라도 이러한 공짜족들이 많으면 많을수록 회사로선 손해이기 때문에 좋은 정보를 소비자한테 제공하지 않으려고 한다. 결국 시장에서 가격메카니즘에 왜곡이 생겨서 시장 실패가 발생하게 되고 또 소비자문제도 야기된다.

❓ 결국 상품에 관한 정보가 기업에 비해 부족해서 소비자문제가 발생된다고 보면 된다는 말이다. 그렇지만, 현대는 정보의 홍수시대가 아닌가? 예전보다는 소비자들이 상품정보를 많이 갖게 된 것 같은데 그래도 소비자피해는 줄어들지 않는 이유는 무엇인가?

🎤 설사 올바른 정보를 많이 갖고 있더라도, 현실적으로 사람들은 합리적인 판단을 하지 못하는 게 사실이다. 예컨대, 유행이나 개인의 취향, 습관에 따라 소비를 함에 따라 유행추구 풍조, 준거집단(準據集團)^{tip!셋}에 의한 영향, 신분유지와 상승을 위한 체면 중시 등의 비합리적 소비행위를 하게 된다. 특히 사고와 같은 안전에 관련된 문제는 그 위험을 어느 정도 인지하고 있을지라도, 설마 나한테 그런 일이 일어날까… 하는 심리가 있어서 덜 조심하는 경향도 없지 않다.

또 정보가 충분하더라도 소비자의 나이나 학력수준 등에 따라

이해력이나 자기보호 능력이 다르기 때문에 소비자문제가 야기되는 경우도 있다. 예를 들어, 본드(접착제) 흡입이 우리 몸의 신경조직에 영향을 미쳐 환각을 일으킨다는 안전 정보가 오히려 청소년들의 호기심을 자극시킨다는 조사결과도 있다.

더불어 현대산업사회의 특징인 고도분업과 전문화로 시장이 복잡해지면서 소비자는 시장에 공급된 정보를 소화하는데 물적, 시간적 제약과 분석능력의 한계에 직면하게 된다.

경제적인 관점에서 본다면, 시장실패로 소비자문제가 발생하니까, 그 해법도 경제적인 측면에서 찾을 수 있지 않겠나?

앞서 말한 공해(외부효과)와 무임승차자 문제(공공재), 독과점의 폐단, 비대칭 소비자정보 등으로 인해서 시장경제가 효율적인 기능을 하지 못할 때, 정부가 적절하게 규제를 하거나 올바른 정보를 제공해서 소비자문제를 해소할 수 있게 된다.

또 그런 시장실패를 보완하기 위해 법과 제도를 효과적으로 운용해서 소비자 권리(주권)를 확보토록 해야 한다. 예를 들어, 사업자의 사기행위나 기망행위에 대한 처벌을 강화하고, 피해발생 시 신속하고 저렴하게 구제를 해 줄 수 있는 '대안적 분쟁해결(ADR)'과 같은 시스템을 운용하며, 집단소송제와 같은 소비자의 집단적 의사를 반영할 수 있는 채널을 제도화하는 것이다.

"소비자문제의 해결은 결국 소비자들이 스스로의 권리인 소비자주권을 행사할 수 있는 여건이 조성돼야 한다…"라고 요약되는 것

같다. 그럼 소비자에게는 어떤 권리가 있나?

🎤 소비자 권리에 대한 최초의 정치적인 제스처로는 1960년대 초 미국의 케네디(Kennedy) 대통령이 발표한 소비자의 4대 권리에 잘 나타나 있다. 안전할 권리, 알 권리, 선택할 권리, 의사를 반영시킬 권리가 소비자의 기본적인 권리다.

우리나라의 경우 소비자기본법(제4조)에 "소비자는 다음 각 호의 기본적 권리를 가진다"로 규정하여 소비자의 8가지 기본적 권리 향유를 당연시하고 있다. 즉, 케네디 대통령의 4대 권리에, 보상받을 권리, 교육받을 권리, 단체조직과 활동 권리, 안전하고 쾌적한 환경에서 소비할 권리를 추가한 8대 권리를 보장하고 있다.

❓ 이러한 권리들이 모두 법이나 제도로 보장되나?

🎤 사실, 소비자기본법에서 규정한 소비자권리는, 그것이 침해당했을 때 가해자에 대한 구체적인 처벌조항이 뒷받침되지 않아서 선언적인 측면도 없지않다. 하지만 이런 소비자 8대 권리는 여러 분야의 관련법에 의해 보장되고 있다. 예를 들어 약관규제법, 독점규제법, 할부거래법, 방문판매법, 제조물책임법 등이 있다.

그 밖에도 소비자 안전을 위한 법으로 식품안전법, 전기용품안전관리법, 농산물검사법, 수산물검사법, 축산물위생처리법, 고압가스안전관리법 등이 있고, 소비자에게 상품의 양이나 규격을 속이는 것을 막기 위해 계량 및 측정에 관한 법률, 표시광고의 공정화에 관한 법률, 산업표준화법 등이 있다.

또 소비자기본법에 근거한 '소비자분쟁해결기준'(소비자피해 보상규정의 새 이름)이 있다. 2010년 말 현재 127개 업종 563개 품목에 대해 품목별로 피해보상의 기준을 제시하고 있다.

또 최근에는 소비자피해가 소액 다발적으로 발생하는 특징이 있어서 일부 피해자가 소송을 제기하면 소송을 직접 제기하지 않은 모든 사람들도 판결의 효력을 받게 되는 집단소송제도의 도입이 추진되고 있다.

앞서 말한 소비자권리가 잘 지켜지지 않는다고 판단될 경우에는 어떻게 행동해야 되나?

합리적으로 판단하여 권리행사를 위한 행동을 할 필요가 있다. 예컨대, 어떤 상품을 소비하는 도중에 해당 상품의 하자나 결함이 원인이 되어 피해가 발생했을 경우 소비자한테는 "보상 받을 권리"가 있다.

따라서 우선적으로 판매자(제조사)와 합의를 통해서 해결하는 것이 시간과 노력을 줄일 수 있는 바람직한 방법이겠다. 하지만, 현실적으로 판매자와 소비자는 이해관계가 상충하기 때문에 원만한 합의에 이르지 못하는 경우가 많다. 이런 경우에는 소비자기본법에 따라 지방자치단체에 설치되어 있는 소비자상담실을 이용하거나 신뢰할 수 있는 시민단체, 또는 정부기관인 한국소비자원에 피해구제를 신청할 수 있다.

물론 최종적인 절차는 민사나 형사소송을 통한 피해보상 또는 범죄행위에 대한 처벌이 되겠다.

❓ 권리를 누리려면 반드시 책임도 뒤따르게 되지 않나?

🎤 '법에 대한 무지는 용서받지 못한다'라는 법언(法言)이 있다. **소비자도 자신의 의사결정이나 선택에는 책임을 져야 한다.** 소비자기본법 제4조는 '소비자는 스스로의 안전과 권익을 향상시키기 위하여 필요한 지식을 습득해야 하고, 자주적이고 성실한 행동과 환경 친화적인 소비생활을 함으로써 소비생활의 향상과 합리화에 적극적인 역할을 다하여야 한다'라고 책임사항들을 규정하고 있다.

다시 말해 소비자도 상품 구입에 있어 가격과 품질을 고려해 신중한 선택을 해야 하는 것이다. 무분별한 충동구매나 과시적 소비로 인한 재산상의 손해는 스스로 책임을 져야 한다. 또 상품을 구입한 후에도 상품설명서를 꼼꼼히 읽고 사용하는 습관을 가져야 한다.

소비생활을 하다보면 법이나 제도를 잘 몰라 뜻하지 않게 피해를 입거나, 판매자의 사기와 같은 범죄행위로 인해 곤란을 겪는 경우가 생긴다. 이러한 입장에 처했을 때에는 우선 누구의 책임인지, 가해자가 누구인지, 또 해당 피해에 대해 보상받을 권리가 있는지 꼼꼼히 따져봐야 한다. 그런 후에 앞서 설명한 절차에 의해 문제를 해결해야 하겠다.

우리 모두 법에서 정한 소비자권리를 충분히 누리고 또 책임도 다하는 똑똑한 소비자가 되었으면 한다.

'시장실패'(market failure)는 말 그대로 시장기구가 그 기능을 제대로 발휘하지 못하여 생산자원과 생산물과 같은 자원이 적재적소에 효율적으로 배분되지 못하는 상태를 말한다. 참고로 이 말을 처음으로 사용한 경제학자는 바토(Francis Bator) 하버드대 케네디 행정대학원 명예교수이다. 그는 불확실성과 정보의 불완전성 문제를 제쳐 놓고 전통적인 경제분석의 틀 내에서 살펴보아도 불완전경쟁, 공공재, 외부효과 등이 시장 실패를 초래하는 요인임을 지적했다.

생산이나 소비 등 경제활동에서 다른 사람에게 의도치 않은 혜택이나 손해를 발생시켰으면서도 이에 대한 대가나 비용을 치르지 않는 상태를 경제학 교과서에서는 외부효과 내지 외부성(externality)이라고 한다. 소비자문제와 같이 외부효과로 인해 발생하는 제반 문제점을 치유하는 방편들을 전문적 용어로는 '외부효과를 내부화(internalize)한다'라고 나타낸다.

어떤 개인 스스로가 구성원인지 아닌지를 확인하고 또 그것의 규범을 따르게 되는 집단을 준거집단(準據集團)이라고 한다. 다시 말해 우리가 어떤 사람들이나 집단의 가치와 기준을 하나의 준거의 틀로서 받아들일 때, 그 사람들이나 집단은 우리에게 준거집단이 되는 것이다. 사회집단이나 학교집단, 노동자집단, 또래집단 등이 대표적인 예이다.

이 글은 제1장에서의 여러 짧은 이야기들에서 엿볼 수 있는 시장경제에서의 소비자문제들에 대해 독자들이 종합적이고도 쉽게 이해할 수 있도록 대담형식을 빌려 집필해 본 것이다. 여기에는 수년 전 KBS 제1라디오의 요청으로 준비했던 대담 콘티(대본) 원고를 부분적으로 활용했다. 라디오를 듣는 기분으로 '소비자를 위한 생활경제 이야기'를 음미해 볼 수도 있을 것이다.

02

안전할 권리는 안전한가!

안전한 식생활

무더위가 기승을 부리는 여름철엔 무엇보다 식생활에 주의해야 한다. 식품하면 가장 먼저 떠오르는 말이 '안전성'이다.

얼마 전 유럽지역의 광우병 파동과, 우리나라와 아시아지역의 구제역과 조류독감 피동, 그리고 여름칠이면 약방의 감초처럼 등장하는 식중독 사고, 또 안전성이 검증되지 않은 유전자조작 식품 등, 먹거리의 안전성에 대해 소비자들은 막연한 불안감을 갖고 있다. 더욱이 최근에는 수입식품의 잔류농약 문제, 일부 악덕 상인들의 유해식품 판매 등이 연일 뉴스거리가 되면서 식품에 대한 소비자의 불안이 더욱 가중되는 느낌이다.

사실, **식품 안전은 소비자의 건강문제뿐 아니라 기업의 영업활동이나 국익 차원에서도 매우 중요하다.** 우리나라 국내총생산(GDP)에서 식품산업 분야가 차지하는 비율이 10%를 넘고 있고 또 세계적으로도 식품의 안전성에 대한 관심이 한 나라 경제에 중요한 비중을 차지한다.

예컨대, 광우병은 영국에서 처음으로 발견된 1985년 이후 10여 명의 사람이 이 병에 관련되어 사망했다. 당시 영국은 30억 달러(우리 돈으로 약 3조 2천억 원)에 달하는 육우축산업이 붕괴

되는 지경에 이르렀다. 그 후로 프랑스나 벨기에와 같은 다른 유럽 나라들도 큰 경제적 타격을 입었다.

남의 나라 사정을 살펴서 뭐하랴. 지난해 초까지 계속되던 구제역^{tip!하나} 대란이 몰고 온 재산상 피해는 가히 천문학적이다. 원유가격 상승과 국제정세 불안으로 가뜩이나 물가상승이 국가경제의 발목을 잡던 때 구제역 파동으로 인해 시장의 인플레 심리에 기름을 더했다. 무엇보다, 육류제품에 대한 안전성에 큰 우려를 주었다.

구제역과 같은 대형 사건뿐 아니라, 매년 여름 때면 뉴스거리가 되는 식중독 사고도 소비자의 안전한 식생활을 위협하는 단골메뉴다.

근래 학교급식과 같이 단체식생활이 많아지면서 집단식중독사고가 과거에 비해 자주 발생하고, 또 해외여행 도중에 식중독에 걸리는 사례도 이따금 생기고 있다.

식중독 사고는 O-157(H7)균으로 알려진 병원성대장균이나 살모넬라균, 리스테리아균과 같은 식중독균에 의해 발병하게 된다. 특히 O-157대장균의 경우 지난 96년에서 97년 사이에 일본에서 대대적으로 발병해서 일본 열도를 공포에 휩싸이게 했던 식중독균이다. 당시 약 2천여 명이 집단 발병했고 14명이나 사망했다. 이 사건은 발병 초기에 역학조사가 잘못되어 원인식품의 규명과 올바른 처방에 실패한 사례로 알려져 있다.

이와 같이 식중독 사고는 위생에 관련되어 국민 건강을 위협할 수 있다.

일본은 식품위생이라면 세계에서 가장 우수한 안전한 나라로 자타가 인정하는 나라다. 하지만 당시 식중독 사건에서 보듯이 **식품에 관한 한 세계적으로 안전지대는 없다고 볼 수 있겠다.**

일본뿐 아니라 세계 각국에서 식중독과 같은 식품매개성질병(food-borne illness) 때문에 골치를 앓고 있다. 육식을 많이 하는 미국의 경우는 매년 수백만 명 이상이 O-157 등 식중독균에 오염되고 또 많은 사람들이 사망하고 있다. 이에 대해 미국정부에서는 큰 예산을 들여 안전한 식품을 공급하기 위한 정책을 펴오고 있다.

안전한 식생활은 모든 소비자들의 우선적인 기대치이다. 정책을 담당하는 보건복지가족부나 식품의약품안전청(KFDA)에서도 이러한 소비자들의 식품안전 기대치 수준을 충족시키기 위해 애쓰고 있는 것으로 보인다. 하지만 구제역이나 식중독사고 등 식품 안전에 관련된 최근의 이슈들을 보면 정부의 대응이 너무 단편적이고, 예방적이지 못한 측면이 있다. 또한 식품산업의 주체인 기업들과의 협력이 충분하지 않은 것 같다.

쓴소리 한 마디 하려 한다.

이태 전과 지난해에 나는 일본의 변호사연합회(우리나라의 대한변호사회에 해당한다)와 식품안전정책 관계자 그리고 학자들로 구성된 그룹 방한단의 안내를 맡은 적이 있었다. 일본의 타분야 전문가들이 그렇듯이 이들은 한국의 식품안전정책에 관해 오랫동안 관심을 가져왔고 매년 정책의 변화를 확인하고자 한국을 방문해 왔다.

한국에서는 보건복지가족부와 식품의약품안전청, 농림수산식품부를 방문했고, 한국소비자원과 소비자연맹 등 민간단체도 방문해서 그들이 알고 싶은 많은 정보를 꼼꼼히 챙겼다. 안내와 통역을 하면서 그 지식의 깊이와 전문성에 감탄했었다.

문제는 이들이 알고 싶은 것 중의 하나가 한국의 식품안전정책을 종합 조율한다는 '식품안전정책위원회'의 역할과 활동내역이었다. 하지만 부끄럽게도 그 위원회에 관해서는 어느 기관에서도 내세울 것이 별로 없었다. 국내의 많은 위원회들이 그렇듯이 식품안전정책위원회도 유명무실한 측면이 있음을 그때 확인했다.

최근에 정부에서도 유통과정에서의 안전문제를 해소하기 위해 식품이력추적관리제도^{tip!둘}를 도입했고 적용범위를 단계적으로 확대하고 있으나, 미국과 같은 선진국의 수준에는 여전히 못 미친다. 우리와는 달리 미국은 식품원료의 생산에서 제조·가공뿐 아니라 유통과 최종 소비단계까지 안전관리의 범위를 확대하고 있다.

우리도 식품이력관리추적체계를 생산단계에서 소비단계에 이르기까지 확장하는 정책을 펴야 할 것이다. 더욱이 식품안전 정책의 효율적 추진을 위해 설치된 식품안전정책위원회가 보다 적극적으로 역할을 할 수 있었으면 한다.

시장경제에서 보다 중요한 점은 시장에서의 핵심 경제주체인 식품업체와 소비자의 역할과 책임이다. 업체들은 주어진 법보다는 자신을 위해 소비자의 안전을 생각하는 경영의 자세가 필요하다. 소비자들 역시 안전하고 건강한 삶을 위해 양질의 안전한 식품 생산자에게는 후한 점수를 주고, 양심불량 식품들은 시장에 발붙일 수 없도록 포청천^{tip!셋}의 역할을 다해야 할 것이다.

2010년 말 경북 안동에서 처음 발병하여, 3백만 마리가 넘는 가축을 매몰 처분해 지난 반세기 동안 최악으로 평가되는 구제역 대란은 막대한 경제적 피해 외에도 국민들의 식품의 안전성에 대한 불안 심리를 더욱 높이게 됐다. 구제역이 인체에는 무해하다고 하는데도 국민들은 소나 돼지고기를 꺼리게 되고, 결과적으로 농가에도 큰 피해를 주었다.

참고로 구제역은 소나 돼지, 사슴과 같은 발굽이 갈라진 동물(이를 우제류라 한다)의 급성바이러스성 질병으로 주로 발굽이나 입의 점막, 유두 부위에 수포가 나타나는 특징이 있는 전염성 질병이다.

구제역은 사람에게 전염되지 않으며, 인체에는 해가 없는 것으로 알려져 있다.

식품이력추적관리제도(foods traceability system)는 식품의 이력 관련 정보를 소비자에게 제공하고, 안전성에 문제가 생길 경우 해당 식품을 추적해 원인을 신속히 밝히고 회수(recall)하여 식품의 안전성을 확보하기 위한 제도이다. 이 제도는 2008년 6월에 처음 도입되어 그다음 해부터 보급되고 있다.

미국이나 유럽의 여러 나라들, 그리고 일본과 아시아국들도 여러 형태의 이력추적 시스템을 가동하고 있다.

드라마 판관 포청천이 TV에 방영되어 유명해진 포청천은 부패한 사람들을 엄벌하는 대명사로 알려져 있다.

포청천(包靑天, 999~1062)은 송나라의 정치가였으며, 지방관으로서 부당한 세금을 없애고 판관이 돼서는 부패한 정치가들을 엄정하게 처벌했다. 스스로는 청백리로 칭송받을 만큼 근검한 생활을 했다고 한다.

# 슈퍼푸드 GMO 안전한가

생물학과 유전공학이 발전하여 이제 추위라든지 각종 병충해에 강한 유전자를 이용해서 만든 농수축산물이 많이 개발되고 있다. 이러한 것으로부터 만든 식품을 유전자재조합식품(Genetically Modified Organism)이라고 하고, 영어 약자인 GMO식품으로 불리고 있다. 대명사격인 용어로 유전자변형농산물이나 유전자조작식품으로 부르기도 한다.

지금까지 개발된 GMO는 콩과 옥수수, 감자, 면화, 카놀라와 같은 주요 작물들이 대부분이다. 이들은 현재 세계적으로 재배되고 있다. 재배면적은 약 1억 2천5백만 ha로 세계경지면적의 10%에 해당한다. 대표작물인 콩의 경우는 전 세계 재배면적의 70% 정도가 GMO라고 한다. 우리나라의 경우도 식품의 원료로써 상당량 수입되고 있는 실정이다(국내에서 자체적으로 개발되어 팔리고 있는 GMO작물은 아직 없다).

나는 미국에 거주했던 수년간 GMO식품을 엄청 많이 사 먹었다. 식료품점에 가면 슈퍼사이즈 감자에서부터 반질반질한 옥수수와 과일들이 싼값에 팔리고 있어서, 아는 분한테 물어보니

GMO농산물이라 했다(아직까지는 그 어떤 부작용이 없는 것을 봐서는 안전한 듯하다!).

이와 같이 미국은 FDA(식품의약품청)나 농무부, 환경보호청과 같은 정부기관에서 GMO농산물에 대한 별도의 규제가 필요하지 않다는 입장을 보이고 있다. 한마디로 안전하다는 것이다. 또한 미국은 경제적인 측면에서, GMO식품의 개발과 판매에 가장 적극적인 나라이다.

하지만 유럽 국가들은 GMO식품의 안전성에 대한 최종 판단을 유보하고 있고, 대부분 안전성 평가나 관리를 엄격히 하고 있는 편이다. 그리고 GMO를 함유한 식품의 표시를 의무화하고 있다.

우리는 유럽과 같이 GMO식품을 반대하는 목소리가 높은 것이 사실이다. 환경단체나 시민단체에서 GMO식품의 범람을 우려하고 있다. 안전성이 입증되지 않은 상태에서 유전자조작 생명체를 재배할 경우에 생태계가 교란되고 또 사람들의 건강도 위협받을 것이라는 주장이다.

정부 차원에서는 2002년 7월부터 GMO식품 표시제도를 실시하고 있고, 또 2004년 초부터는 GMO식품의 안전성평가 심사를 의무화해 오고 있다. 따라서 GMO식품을 만들거나 수입하는 업자는 사전에 해당 식품의 안전성에 이상은 없는지 평가하고 승인을 받도록 하고 있다.

GMO의 안전성 문제는 여전히 세계적인 논란거리이지만, 아직까지 인체에 어떤 해를 야기한다는 것이 과학적으로 증명된 예가 없다. 그러니까 GMO에 대해 막연한 불안감과 지나친 불신은 바람직하지 않다고 본다. 다만, 소비자의 입장에서는 GMO의 잠재적 위험성을 생각하면서 보다 정확한 정보에 근거하여 신중하게 선택할 필요는 있겠다.

우리나라의 경우 민간단체의 의향이 많이 반영되어 유럽과 같은 다소 엄격한 GMO 관련 제도를 운영하고 있는데 소비자 안전을 우선하는 관점에서 바람직하다고 본다.

식량자원이 국력을 나타내는 지표가 되고 있는 국제 여건상 우리나라노 머시않은 장래에 GM작물이 새배될 것으로 보인나. 이에 대비해 국가에서는 소비자에게 GM작물의 안전성에 대한 보다 많은 정보를 제공하여 신뢰를 쌓도록 해야 할 것이다. 덧붙여, GMO, 유전자재조합, 유전자변형, 유전자조작 등 용어의 혼재^{tip!하나}에 따른 소비자 선택상의 혼란 문제도 정부에서 해소시켜 줘야 한다.

현재 시점에서 GMO식품을 먹을 것인가 말 것인가는 전적으로 소비자의 판단에 달려 있다.

세계적으로 안전성 논란이 끊이지 않고 있는 GMO식품의 용어표시가 문제가 되고 있다.

농림수산식품부 소관의 농산물품질관리법과 유전자변형농산물 표시요령에는 '유전자변형농산물(GMO)'로 표시되고, 보건복지가족부(식품의약품안전청) 소관의 식품위생법과 유전자재조합식품 등의 표시기준에서는 '유전자재조합식품(GMF)'으로, 지식

경제부 소관의 유전자변형생물체의 국가 간 이동 등에 관한 법률에서는 '유전자변형생물체(LMO)'로 표시하고 있다. 같은 대상에 다른 이름을 붙이니 소비자들은 혼란스러울 수밖에 없다.

해당 부처에서는 자기들 주장만을 내세우지 말고 서로 양보하여 합리적인 통일된 용어가 사용될 수 있도록 해야 한다.

무엇보다도, "GM(Genetically Modified)"에 관한 우리말에 대해, 관련법에서 "유전자변형"과 "유전자재조합"으로 다르게 개념을 정의하는 것은 시급히 개선돼야 한다. 개인 생각으로는 원어의 "Modified"는 "재조합"보다는 "변형"이 보다 원래의 의미에 가까우니 "변형"으로 통일하는 것이 어떨까.

벌써 15년 전의 에피소드가 되었지만, GMO식품에 관련된 공방이 언론을 뜨겁게 달군 일이 있었다.

유전자재조합식품의 유해성 여부가 한창 논란이 되고 있을 때, 내가 일했던 한국소비자원(당시는 한국소비자보호원이라 불리웠다)에서 소비자의 알권리와 선택할 권리를 위해 시중에 유통되는 두부 제품의 GMO 콩 사용 여부를 실험했고, 18개 두부제품에서 GMO 성분이 나왔다고 발표했다.

그런데 모 식품회사에서는 발표와는 달리 GMO 콩을 전혀 사용하지 않고 100% 국산 콩으로만 두부를 만들었다고 반박하고, 명예훼손 등의 이유로 한국소비자원을 상대로 손해배상청구소송을 제기했었다.

이 사건은 법정다툼의 도중에, 해당 회사에서 소를 취하하고 한국소비자원에서도 이를 수용하여 일단락되긴 했다. 하지만 한국소비자원에서 공정거래위원회에 (해당 회사 제품의 GMO 관련) 표시광고법 위반사항을 신고했고, 공정거래위원회에서 이를 조사한 후에 해당 회사를 '경고조치'하게 됐다.

이 소송은, GMO식품의 안전성과는 별개의 '허위표시'에 초점이 맞춰진 사건이었지만, GMO식품은 건강과 환경, 그리고 윤리적이고 종교적인 문제 때문에 여전히 논란의 중심에 놓여있다.

# 비싼 유기농산물, 제값 할까

　뭐든지 그렇지만, 음식의 경우에는 특히 자연 그대로의 것이 좋다고 한다. 특히 요즘 웰빙 분위기를 타고 유기농산물이나 친환경농산물의 인기가 매우 높아졌다. 일반 농산물이 농약이나 유해물질로부터 안전하지 못하다는 인식 때문인 듯하다.

　화학비료와 농약을 사용하지 않고 가꾸는 유기농산물은 소비자가 안심하고 먹을 수 있는 안전한 식품이겠다. 또 농사에 이로운 곤충이나 새들이 번식할 수 있기 때문에 자연 생태계 보호에도 도움이 된다.

　이런 유기농산물을 제도화한 것이 이른바 '친환경농산물'제도다. 1997년에 환경농업육성법이 제정되면서 친환경농산물표시제도를 시행하게 됐다. 2001년 7월부터는 유기농산물, 무농약농산물, 저농약농산물tip!하나 등으로 구분해서 인증을 받도록 하고 또 인증마크를 붙이도록 하는 유기농산물인증제가 시행되고 있다.

　고향에서 포도농장을 하는 죽마고우가 있다. 몇 년 전부터 유기농포도를 작목하고 있는데, 그 친구 왈, 농부 입장에서도 농약에 버무려진 포도를 양심상 팔 수가 없었다나. 하지만 농약을 치지 않고 화학비료도 안 주니 수확도 절반 이하로 줄고, 판매망도 좁아져 일반포도보다 두어 배 비싸게 받아도 수지타산이 맞지 않는다고 한다. 제대로 된 유기농산물이 비싼 가격을 받는 것은 당연한 일이다.

하지만 소비자의 시각에서 볼 때 가격도 만만치 않고, 또 비싸게 사면서도 과연 진짜 유기농일까 의심될 때도 많다. 청과물점이나 식료품점에 가 보면, 유기농 마크가 붙은 것은 일반 채소나 청과물보다 적게는 30% 정도에서 많게는 4~5배씩이나 비싸다.

사정이 이렇다 보니 가짜 유기농산물이 판을 치고 있다. 보통의 농산물을 유기농으로 표시해서 몇 배의 이득을 남기는 행위가 성행하다 보니 진짜 유기농산물까지도 가짜가 아닌지 의심하는 사람들이 많은 게 사실이다.

이러한 몰염치한 행위를 못하도록 하기 위해서는 품질인증제가 확실히 강력하게 시행되도록 하고, 또 잔류농약검사나 생산자확인을 수시로 예고 없이 시행할 필요가 있다. 이러한 제도를 지키지 않는 경우에 처벌을 강화하는 조치도 뒤따라야 한다.

물론, 경제적으로 볼 때 이러한 규제 강화는 상응하는 대가가 따른다. 검사비용이나 감시·처벌비용이 가격에 더해져서 가뜩이나 비싼 유기농산물 값이 더 비싸질 수 있다. 하지만 규제를 통해 가짜 유기농산물로 인한 진짜 유기농 재배농가의 피해나 소비자 피해를 확실히 줄일 수 있다면, 유기농가도 소비자도 함께 이익이 된다. 결국에는 안전한 유기농산물의 시장가격도 하향

조정되어 소비자의 만족이 높아지게 될 것이다.

'소비자기본법' 제4조에는 소비자가 스스로의 안전과 권익을 위하여 모든 상품으로 인한 '생명·신체상의 위해로부터 보호받을 권리'^{tip!둘}를 향유할 수 있음을 규정하고 있다. 소비생활에 있어서 식품의 안전문제는 공산품의 안전 못지않게 중요하다. 유기농산물뿐 아니라, 일부 악덕 상인들의 음식물을 담보로 한 횡포를 근절하여 안전할 권리를 향유하기 위해서는 무엇보다도 소비자의 역할이 중요하다. 안전하지 않는 식품을 시장에서 퇴출시키는 역할은 바로 소비자의 선택에 달려 있기 때문이다.

또 다른 문제는 유기농산물을 가공한 유기농식품에 대해서는 변변한 인증제도가 없다는 점이다. 현재는 유기농산물에만 인증제도가 갖추어져 있을 뿐, 이 농산물로 만든 유기농산물 가공품엔 인증제도가 없어 허위·과장광고나 허위표시의 원인이 되고 있다.

그래서 얼마 전에는 감사원에서 가공식품에도 인증 제도를 도입하도록 권고하기까지 했다. 향후 유기농 가공식품 인증제가 도입되면 소비자의 선택의 폭이 지금보다 더 넓어지게 될 것이다.

농약과 화학비료, 사료첨가제 등의 화
학자재를 전혀 사용하지 않거나 최소
량만을 사용하여 생산한 농산물을 친
환경농산물이라 한다. 우리나라에서
는 농림부가 2001년 7월부터 친환경
농산물 표시인증제도를 시행했다. 표
시인증의 종류는 유기농산물, 전환기
유기농산물, 무농약 농산물, 저농약
농산물의 4가지이며, 축산물도 유기
축산물, 전환기유기축산물도 표기가
가능하다.

친환경농산물 표시인증 마크

유기농산물은 농약과 비료를 전혀 사용하지 않고 생산되고 포장된 농산물을 말하
며, 저농약 농산물은 일반 안전기준의 절반 이하의 농약을 사용하고 화학비료는 권
장량을 지킨 농산물을 말한다. 무농약 농산물은 말 그대로 농약을 전혀 사용하지 않
은 권장량의 화학비료만으로 재배한 농산물이며, 전환기 유기농산물은 무농약에서
유기농으로 변화시키는 과정에서 유기합성농약과 화학비료를 일체 사용하지 않고
재배한 농산물을 의미한다.

소비자기본법 제4조는 소비자의 8대 기본적 권리를 규정하고 있는데, 그중 '안
전할 권리'를 우선적이고 중요한 권리로 보아 첫 번째인 제1항에 두고 있다.

핀토 에피소드

우리뿐만 아니라 세계적으로도 경차의 인기가 높다. 저렴한 가격에 더해, 각종 사양을 추가해서 중형차보다 편의성과 안전성이 덜하지 않다는 인식이 한몫을 했다. 무엇보다도 천정부지로 치솟고 있는 기름값 때문일 게다.

지난 70년대 후반에 미국의 경우도 두 차례의 오일쇼크(Oil Shock)^{tip!하나}로, 가솔린 값이 천정부지로 뛰었다. 그래서 당시 포드 자동차사(Ford Co.)가 개발한 에너지절약형 소형 승용차 '핀토(Pinto)'가 큰 인기를 누렸다.

하지만 불행히도 캘리포니아 주에서 핀토가 추돌하여 연료탱크가 폭발하여, 17세 소년이 전신 화상을 입는 사건이 일어났다. 피해자 측은 핀토의 연료탱크 설계결함을 이유로 소송을 제기했고, 1억 달러가 넘는 승소평결을 받았다. 또 다른 핀토 사고로 51세 여성이 사망하는 등 관련된 사건이 연이어 발생했다.

이와 같이 제품의 결함(缺陷)으로 손해가 발생했을 때 제품을 만든 회사가 자신의 과실 여부에 상관없이 그 책임의 일정 부분 내지 전부를 지는 손해배상책임이 바로 제조물책임(PL, Product Liability)이라는 법제도이다.

당시 포드사가 패소하여 거액의 배상을 하게 된 것은 잘못된 설계에 기초하여 자동차를 만든 데 주된 원인이 있었다. 하지만 사실 재판과정에서 드러났지만, 회사가 판매 초기단계에서 핀토의 가솔린탱크에 결함이 있음을 알고 있었음에도, 제때에 리콜과 같은 적절한 안전조치를 하지 않은 점도 결정적인 패소 요인이 됐다.

그렇다면 왜 사건 초기에 안전조치를 하지 않았을까? 바로 경영자의 안일한 판단 때문이었다.

재판과정에서, 피고인 포드사에 불리한 내부 자료가 폭로되었는데, "핀토를 모두 리콜 조치하는 것보다는, 발생된 사고에 대해서만 배상해 주는 것이 회사에 더 유리하다"라고 하는 경영진들의 회의 내용이었다.

재판에 참여한 배심원들은 당연히 포드사 경영진들의 도덕성과 안전 불감증을 질타했고, 보통의 배상액보다 훨씬 높은 1억 2천500만 달러의 징벌적 성격의 배상^{tip!둘}을 평결했다. (우리 돈으로는 자그마치 1천 380억 원이다!!) 한마디로 괘씸죄에 걸린 것이다.

핀토사건 이후 제조물책임제도가 제조사에게 보다 엄한 법적 책임을 물리는 경향을 보였고, 그 결과 오늘날의 제조사 책임 위주의 배상책임 법원칙이 형성되어 왔다.

사전에 리콜과 같은 안전조치를 하든지, 아니면 사후적으로 (손

해배상이나 피해보상) 하든지 하는 선택의 문제는 시장경제에서 제조사가 결정할 문제이다. 하지만 세계적으로 제조물책임제도가 제조사에게 보다 엄격한 책임을 지우고 있어, 제조사들도 가급적 예방차원의 안전조치에 더 노력하고 있는 실정이다.

핀토 에피소드에 더해 유명한 판례인 맥도널드커피사건을 보면 제조물책임에 대한 이해가 더 쉽다.

미국의 뉴멕시코 주에서 79세 된 할머니가 맥도널드 드라이브인(drive-through) 창구에서 산 커피를 운전석에서 쏟아 다리와 힙 부분에 3도 화상을 입었다. 피해자인 할머니는 변호사를 통해 맥도널드사를 상대로 소송을 제기했다. 이 사건에서 법원은 "뜨거운 커피는 조심해야 한다는" 주의경고의무 소홀 등을 이유로 맥도널드사의 제조물책임을 인정하여 총 286만 달러를 배상하도록 평결했다. 우리 돈으로 30억 원이 넘는 액수다.

그런데 이 사건에서는 배보다 배꼽이 더 컸다. 평결액 중 실제 발생된 손해에 대한 배상액은 16만 달러였고 나머지 270만 달러는 (아래에 소개하고 있는) 이른바 징벌적 손해배상이었다.

오일쇼크(oil shock) 또는 유류파동이란, 두 차례에 걸친 지난 1970년대의 석유 공급 부족과 석유 가격 폭등으로 세계 경제가 큰 혼란과 어려움을 겪은 일을 말한다.

제1차 오일쇼크는 지난 1973~1974년 이스라엘과 아랍국가들 간의 이른바 중동 전쟁 당시 아랍 산유국들의 석유 무기화 정책으로 발생됐다. 중동 전쟁 시점인 1973년 10월 16일 석유수출국기구(OPEC) 걸프만안위원회는 일방적으로 원유가격 인상을 결의했고, 그 결과 석유가격이 4배 가까이 급등했다.

이러한 오일쇼크가 진정된 이후 1978년 말부터 지속적인 유가상승 현상이 나타났는데 이를 제2차 오일쇼크라고 한다.

제2차 오일쇼크는 1978년부터 시작된 이란의 이슬람혁명이 직접적인 계기가 되었고 사우디아라비아의 감산조치가 이를 증폭시켰다. 세계 두 번째의 석유수출국이었던 이란이 석유수출을 금지하는 조치를 단행하고 사우디가 감산함으로써 석유의 공급이 부족해지자, 국제 석유 가격이 두 배 이상 급상승하고, 그 결과 전 세계가 경제적 위기와 혼란을 겪게 됐다.

해외 의존도가 높았던 당시의 우리나라도 큰 경제적 위기를 겪었다. 소비자물가가 1차 쇼크 시에는 25%, 2차 쇼크 때는 40% 가까이 올랐고, 경상수지 적자와 심각한 외채문제를 겪었다.

가해자에게 고의나 악의가 있을 경우에 그러한 행위를 다시는 못하도록 가해자에게 고액의 배상금을 물리는 것을 징벌적 손해배상(punitive damage) 제도라고 한다. 다시 말해 '괘씸죄에 적용되는 벌금' 정도로 이해할 수 있겠다.

아직 우리나라에는 도입되지 않았지만, 미국의 경우는 이러한 징벌적 배상이 만연되어 있어, 최근에는 오히려 기업의 부담을 고려해서 징벌적 배상 금액의 상한선을 제한하려는 움직임도 있다.

이러한 실정이니 기업들은 소비자안전을 위한 가능한 조치들을 취하지 않을 수 없었다. 예컨대, 커피숍이나 편의점에서 산 뜨거운 음료를 가게 밖으로 가져가려 할 (take-out) 경우에, 컵이 넘어져도 내용물이 쏟아지지 않도록 꼭 끼는 뚜껑을 덥도록 했고, 컵 바깥에는 화상위험을 알리는 경고 문구를 크게 써넣고 있다. 또 뜨거운 컵을 쥘 때 놀라 컵을 놓치거나 손이 데이지 않도록 두꺼운 마분지로 만든 완장 같은 것을 (끼우도록 했다. 또 커피 컵 재질도 온도를 차단하는 재질을 사용하기) 시작했다.

이러한 '미국식'의 징벌적 손해배상 제도 덕분에 소비자의 안전이 보다 더 확보되었다고 할 수 있겠다.

악마의 유혹

미국의 저명한 법경제학자이자 연방법관을 역임한 예일대학의 귀도 캘러브레이지(Guido Calabresi)tip!하나 교수는 자동차를 악마의 선물에 비유한 적이 있다. **자동차는 현대인들에게 없어서는 안 될 문명의 이기(利器)이지만, 새비있고 스릴감 넘칠수록 더 많은 생명을 담보하는 악마의 유혹이라는 것이다.** 최근에 빈발하는 자동변속 차량의 급발진 사고도 이러한 비유로부터 무관하지 않을 것이다.

지난 2005년 김영란 대법관이 탄 관용차가 급발진해 부상을 입었고 1998년에는 유명 탤런트의 승용차가 갑자기 후진해 가족이 사망하는 등 급발진에 관련된 크고 작은 사건·사고가 끊이지 않고 있다.

내가 일했던 한국소비자원에 접수된 급발진 사고 상담건수는 2004년 80여 건에서 2006년 112건, 2008년 99건, 2009년 78건(2010년 5월 말까지 145건) 등으로 줄지 않고 있다. 사고의 피해자가 차량 제조업체나 수입업체를 상대로 한 소송도 잇따르고 있다.

급발진은 주로 자동변속기가 장착된 차량의 시동 때 가속페

달을 밟지 않았음에도 차량이 갑자기 돌진하는 현상을 말한다. 1980년대 초 미국에서 처음으로 법정논쟁까지 가서 세계적으로 알려졌지만 지금까지도 그 원인에 대해서는 여러 가지 요인이 추정될 뿐 속 시원히 알려진 것이 없다.

우리나라의 관련 소송에서는 차량의 결함 때문에 급발진이 발생한다는 주장을 인정하지 않고 있다. 하지만 운전자의 조작 미숙이라고 결론짓기엔 미심쩍은 부분이 많다는 것은 누구나 공감하는 일이다. 많은 운전자들이 급발진 사고의 원인이 차체의 설계나 제조과정에서의 결함이라는 의혹의 눈초리를 보내고 있으나 그 누구도 정확한 원인을 입증할 수 없는 상황이다.

이런 현실에서 이번에 서울중앙지법이 급발진 관련 사고의 원인을 운전자가 아니라 차량을 제조·판매한 회사가 입증해야 한다는 매우 의미 있는 판결을 내렸다. 이번 판결은 민법 제750조의 과실책임법리에 따라, 운전자가 자신의 과실 없음을 증명해 보여야 한다는 기존의 대법원 판례를 뒤집은 것이어서 주목된다.

우리나라와는 달리 미국은 이미 90년대 후반 이후부터 급발진 사고에 관련된 소송에서 '차체 결함이 없음'을 제조사가 입증하도록 하고 있다. 우리나라도 지난 2001년 입증책임이 소비자가 아닌 자동차 회사에 있다는 판결이 있었으나 업

뉴스에서 종종 보는 급발진사고 장면 중의 하나

체의 즉각적인 항소로 인정되지 못한 적이 있었다. 이번 판결에 대해서도 업계에서는 항소의사를 보일 것으로 예상되지만, 이번 판결이 **미국과 같이 입증책임이 소비자에게서 제조사로 상당 부분 전환되는 계기가 되기를 기대한다.**

그리하여 그동안 사고를 당하고도 적절한 보상을 받지 못했던 소비자들의 억울함과, 혹시 자신도 급발진 사고를 당하여 "악마의 유혹"의 희생양이 되지 않을까 염려하는 소비자의 불안이 해소되는 한편, 자동차회사들도 급발진 사고 제어장치 설치 등 보다 안전한 차량을 생산할 수 있게 되었으면 한다.

지금까지도 급발진에 관련된 사고는 끊이지 않고 있지만, 앞서 소개한 판결 이후에는 이렇다 할 뉴스가 없는 것을 보면 '심증은 가도 물증이 없는' 소비자입장에서는 억울할 수밖에 없는 현상이 당분간 지속될 듯싶다.

예일 대학의 캘러브레이지(Guido Calabresi) 교수는 법경제학(law and economics)의 대가(大家)이다. 그의 1961년 "사고비용의 법경제적 연구"는 현재까지도 불법행위법에 대한 경제학적 분석의 가장 기본적이면서 대표적인 연구로 꼽힌다.

뿐만 아니라 그는 많은 후속 논문과 저술을 통해 재산권, 책임법리, 불법행위법 등에서의 인과관계에 대한 경제적 분석에 큰 공헌을 했다. 나도 법경제학을 전공하면서 그의 연구에 큰 감명을 받았다. 졸저인 『불법행위법의 경제학』에서도 그의 연구와 논점들을 적잖게 소개했다.

신속한 리콜과 소비자신뢰

　자동차 없는 미국생활은 상상하기 힘들다. 출퇴근뿐 아니라 식당이나 마트, 심지어 미용실 갈 때도 자동차를 이용한다. 아이들도 16세가 되면 운전을 하며, 입학이나 결혼 선물의 일 순위는 단연 자동차이다. 그만큼 자동차가 일상생활에서 차지하는 비중이 크다 보니 미국인들이 자동차의 품질이나 디자인 그리고 안전성에 민감할 수밖에 없다.

　나는 2000년 초 미국 체류 시 도요타(豊田)자동차사의 캠리를 탔다. 출고된 지 6년이나 지난 중고차였지만 한국에서 몰던 신차보다 성능이 우수했다. 특히 주행 시 엔진의 정숙성은 새 차 못지않았다. 귀국할 때는 산 가격 그대로 되팔 수 있었다. 그만큼 도요타는 품질이나 안전성에서 신뢰받던 차종이었다.

　연일 계속되던 도요타의 결함과 리콜에 관한 뉴스가 식상한 감도 없지 않았다. 세계인들의 선망이던 렉서스에 이어 주력 하이브리드카인 프리우스의 브레이크 결함 리콜 결정이 나오더니, 도요타의 저가 브랜드인 코롤라의 핸들결함 리콜 가능성 소식까지 들렸다. 뛰어난 품질로 세계 자동차 시장을 선도하던 회사의 수십 년간 지켜 온 명성과 소비자신뢰가 한꺼번에 추락할 위기를 겪은 것이다.

사실 도요타는 그 전에도 리콜지연 문제로 곤욕을 겪은 적이 있다. 당시에는 특히 일본 사정당국의 조사 결과 실무책임자뿐 아니라 회사의 고위간부도 자사의 자동차에 중대한 결함이 있음을 알고 있었지만, 이를 8년씩이나 숨겨 왔다는 사실이 밝혀지면서 회사의 신뢰성에 타격을 주었다.

도요타의 경우도 지난 2000년대 초 일본의 미쓰비시 자동차의 결함은폐사건과 유사한 면이 있다. 당시 미쓰비시는 막대한 리콜비용과 회사 이미지 훼손으로 인한 손실을 염려해서 결함 사실을 숨겼지만, 그 결과는 임청났다. 일본을 포함한 선 세계 소비자들의 외면으로 회사부도 위기까지 몰렸고, 아직도 옛날의 명성을 회복하지 못하고 있다.

사정이 이렇다 보니, 선진국의 기업들은 문제소지가 있는 경우에는 문제가 발생되기 전에라도 자발적으로 리콜하는 경우가 많다. 실제로 벤츠나 포드와 같은 세계적인 자동차 메이커도 결함 있는 부품을 리콜한다는 홍보까지 하고 있다. 자동차 외에도 다양한 소비자제품의 리콜이 공개적으로 실시되고 있다.

과거와는 달리 소비자도 자발적으로 리콜하는 기업에 호감을 느낀다. 수년 전 LG의 전기압력밥솥이 내솥 결함으로 폭발하는 사건이 발생했고, 초기에는 대처에 다소 미온적이던 회사가 광고를 통해 포상금까지 걸면서 리콜조치를 하겠다는 적극성을 보이자, 소비자들은 LG전자에 좋은 점수를 주었다.

소비자의 관점에서 보면, 제때 리콜하는 기업과 결함을 숨기고 있다가 나중에 문제가 드러나는 기업 중 어느 쪽을 신뢰할 것인가는 이번 도요타 사태를 보더라도 자명하다. 은폐된 채로 넘어갈 수 있다면 좋지만 진실은 어떤 경로를 통해서든지 알려지는 것이 세상 이치이며, 인터넷이 발달한 요즘은 더욱 그렇다. 내가 수행한 조사에서도 비록 기업들은 리콜을 통한 소비자의 신뢰하락을 우려하고 있지만, 소비자들은 적극적으로 리콜하는 기업에 더 큰 호감을 나타냈다.

소비자의 안전을 생각하는 기업은 소비자의 신뢰와 사랑을 얻게 되어 경쟁력이 높아진다는 것을 알면, 제때 조치하는 것이 최선의 방책이다. 소비자의 신뢰는 기업의 생명줄이기 때문이다.

도요타의 경우도 이번의 뒷북치는 리콜조치로 막대한 부담을 안게 되었지만, 장기적으로는 회사의 신뢰회복에 득이 될 것이다. 회사의 확실한 리콜조치가 진행된다면 여론의 뭇매에도 불구하고 수십 년간 쌓인 품질에 대한 소비자 신뢰는 점차 회복될 것이다.

리콜제도^{tip!하나}는 잘 정비되어 있지만, 실제로 결함 제품의 리콜에 소극적인 감이 있는 국내 기업들도 이번 도요타의 경우를 귀감으로 삼아야 한다. 다시 말해 제품의 품질향상과 더불어 안전상 문제 있는 제품의 신속한 리콜조치에 각별히 신경 써야 한다.

우리나라는 소비자기본법에 총괄적인 리콜제도에 관해 규정하고 있으며, 각 품목별로 개별 법령에서 별도의 리콜제도를 두고 있다.

통상 개별적인 법령들에서 리콜에 관련된 규정이 있고, 해당 개별법령을 적용하게 된다. 즉, 대기환경보전법, 자동차관리법, 식품위생법, 품질경영 및 공산품 안전관리법, 축산물가공법, 전기용품안전관리법, 약사법 등의 적용을 받으며, 만일 이들 개별법령에 소비자기본법상의 리콜제도가 없는 경우에는 소비자기본법과 개별법상의 리콜 규정을 동시에 적용할 수 있다.

그런데 2011년 2월 5일에 문제 있는 제품에 대해 강제리콜을 명령할 수 있는 '제품안전기본법'이 시행되었는데, 이 법의 도입으로 생활제품에 대한 기업의 자발적 리콜도 증가할 것으로 보인다.

사실 그동안 국내 기업의 자발적 리콜조치는 미국, 일본, EU 등에 비해 매우 저조했다. 미국의 리콜건수는 2008년 564건, 2009년 466건에 달했고, 같은 기간 일본은 106건, 94건의 리콜이 발생한 반면, 우리나라는 2008년에는 단 한 건의 자발적 리콜도 없었으며, 그나마 2009년에 29건이 집계되었을 뿐이다(물론 제품의 품질과 안전성이 좋아져서 리콜 사유가 줄어들었을 수도 있었겠다).

안전제도의 쌍벽: 리콜과 제조물책임

몇 년 전에 전기 압력밥솥이 폭발해서 사람들이 다치거나 가재도구가 부서진 사건들이 잇달아 발생했던 일이 있었다. 그래서 이와 관련해서 해당 제품의 제조사가 폭발 가능성이 있는 문제의 밥솥들을 몇 만 원의 보상금까지 주면서 리콜했다는 소식을 뉴스와 광고를 통해 들어 본 적이 있을 것이다.

❓ 매일 쓰는 밥솥이나 전자제품이 폭발할지도 모른다고 생각하니까 섬뜩하더라. 리콜(recall)의 정확한 의미는 뭔가?

🎙 오래전 미국의 캘리포니아 주에서 살았던 적이 있다. 당시에 캘리포니아 주지사인 Davis라는 사람이 주 재정 문제에 관련된 사안으로 결국 주지사 자리에서 물러나는 일이 있었다. 리콜이라는 말은 원래 이 경우와 같이 선거직 공무원을 임기 중에 투표를 통하여 해임시키는 국민소환제tip!하나를 말한다. 이것이 상품과 관련해서도 쓰이기 시작했는데, 문제가 있는 제품들을 불러들인다(리콜한다)라는 의미로 사용됐다.

그런데, 리콜제도상의 법적인 개념은, 제품 이용자에게 해를 끼치거나, 끼칠 우려가 있는 결함이 발견된 경우에 사업자가 이용자에게 제품의 결함내용을 알리고 환불이나 교환, 그리고 적절한 수리를 해 주도록 하는 제도를 말한다.

💬 안전한 소비생활을 위해서 꼭 필요한 제도라는 생각이 든다. 그런데 문제가 있으면 업체들이 알아서 리콜을 하게 되나? 아니면 정부의 요구로 어쩔 수 없이 하나?

🎤 양쪽 다 가능하다. 리콜에는 사업자 스스로 결정하는 자발적 리콜과 정부의 요청에 의한 강제리콜의 두 종류가 있다. 강제리콜은 또 리콜권고와 (긴급)리콜명령으로 구분된다.

리콜에 관한 사항들은 모두 법으로 정해져 있다. 예컨대, 자동차 리콜에 관한 사항은 자동차관리법에, 식품은 식품위생법, 축산물은 축산물가공처리법, 전기용품은 전기용품안전관리법 등에 리콜 요건이나 대상품목이 정해져 있다.

또 개별법에서 다루지 않고 있는 일반 소비제품들은 소비자기본법에 명시되어 있다. 요즘은 대부분 사업자 스스로 리콜을 하고 있으며, 정부에서도 가급적 강제리콜 대신 사업자의 자발적 리콜을 유도하고 있다. 업체 스스로 리콜을 시행하더라도 (마음대로 할 수 있는 것은 아니고) 법에서 정한 규정과 절차에 따르게 된다. 결함내용이나 원인이라든지, 리콜방식과 기간을 포함한 리콜시행계획서를 당국에 제출해야 하고, 일간지 등을 통해 30일 이상 게시하고, 또 그 계획에 따라 리콜을 시행하게 되는 것이다.

우리와 비교해 볼 때, 리콜이 매우 활성화되어 있고 강력히 시행되고 있다. 선진국의 경우 리콜 문제는 제조물책임과 더불어 제조사들의 가장 큰 관심사이다.

미국의 예를 들자면, 어떤 지역에서 잡힌 생선 몇 마리에서 위생상 문제가 발생되면, 해당 지역에서 잡힌 모든 생선을 리콜조치할 정도이다. 실제로 미국의 한 식품회사에서 납품하는 햄버거에 병원성 대장균이 발견된 적이 있었다. 그러자 위생당국에서 리콜 권고를 했고, 수십만 파운드의 햄버거 전량을 수거하여 폐기하는 리콜조치가 있었다. 결국 해당 회사는 파산하게 됐다.

이렇다 보니, 미국의 기업들은 문제 소지가 있는 경우에(실제로 문제가 발생되기 전에라도) 자발적으로 미리 리콜을 하는 경우가 많다. 소비자들도 자발적으로 리콜하는 기업에 더 좋은 점수를 주는 경향이 있다. 공산품의 경우 연간 약 300여 건, 식품은 연간 약 1,700여 건, 자동차의 경우 연간 약 400~450여 건 정도 리콜을 실시하고 있다.

미국의 소비자제품안전위원회(CPSC), 식품의약품안전청(FDA), 국립고속도로교통안전국(NHTSA)의 홈페이지에서 분야별 리콜통계를 살펴볼 수 있다.

리콜제도가 처음 도입된 90년대 초, 중반에는 사실 자발적이든 강제이든 리콜 사례가 별로 없었다. 그러다가 90년대 말 이후에는 리콜 건수가 점차 증가되어 왔다. 2천 년에는 41건이던 것이 2005년에는 194건으로 늘었고, 2008년에는 544건으로 크게 증가되었으나 2009년에는 495건으로 소폭 줄었다. 이 중 대부분이 기업 스스로 시행한 자발적 리콜이었다.

🔴 자동차를 리콜하는 경우는 뉴스에서 간혹 봤다.

🎤 그동안 자동차에 관련된 리콜 건수가 가장 많았다. 대표적인 경우가 자동차 안전벨트의 기능 결함과 변속기 결함이었고, 또 어떤 모델에서는 오일이 새는 문제와, 차축이 짧아 바퀴가 빠지는 문제도 있었다. 지난해 도요타의 운전석 깔판이 엑셀을 눌러 사고가 발생한 일로 수백만 대가 넘는 차량에 대해 대대적인 리콜이 시행되기도 했다. 지금도 몇몇 자동차 메이커들이 결함 있는 일부 부품들을 리콜하겠다고 공개적으로 홍보하고 있다.

🔴 자동차 말고 또 어떤 상품들이 리콜되었나?

🎤 전기믹서와 유모차 제품이 있었고, 유명브랜드 피자와 조명기기 리콜이 있었다.

전기믹서는, 별도의 안전장치가 없어 손가락이 절단되는 사고를 일으킨 모델을 대상으로 강제리콜 조치되었고, 유모차는 등받이 각도 조절장치에 결함이 있어서, 유아가 다치는 사고를 발생시킨 모델을 강제리콜한 경우였다. 피자의 경우는 안전과는 관계가 없지만 품질에 관련된 사항으로 업체 스스로 리콜한 경우였다.

식품에 관해서는 변질된 고추장, 유통기한이 지난 소시지, 불량만두에 대한 리콜명령이 있었다.

대부분 안전 문제로 리콜하게 되는 것 같은데. 리콜은 안전에 관련된 제품만 할 수 있나?

사실 리콜제도는 안전에 문제가 있는 제품으로부터 소비자를 보호하기 위한 안전제도의 하나로 시행되고 있지만, 안전문제 외에도 리콜대상이 되는 경우도 가끔 있다. 예컨대, 얼마 전에 휴렛펙커드(HP) 본사에서 일부 노트북 PC 모델을 리콜하겠다고 발표했는데, 이 경우는 안전과는 관련이 없는 PC의 메모리에 결함이 발견되어 업체 자발적으로 리콜을 했다. 이 경우는 안전문제가 아니라, 제품 성능상의 하자 때문이었다고 볼 수 있다. 물론 앞서 말한 유명 브랜드피자 사례도 안전과는 직접적인 관계가 없는 경우였다.

요즘 리콜과 관련된 광고 내용을 보면 단지 소비자만을 위해 리콜하는 것같이 표현되던데, 기업한테는 불이익인가?

사실 사고 제품 한두 개를 수거하여, 무상 수리나 환불해 주는 데는 큰 부담이 없지만, 이미 팔려 나간 동일 모델의 모든 제품을 리콜하게 되면, 회사로서는 큰 부담이 아닐 수 없다. 경우에 따라서는 회사 재정이 휘청거리기도 하다.

하지만 소비자의 입장에서 잘 한번 생각해 보면, 리콜을 제때

에 하는 기업과 리콜하지 않고 있다가 나중에 문제가 드러나는
기업 중 어느 쪽을 더 신뢰하겠나?

소비자의 안전을 생각하는 기업은 소비자의 신뢰(사랑)를 얻게
되어, 경쟁력이 높아진다는 것을 알면, 제때 리콜하는 것이 기업
한테는 궁극적으로 이득이 된다는 것을 쉽게 알 수 있다.

❓ 그렇다면, 기업들은 자사 제품에 문제가 발견되면 소비자들이 모
르더라도 가급적 빨리 리콜하는 것이 좋지 않나?

🎤 단기적으로는 회수비용이나 보상비용, 그리고 이미지 훼손과
같은 손실이 발생하겠지만, 미쓰비시 자동차회사처럼, 제때 리
콜하지 않음으로써 한순간에 큰 손실을 보는 경우를 당하지 않기
위해서는, 적절한 시기에 조치하는 것이 보다 유리하다.

최근에 우리 기업들이 리콜 광고를 이용해서 이미지 관리도 하
는 것을 보면, 이제 우리나라 기업들도 리콜에 대해 어느 정도
긍정적으로 평가하고 있는 것 같다.

❓ 맞다. 하지만 소비자측면에서도 문제가 있는 것 같다. 최근 들어
인식이 좀 바뀐 것 같긴 하지만, 리콜하는 기업이나 해당 제품들을
무작정 문제시하는 경향도 있지 않나?

🎤 소비자들도 리콜에 대한 정확한 의미를 이해할 필요가 있다.
어떤 기업이 일부 불량제품을 생산했더라도 그것을 공개적으로
회수하고 보상하겠다는 것은, 어쨌든 소비자의 안전을 생각하는

조치로 볼 수 있다.

소비자들은, 사용 중에 문제가 발생된 제품에 대해서는 즉각 신고한다든지, 또 제조 회사에 해당 제품을 리콜하라고 요구하는 것이 좋다. 이는 소비자의 기본 권리이기도 하고, 정부나 소비자단체에서도 소비자들이 리콜에 대한 올바른 인식을 갖도록 홍보하고 계몽할 필요가 있다고 본다. 또 기업들도 차근차근 소비자의 신뢰를 쌓아 갈 필요가 있겠다.

사회적 이슈가 되지도 않았고, 정부의 리콜 권고도 없는데도 자발적으로 리콜을 하거나, 경미한 안전사항인데도 리콜을 하는 기업에 대해서는 소비자들이 많은 신뢰를 보여 줄 필요가 있다.

제조물책임과는 어떻게 연결되는가?

리콜제도는 제조물책임제도와 밀접한 관련이 있다. 예컨대, 기업들의 리콜 건수의 추이를 보면, 우리나라에 제조물책임법이 처음 도입된 2000년 이후 많이 증가했다. 그 주된 이유는, 제때 리콜하지 않음으로써 피해가 발생하게 되면, 제조물책임법에 의해 소송에 휘말릴 수 있고, 경우에 따라서는 많은 손해 배상을 해야 한다. 이러한 제조물 배상책임의 경우를 피하기 위해 사전에 리콜하는 것이다.

다시 말해, 리콜과 제조물책임은 모두 제품의 안전에 관련된 제도이다. 차이점은, 리콜은 대개 결함제품으로부터 사고를 미연에 방지하는 사전적 예방 차원인 반면에, 제조물책임은 피해가 발생된 뒤의, 사후적인 손해배상 제도라는 점이다.

❓ 제조물책임을 피엘(PL)이라고도 하지 않나? 가정용 TV가 폭발해서 화재가 발생하거나, 정차 중의 승용차가 기기 조작이 없었는데도 전후방으로 돌진했다는 사고 소식들을 뉴스시간을 통해 종종 듣게 된다.

🎤 실제로 얼마 전에 구로구에서 사는 어떤 분이 거실에서 TV를 시청하고 있는데, 갑자기 '펑' 소리와 함께 TV가 폭발했다고 한다. 다행히 이 경우에는 큰 피해로 이어지지 않았지만, 화재가 발생해서 가재도구가 불타거나, 사람이 상해를 입는 사건들도 있었다.

몇 년 전에 거실에 켜 놓은 TV가 갑자기 큰 폭발음과 함께 불이 솟아오르면서 커튼에 옮겨붙어 급기야 건물의 2층 내부와 그 안의 가재도구가 모두 타 버리는 사고가 있었다. 당시에 이 사건의 피해자는 해당 제품의 제조사를 상대로 민사(제조물책임)소송을 제기했다.

❓ 그래서 어떻게 됐나?

🎤 이 사건에 대해 법원은, 피해자가 정상적으로 수신하는 상태에서 TV가 폭발하였고 또 다른 피해자 부주의가 없었기에, 제품에 결함이 있었다고 판정하였고, 피해자가 입은 재산상 손해를 제조사가 배상하라고 판결했다.

제조물책임은 이 사례에서와 같이, 제조나 설계 또는 표시상의 결함이 있는 제품으로 인해서 피해가 발생한 경우에 (소송을 통해서) 제조사의 과실 여부에 관계없이 제조사에게 그 손해배상책임을 지우는 것을 의미한다. 현행 민법상의 손해배상책임 요건을 완화한 '무과실책임제도'라고 볼 수 있다.

? 제조물책임과 관련된 법이 제조물책임법인 줄 알고 있다. 지난 2002년 7월에 이 법이 시행되었으니까 이제 10년이 되어가는데……, 법이 시행된 이후 어떤 점이 달라졌나?

🎤 사실 이 법이 시행되기 전에도 제품에 문제가 있어 발생된 사고에 대해서는 피해자가 소송을 통해서 구제받을 수 있었다. 소개했던 TV폭발 사례 중 하나도 사실 제조물책임법이 도입되기 전인 1996년에 발생된 사고이다. 즉, 피해를 당한 소비자가 재판을 통해 제조업자의 과실을 증명해 보임으로써 구제받을 수 있었다. 이를 민법상의 과실책임 요건이라고 한다.

하지만 현실적으로 제품에 관한 정보나 지식이 부족한 개별 소비자가 제조업자의 과실을 캐내기란 여간 어려운 일이 아니기 때문에, 억울하게 피해를 입고도, 소송에서 지는 경우가 비일비재했다. 하지만 법이 시행된 2002년 7월 이후에는 제조업자의 과실을 입증하지 않더라도 해당 제품에 안전상의 결함이 있었고, 또 그 결함 문제로 인해 사고가 발생했다는 점을 보이기만 하면 피해를 구제받을 수 있게 되었다(이를 무과실책임 요건이라고 한다). 다시 말해 제조물책임법이 소비자의 입증책임을 상당히 줄여 준 것이다.

? 제조물이라면 어떤 것이든 손해배상을 받을 수 있는 소송 대상이 되나?

🎤 원칙적으로 제조 또는 가공된 모든 것이 대상이다. 다만, 서비스와 1차 농수축산물, 그리고 부동산은 제외된다. 하지만 창호나 배관자재와 같이 부동산의 일부를 구성하는 시설은 포함된다. 또 요즘 자주 문제를 일으키고 있는 승강기(elevator)도 건물의 부속물이므로 당연히 대상이 된다.

❓ 제조물책임제도나 피해 보상은 물건을 만든 사람에게 요구해야 되겠다. 그런데 피해를 발생시킨 제품을 만든 사람이 누군지 알 수 없는 경우도 있지 않나?

🎤 그런 경우에 대해서도 법에 규정되어 있다. 수입품인 경우에는 수입업자에게, 주문자상표부착(OEM)방식이나 자체상표(PB)방식으로 판매된 경우에는 해당 표시(공급)업자한테 요구해야 한다. 또 제조자를 전혀 알 수 없는 경우에는 판매자가 (2차적)책임을 지게 된다.

❓ 아무 때나 문제를 제기할 수 있나?

🎤 대개 피해자가 손해와 제조업자를 안 날로부터 3년 안에 배상을 요구해야 한다. 하지만 일정한 잠복기간이 있는 손해, 예컨대 신체에 누적되어 사람의 건강을 해치는 물질로 인한 피해의 경우에는 그러한 피해가 발생된 후 10년까지는 배상을 요구할 수 있다.

❓ 제조물책임은 손해배상에 관련된 소송제도라는 말인데, 앞에서

리콜과 더불어 안전에 관한 중요한 제도라고 하지 않았나?

🎙 제조물책임제도는 형식상, 발생된 손해에 대해 소송을 통해 배상을 하는 손해배상(또는 피해보상) 제도이기도 하지만, 제도의 원래 목적은 결함 제품으로부터 소비자(이용자)를 보호하기 위한 안전 제도이다.

쉽게 얘기해서, 안전에 문제가 있는 제품을 만들어 팔았다가, 사고가 발생해 제조물책임 소송을 당하면 거액의 소송비용과 배상비용이 들게 되니까, 제조사가 이를 피하기 위해, 보다 안전한 제품을 만들려고 노력하게 되고, 또 해당 제품을 회수(리콜)하거나, 경고나 주의표시를 하는 등과 같은 안전조치를 미리미리 하게 되는 것이다.

❓ 우리나라의 제조물책임 소송 사례도 소개해 달라.

🎙 사실, 제조물책임법이 시행된 2002년 이전에도 제조물의 사고에 관련된 분쟁이나 소송이 많이 있었다. 소비생활을 하다 보면 제품의 하자나 결함에 의한 안전사고가 수없이 발생하니 사건도 많을 수밖에 없다.

하지만 과거에는 (민법 제750조의 일반불법행위 규정에 의해) 피해자가 제조사의 과실을 증명해야 했기 때문에 실제로 소송하거나, 또는 재판에서 승소하는 사례가 별로 없었다.

그런데, 제조물책임법이 시행된 2002년 7월 이후에도 이 법을 적용하여 판결한 사례는 그리 많지 않다. 자동차급발진에 관련

된 사례들(2001. 9. 서울지법 남부지원 민사36단독 등)이 있었
다. 공군참모총장이 탔던 UH-60 헬기 추락사고 등이 있었지만,
대부분 패소하거나 그 책임이 인정되지 못했다.

**🔴 자동차의 급발진 사고도 '제조물의 결함'에 해당되는 것 같은데,
왜 승소하지 못했나?**

🎤 자동변속 자동차의 급발진 사고는 몇 년 전부터 사회 쟁점이
되고 있다. 차종을 막론하고 발생되고 있고, 특히 최고급 승용차
를 타는 유명 인사들도 관련되어 있어 주목을 끌고 있다. 하지만
아직까지 그 원인이 정확히 밝혀지지 않고 있는 상태이다. 자동
차 메이커들은 차체 결함은 절대 없다고 주장하고 있고, 피해자
들은 브레이크 대신 액셀을 밟았다든지 하는 운전 부주의가 없었
다고 주장하고 있다.

　실제로 제기된 손해배상 소송에서 피해자가 일부 승소한 경우
는 몇 건(예컨대 2006년 인천지법 제6민사부 판결, 2009년 서
울중앙지법 급발진 관련 판결 등) 있었지만, 전체적으로 승소한
경우는 아직 없었다. 그 주된 이유는 급발진 사고의 특성상, 상
황 재현이 불가능해 차체에 결함이 있음을 피해자 측에서 증명해
보이기 어렵다는 사실이다.

　하지만 미국이나 유럽 등 외국의 경우에도 유사한 사건들이 많
이 있어 왔다. 사고원인을 피해자가 아니라 제조사가 밝히도록
함으로써 피해자가 승소하는 사례가 종종 있다(즉, 제조사가 가
해차량에 하자가 없음을 입증하지 못하는 한, 그 차량에 하자가

있다고 보아 제조물책임을 인정해 주는 경우도 있다는 것이다).

아직 우리나라에서는 미국과 같은 판례가 없지만, **급발진으로 인한 사고 피해자들의 억울함이 어떻게든 해결되어야 한다고 본다.**

❓ 우리나라가 외국에 비해 제조물책임 소송이 많지 않은 특별한 이유가 있나?

🎙 여러 가지 이유를 생각해 볼 수 있다. 아직 제도가 시행된 지 얼마 되지 않은 점과 (급발진 사례에서와 같이) 법원이 여전히 피해자(원고)한테 구체적인 결함을 입증하라고 요구하고 있는 점이 주된 원인일 것 같다. 제조사들의 안전의식이 많이 좋아져서 리콜이나 위험경고표시와 같은 안전조치들을 적극적으로 취하고 있는 점도 들 수 있겠다.

하지만 세계적인 경향을 볼 때 우리나라도 소비자의 안전의식이나 권리의식이 더욱 높아져 앞으로는 제조물책임에 관련된 소송이 어느 정도 증가할 것으로 보인다.

❓ 제조물책임제도에 의해 소비자 권리를 찾으려면 어떻게 해야 하나? 예를 들어, 보던 TV가 폭발했거나 그로 인해 다쳤을 경우 어떻게 해야 하나?

🎙 권리를 주장해야 한다. 즉시 해당 TV의 제조사(제조사를 모르거나 외국산인 경우에는 판매자나 수입업자)에게 피해구제를 요구해야 한다. 소비자보호 기관이나 단체에 피해구제나 중재를 요청

할 수도 있다.

또 그 결과가 만족스럽지 못하거나, 인명피해와 같은 중대한 사안이면 제조물책임을 이유로 소송을 제기하는 것도 고려할 수 있다.

그런데 경우에 따라서 소비자도 피해보상을 받을 수 없는 경우가 있다. 경고(warning) · 위험(danger)과 같은 주의표시를 따르지 않았거나 소홀히 해서 발생된 피해는 소송으로 가더라도 구제받을 수 없다. 예컨대, 100V 전용 TV를 220V 플러그에 꽂아 화재가 발생했다면 당연히 소비자 과실이다.

또 제품의 사용설명서에 따르지 않고 잘못 사용했거나, 무리하게 사용해서 생긴 사고도 소비자책임이 된다. 예를 들어, '최대 5분 이상 계속해서 사용하지 못하도록' 되어 있는 전기믹서를 한 시간 동안 계속해서 돌렸다 터진 경우라면 당연히 소비자 책임이다. **소비자도 자신의 과실에 대해서는 스스로 책임진다는 자세로 소비생활을 해야 하는 것이다.**

"자격 없는 ○○○을 주민의 힘으로 소환(recall)하자."

대통령이나 시장, 도지사와 같은 임명직공무원을 국민투표를 통해 해임시키는 이른바 '국민소환제'가 이따금 언론의 주목을 받고 있다. 몇 년 전 성사되지 못했지만 제주도지사와 하남시장 주민소환 투표가 있었고, 최근에는 과천시장이 주민소환 투표의 요건이 충족되었다는 뉴스가 전해지기도 했다(전국을 단위로 하면 '국민소환제', 지역 단위는 '주민소환제'라 한다).

이 제도는 당리당략에 좌우되는 국민대표자에게 국민의 목소리에 좀 더 귀 기울이도록 하고, 직권남용과 공약 남발을 막을 수 있다는 장점이 있다. 하지만 소수의 선동정치에 악용되거나 사회적 불안정과 비효율을 낳기도 한다.

03

신용사회의
빛과 그림자

우리 경제 시한폭탄 가계빚

'우리 경제 시한폭탄 가계빚', 모 일간지 경제면 대부분을 할애한 기사의 제목이다. IMF와 카드대란, 금융위기를 거치면서 가계빚이 빠르게 늘어나 2011년 말 현재 1천조 원을 눈앞에 두고 있다. 2003년부터 2007년까지 5년간 192조 원이 늘었고, 그 후 3년간에도 165조 원이 증가했다. 최근에는 단지 석 달 만에 20조 원이 늘어났다고 한다. 가계 부채는 만성병이면서 우리 경제의 최대 위험 요인이 되고 있는 것이다.

미국을 비롯한 대부분의 선진국 가계에선 지나친 빚을 줄여 나가는 디레버리징(deleveraging)^{tip!하나}을 하고 있는데 우리는 오히려 늘고 있다. 부채상환의 어려움 수준을 보여 주는 처분가능 소득 대비 가계부채 비율은 지난해 말 이미 153%로, 미국(128%)과 일본(112%) 등 선진국보다 높은 수준이다.

신문지상에는 가계빚 증가로 어려움을 겪는 소비자들의 얘기가 자주 올라온다.

나 역시 무리한 빚으로 이자를 감당하느라 힘든 상태이다. 수년 전 집을 사면서 빌린 담보대출금의 금리가 조금씩 올라 이자 부담이 늘어났고, 3년의 거치기간이 끝남에 따라 매월 내야 하는 원리금 상환액이 불어났기 때문이다. 월급 받아 은행이자 갚고 나면 3명의 자녀교육비 내기도 버거운 형편이다. 전형적인 하우스푸어^{tip!둘}이다. 상대적으로 높지 않은 은행이자를 물고 있으니 그나마 다행이다.

내가 실제로 조사해 보니 서민들은 고금리 서민금융서비스 의존도가 높고 과잉·다중 채무에 시달리는 경우가 많았다. 소액신용대출 이용 경험자를 대상으로 설문조사에서 5년간 5회 이상 빚을 낸 경우가 전체의 41.6%로 나타났으며 이런 다중채무자일수록 소득 대비 부채비율이 매우 높았다. 또한 절반이 넘는 경우가 사채와 같은 높은 이자를 물고 있었다.

문제는, 국제 금융위기 이후 지금까지의 저금리 기조가 조만간 끝나고, 느리지만 전반적인 경기회복과 물가상승으로 인해 금리 인상이 이어질 수 있다는 점이다. 실제로 2010년 말부터 한국은행의 기준금리가 단계적으로 올랐다(지난해 6월부터는 경기회복세 약화에 따라 3.25%로 동결 중이다).

금리가 오르면 가계빚 부담이 늘어난다. 은행대출의 대부분이 변동금리이고 일정기간 이자만 내는 대출이 일반적이어서 금리 상승기엔 이자비용이 늘어날 수밖에 없다. 이자의 증가는 특히 상환 능력이 취약한 저소득 서민들에게 더 큰 부담을 주게 된다. 세금이나 보험료, 이자비용과 같은 '비소비지출' 비중이 상대적으로 큰 서민들은 씀씀이를 줄일 여지가 별로 없다. 금리가 오른다면 서민들의 살림살이가 더 힘들어질 수밖에 없는 것이다.

정부는 금융기관, 그리고 소비자 역시 가계빚 문제의 심각성을 깨닫고 대책을 마련해야 한다. 이자비용이 늘어나더라도 금리를 일정부분은 인상시켜 가계빚의 경각심을 높일 필요가 있다. 다만 그 상승 속도를 가능한 늦추는 것이 바람직하다.

특히 부동산 담보대출의 경우 변동금리보다는 금리변동의 위험성이 거의 없는 고정금리 대출을 장려하고, 이자만 내는 거치기간을 줄이는 것이 가계빚 쇼크를 줄이는 현실적인 방향이다.

TIP ! 하나

디레버리징(deleveraging)은 차입을 확대해 나가는 레버리징(leveraging)의 반대밀로, (개인이건 국가건 상관없이) 빌린 부채를 축소하고 예금을 최대한 늘리는 활동을 말한다. 한마디로 '빚갚기'라는 말이다.

TIP ! 둘

요즘 언론에서 하우스푸어(house poor)란 말이 자주 등장한다. '집 있는 가구 10% 이상이 그 집 때문에 가난하게 사는 하우스푸어'(조선일보 2011. 5. 23일자)란다. 경기가 좋을 때 대출받아 산 집이 경기침체에 따른 주택가격 하락과 주택거래 실종으로 집이 웬수가 된 것이다. 한마디로 '집 가진 가난뱅이'인 것이다. 대부분의 경우 수도권에 살면서 아파트를 가진 30~40대 중산층에 해당한다. 이들 중 원리금 상환이 불가능한 경우가 9만여 가구로 전체의 8.4%에 해당하고, 기간을 연장해야만 상환 가능한 경우도 30만여 가구가 된다고 한다. 불행히도 나도 이 10%에 속한다.

그래도 팔 집이 있는 하우스푸어는 집 없는 빈곤층을 의미하는 하우스리스푸어(houseless poor)보다는 문제가 덜하다. 올 초 대폭 오른 전셋값으로 고통받았던 이들은 요즘에는 금리 인상의 고통을 겪고 있다. 전세금 인상분을 대출에 의지한 사람들이 많기 때문이다.

집이 없어도 불안하고 집이 있어도 괴로운 국민들은 무엇보다 주택시장이 정상화되기를 바란다. 언제쯤이면 내놓은 집이 팔리고 전 · 월세 가격이 안정될 수 있을까.

원고를 준비하고 있던 지난해 6월에도 금융당국의 가계부채 종합대책 발표에 이어, 한국은행 금융통화위원회에서 기준금리를 올렸고 드디어 3.25%가 됐다. 사상 최고치로 치솟는 가계부채가 우리 금융정책 당국이 예상보다 빠른 금리인상을 추진하는 요인이 되었을 게다.

기준금리가 오르면 은행들의 예금금리와 함께 대출금리도 오른다. 이번의 기준금리 인상이 반영된 시중의 주택담보 대출금리는 이미 6%대로 접어들었다고 한다. 아무리 새로운 가계빚을 억제하고 물가를 잡기 위해 금리를 올리는 것은 어쩔 수 없지만 풀려나간 대출금의 눈덩이처럼 불어나는 이자부담은 심각한 문제가 아닐 수 없다. 물가안정과 가계부채 완화 두 마리 토끼를 다 잃지 않는 묘책은 없는 것일까?

대출이자 상한 지켜져야

소득이 낮은 서민은 가계수입의 대부분을 저축보다는 생활자금으로 쓴다. 예기치 못한 사고나 자녀 병원비와 같은 긴급한 자금 수요가 생기면 어쩔 수 없이 남의 돈을 빌릴 수밖에 없다.

정부 통계를 보면 이른바 주의나 위험 등급으로 분류되는 7등급 아래 저신용자가 750만 명이나 된다. 이들이 담보 없이 이자 부담이 적은 은행 문턱을 넘기는 현실적으로 거의 불가능하다. 서민을 위한다는 상호저축은행이나 새마을금고, 신협 등 이른바 서민금융회사들도 이들을 외면하는 경향이 없지 않다.

문제는 적지 않은 대출자가 빚이 쌓여 이른바 금융채무불이행자(신용불량자)로 전락하거나 여러 형태의 억울한 피해를 본다는 점이다.

최근에 조사해 보니 소득보다 많거나 그 몇 배나 되는 빚을 진 서민이 적지 않았다. 심한 채권추심을 당하거나 터무니없이 높은 연체이자를 무는 등 대출에 관련된 피해, 금융회사의 어이없는 실수로 모르는 사이에 신용등급이 뚝 떨어진 경우도 있었다.

다행히 정부가 법정이자의 상한을 낮추고 불법 채권추심도 금지하고 있다. 최근에는 햇살론이나 새희망홀씨, 미소금융과 같은 저금리 대출의 혜택이 서민에게 돌아가도록 애쓰고 있다.

그럼에도 불구하고 대다수의 서민은 제도금융권을 이용하기 쉽지 않아 높은 이자의 금융상품이나 사금융에 의존할 수밖에 없다. 법에서 정해진 이자보다 훨씬 높은 이자를 물거나 선이자를 떼이는 잘못된 관행도 없어지지 않았다. 문제를 풀 수 있는 실질적인 방안은 없는 것일까?

나의 생각은 그렇지 않다. 무엇보다도 법이 지켜지도록 하면 된다. 예를 들어 대부업법이나 이자제한법에서 정한 최고금리가 실질적으로 지켜져야 한다. 사채(私債)와 같은 일반적 금전거래의 이자 상한^{tip!하나}은 연리 30%이지만, 실제로는 그 배가 넘는 경우도 많고 심지어 몇 배나 되는 불법행위가 일어나고 있다. 그럼에도 처벌은 솜방망이다.

또 법에는 수수료나 공제금 등 명목이 무엇이든 이자로 간주되고, 협박하거나 빚진 사실을 남한테 알리는 부당한 추심행위를 금지하고 있지만, 여전히 이러한 불법적 행위들이 일어나고 있다. 그럼에도 실효성 있는 단속과 제재가 미비하다.

서민금융의 문제를 우리보다 훨씬 먼저 겪었던 일본은 최근 대출이자 상한을 20%까지 낮추고 연간소득의 3분의 1까지만 대출을 허용했다. 법에서 정한 이자한도를 초과해 지불된 과거의 이자까지도 소송을 통해 되돌려 받을 수 있도록 했다. 결과적으로 일본에서는 서민 대출에 관련된 불법행위는 상당히 줄었다. 한국도 법이 엄격히 지켜지도록 한다면 서민금융에 관련된 많은 소비자문제들이 해결될 수 있을 것이다.

일각에서는 부당한 행위를 막기 위해 제재를 강화하면 돈 빌릴 수 있는 문이 더 좁아져 서민들의 고통이 커질 것이라 하지만, 문제의 본질을 무시해서는 안된다. **법을 고쳐 대출 최고금리를 낮추자는 정치적 구호나 규제효과에 관한 이론적 담론보다는, 지키자고 만든 법이 지켜지도록 하는 것이 우선이다.**

대출금리 관련해서 현행 대부업법에서는 연리 39%를 업체들이 받을 수 있는 상한 금리로 정해 놓고 있다(연리 30% 상한을 두고 있는 이자제한법은 처벌수단이 없어 실효성이 미약하다).

최근 대부업 대출 금리를 둘러싸고 정치권과 업계 그리고 금융당국의 공방이 뜨겁다. 야당에서뿐 아니라 여당에서조차 상한 금리를 30% 수준으로 낮추자는 법안을 제출했는데, 이에 대해 업계뿐 아니라 금융당국에서조차 정치권의 상한금리 인하 요구의 부작용을 우려하고 있다.

예상을 벗어난 정책의 실행은 오히려 독이 될 수 있다. 대부업법 시행 당시에는 상한 금리가 66%였지만, 2007년부터 연 49%로 낮아졌다. 이어 세계적 저금리추세 지속과 소비자신용에 관련된 서민들의 고충을 들어주기 위해, 2010년 7월부터는 연 45%로, 올해 7월부터는 다시 39%로 인하된 것이다. 그럼에도 정치권에서 시간적 유예도 없이 상한 금리를 더 낮추려 하고 있다.

이러한 여건에서는 대부업계뿐만 아니라 금융당국도 혼란스러울 수밖에 없다. 영업 여건이 열악해지고 정책에 대한 신뢰에 금이 가기 때문이다.

대출받는 소비자도 마냥 좋은 것만은 아니다. 법정금리 상한선이 낮아지면 대출을 신청해도 실제로 받지 못하는 고객의 비율이 높아지고, 어쩔 수 없이 금리통제가 어려운 사채를 이용하는 비율이 높아질 수밖에 없는 것이 현실이기 때문이다. 총선과 대선을 앞둔 눈앞의 유권자를 의식할 수밖에 없는 시점이지만, 서민에게 득이 되는 방향으로 중장기적 정책을 펴나가야 할 것이다.

# 주택담보대출 변동금리의 '두 얼굴'

주택담보 대출금리가 오름세를 보이고 있다. 세계적인 저금리가 2년 넘게 지속되어 왔으나 각국 중앙은행의 기준금리 인상 여파로 한때 연 2% 초반까지 하락했던 양도성예금증서(CD)금리가 연 3.6%를 나타내고 있다. 더욱이 대부분의 은행들이 가산금리 tip!하나를 올리고 있어 시중은행의 대출금리가 적잖게 높아졌다. 실제 대출 시 적용하는 가산금리가 서로 달라 실제 소비자가 부담하는 시중은행의 주택대출금리는 연 5~7%대로 은행마다 차가 크다.

경기회복 관련 각종 경제지표뿐 아니라 실제 국민들이 느끼는 체감경기도 느리지만 점차 회복세를 보이면서 가계대출도 크게 늘고 있다. 특히 경기회복과 함께 지방을 중심으로 내 집 마련과 주거공간 확대를 위한 서민들의 주택담보대출 비중이 커지고 있다.

오랫동안 높은 금리에 익숙했던 국민들은 은행에서 제시하는 연 6% 내외의 금리수준에 대한 부담감이 별로 없는 듯하다. 하지만 세계적인 경기회복 기조와 맞물려 향후 수년간 금리인상이 불가피할 것이다. 따라서 대출자들의 부담이 크게 늘어나고 결국 우리 경제에 나쁜 영향을 미칠 것임이 불을 보듯 뻔하다.

그럼에도 정책당국은 이러한 문제를 등한시하는 느낌이 없지 않고 심지어 일부 은행은 '눈앞의 저금리'만을 내세워 대출 세일즈를 하는 실정이다.

나의 경험을 통해 문제의 심각성을 보이고자 한다. 수년 전 연 4% 후반 금리의 변동금리형 주택담보대출을 받았다. 당시 적용된 연 3.5%의 CD금리에 가산금리가 연 1.5%였다. 비교적 저렴한 금리의 대출이었는데 점차 금리가 올라가 나중에는 연 7% 초반의 이자를 물게 됐다. 3년이 지난 후 원리금을 함께 상환하다 보니 그 부담은 이루 말할 수 없이 커졌디(현재는 나시 5%수준으로 낮아지긴 했다).

어떤 사람이 지금 연 6% 정도의 금리로 대출받는다고 하자. 만일 지난해 금융위기 이전과 같이 CD금리가 연 5%대로 높아진다면 소비자가 부담하는 금리는 자그마치 연 8~9%로 크게 늘어나게 된다. 이는 나의 경험보다 훨씬 큰 이자 부담이 되는 것이다. 최근에 서민들에게 풀리는 주택대출의 대부분이 이러한 상대적 고금리를 적용한 것인데도 소비자들은 그렇게 느끼지 못하는 것 같다.

이런 문제에 대해 은행들은 금융위기 이후 자금조달 여건이 나빠 가산 금리를 높일 수밖에 없었다고 설명한다.

실제로 연초 CD금리가 하락하면서 기존의 대출금리가 큰 폭으로 하락했고 은행들의 이윤도 많이 줄었다. 하지만 지금은 여건이 호전되어 이러한 은행들의 논리도 설득력이 미약하다. 한마디로 신규대출 소비자의 이자부담만 늘어나는 것이다.

더욱이 총부채상환비율(DTI) 규제 등 대출 규제강화의 여파로 새로 집을 구입하거나 규모를 늘려 가는 경우 이자가 높더라도 대출이 가능한 제2금융권에 의존하는 사례가 많다. 또한 대출조건과 금리조건에 대한 이해가 부족한 상태에서 대출을 받아 피해를 보는 경우도 적지 않으며, 향후 CD금리 상승으로 인한 이자부담이 더욱 커질 것이다.

새로 대출받으려는 소비자는 금리 등 대출 조건을 꼼꼼히 살펴보고, 향후 예상되는 금리상승에 대비해야 한다.

장기간 대출일 때에는 이자가 조금 높더라도 3개월이나 6개월 단위로 금리가 변하는 변동금리 대신 고정금리로 받는 것이 금리상승에 따른 위험을 피할 수 있다(물론 금리가 하락한다면 변동금리가 유리하다). 은행들도 변동금리 대출을 권유하는 창구 관행을 지양하고 소비자들에게 금리상승에 따른 이자 증가 가능성에 대한 객관적인 정보를 제공해야 한다.

정책당국 역시 시중은행의 예대마진이 지나치지 않은지 감시·감독하고, 은행들의 자금조달 여건을 객관적으로 반영하기 위해 개발한 코픽스금리^{tip!둘}가 잘 정착되도록 지원하는 등의 노력을 기울여야 한다. 덧붙여 고정금리대출 비중을 늘려 나갈 실효성 있는 정책방안을 고민해야 할 것이다.

이태 넘게 지속된 저금리 시대가 막을 내린것 같다. 금융통화

위원회의 기준금리가 연이어 인상됨에 따라 은행들의 주택담보대출금리도 상당히 인상되었다. 우리 경제의 시한폭탄으로 비유되기도 하는 가계부채 문제가 심각한 경제문제로까지 진행되지 않도록 정부와 금융회사, 소비자 모두 지혜를 모아야 할 때다.

주택을 담보로 하는 대출에 적용되는 금리는 대개 CD금리와 연동되는 기준금리에다가 위험을 회피하기 위한 가산금리를 덧붙여 정해진다. 즉, 대출자가 부담해야 할 이자는 CD금리+가산금리로 정해지는 것이다.

CD는 '양도성 예금 증서(Certificate of Deposit)'라고 설명하지만 한마디로 은행이 고객에게 빌려 줄 돈을 다른 곳에서 빌릴 때 언제까지 얼마를 갚겠다는 차용증서이다. 은행들은 이 CD를 발행해 돈을 빌리고 그 돈으로 고객들에게 대출해 주는데, 이때 이익을 보기 위해 CD금리에 덧붙이는 '덤'을 가산금리(加算金利, Spread)라 한다. 시장에서 정해지는 CD금리와는 달리 가산금리는 은행마다 달리 적용한다.

얼마 전부터는 코픽스(COFIX)금리가 CD금리와 함께 주택담보대출의 새 기준금리 역할을 하고 있다. 자금조달비용지수(Cost of Fund Index)를 의미하는 코픽스는, 은행들이 빌리는 CD를 포함한 여러 형태의 자금조달비용을 반영한 기준금리를 말한다. CD금리와 코픽스금리, 그리고 변동금리와 고정금리 중 어느 쪽이 유리한지는 대출 받는 시점과 독자의 형편에 따라 다를 수 있으니 신중하게 판단하여 선택할 필요가 있다.

 서민 울리는 금융소비자 피해

6년 전 550만 원 대출을 신청했다가 이자율이 생각보다 높아 중간에 취소했던 억울해 씨는 최근 대출 원금과 밀린 이자 1,100만 원을 갚으라는 통지를 받았다. 알고 보니 대출 신청 서류를 돌려 달라고 했던 억울해 씨에게 당시 금융기관 담당자는 "대출 신청 취소가 잘 처리됐으니 염려 말라"고 했지만 그 처리가 제대로 안 돼 피해를 입게 된 경우다.

금융에 관련된 소비자 피해사례를 보면 이처럼 대출기관의 잘못으로 피해 입은 경우가 많다. 원금과 이자를 기한 내 갚았음에도 대출기관이 제때 처리하지 않아 연체료를 물거나 대출자에게 협박성 채무 독촉을 하는 경우도 적지 않다.

하지만 궁박한 입장에 있는 대출 이용자들은 이런 피해를 당해도 대처 방법을 잘 모른다. 심지어 아무 때나 방문·전화로 빚 독촉을 하거나 친지나 직장동료에게 빚진 사실을 알리는 불법행위에도 속수무책이다. 연체수수료나 공제금, 할인금, 사례금 등 각종 명목으로 지급하는 돈이 법상 이자라는 사실을 모르는 경우도 많다.

법에는 분명 대부업 대출은 연간 이자가 39%를 넘어선 안 되고, 개인 간 금전거래도 허용되는 최고 한도가 연리 30%이다.
또 수수료나 공제금 등도 이자에 포함되며 그 합계액이 법정 금
리를 초과해도 불법이다. 이러한 불법행위는 형사적 처벌도 가
능하고, 업자의 부당 이득을 돌려받을 수도 있다. 하지만 종종
보도되듯이 법이 제 기능을 못하고 있다. 그렇다면 대책은 뭘까?

우선 대출조건과 이자, 부대비용 등에 대해 쉽고 정확하게 소
비자에게 알려 줄 책임이 은행이나 대부업자들에게 있음을 분명
히 해야 한다. 일부 금융기관이나 업자들은 서민들이 이런 정보
에 무지한 점을 방관하거나 악용하고 있다고 생각된다.

정부도 이자 상한을 지키지 않거나 심한 빚 독촉을 하는 등 불
법에 대해 실효성 있는 단속과 처벌을 해야 할 것이다. 일본에선
최근 불법적 이자를 받거나 요구한 사람의 경우 5년 이하의 실형
또는 1억 3,000만 원까지 벌금에 처할 수 있도록 벌칙을 강화했
고, 실제 사법 당국도 벌금보다는 구속 등 실형 위주로 처벌하는
추세를 보이고 있다.

하지만 금융 이용자 스스로도 책임 있는 신용생활을 해야 한
다. 대출 전후 계약사항을 꼼꼼히 살피고, 무리한 빚 독촉이나
수수료 요구에는 서민금융피해센터 등에 연락하는 등 신속 대처
해야 한다. 무지나 소극적 대처에 따른 결과는 법적 도움을 받기
도 어렵고 모든 피해를 감당해야 하는 상황이 될 수도 있기 때문
이다. tip!하나

서민금융서비스에 관련된 소비자문제를 연구해 오면서 나름대로 정리한 '금융소비자를 위한 팁'을 독자와 함께 하고자 한다. 사채나 대부업체의 돈을 쓸 때 눈여겨봐야 할 주의사항이다.

먼저, 대출받기 전후 계약사항에 대해 꼼꼼히 확인해야 한다. 약정 금리에 변동이 생기거나 심한 채권추심을 당하는 등, 소액신용 대출과 관련하여 소비자들이 피해를 입는 경우가 종종 발생한다. 아무리 급하더라도 대출받기 전후 계약사항을 꼼꼼히 확인해 둬야 한다. 대출 전에는 금융기관이나 대부업체의 정확한 정보와 계약사항을 필히 확인하고, 대출 후에도 이자율, 상환조건, 부대약정 등 계약서상의 정보를 재확인해 둬야 한다.

둘째로, 이자율에 관한 올바른 지식이 있어야 한다. 대부업 대출의 경우 대부업법상 연리 39%, 일반 금전대차(사채 포함)의 경우도 이자제한법상 30%를 초과할 수 없다. 이때 적용되는 이자율은 연체이자, 공제금, 수수료, 할인금, 사례금 등 민금융기관이나 대부업자(미등록대부업자 포함)가 받는 모든 금액을 포함한 것이다. 따라서 이자율이나 수수료 등에 관련된 피해를 예방하려면 대출 전후의 계약사항과 거래사항 등을 확인하여, 부당한 피해를 입었다고 판단되는 경우 관계기관 등에 불법 여부를 확인하는 것이 좋다.

셋째, 대출을 받으면서 부당함을 당한 경우 신속히 대처해야 한다. 예컨대 심한 빚독촉(채권추심)을 당한 경우 다음 기관에 연락하여 불법 여부를 확인하고, 대처토록 하는 것이 좋대[금융감독원(1332), 사금융피해상담센터(3786 – 8655~8) 및 신용카드불법거래감시단(3771 – 5950~2), 경찰청 생계침해형 부조리사범 통합신고센터(1379), 대부업피해신고센터(02 – 3487 – 5800), 서울시 다산콜센터(02 – 120) 및 대부업 관할직통(02 – 3707 – 7331), 한국소비자원(1372) 등].

넷째, 자신의 신용등급 등 신용정보를 미리 알아 두거나 해당 기관 등을 통하여 꾸준히 관리해야 한다. 이런 정보는 한국신용평가정보(KIS)나 한국신용정보(NICE), 전국은행연합회의 크레딧포유(www.credit4u.or.kr), 그리고 한국자산관리공사의 새희망네트워크(www.hopenet.or.kr) 등에서 확인이 가능하다. 물론 신용등급 하락 없이 조회할 수도 있고 무료로도 가능하다.

다섯째, 유사 서민금융상품에 현혹되어서는 안 된다. 미소금융과 새희망홀씨대출 및 최근 출시된 햇살론 등 서민금융상품의 인기에 편승해서 일반 대부업이나 사채업자들이 소비자를 현혹하는 경우가 적지 않다. 특히 미소캐피탈, 햇살대출 등 소비자가 착각하기 쉬운 이름으로 고금리의 상품을 권유하는 경우가 종종 있다. 소비자 스스로 상호금융회사의 창구를 찾아 문의하거나, 담당·감독기관으로부터 정확한 정보를 얻어서 판단해야 한다. 새희망홀씨대출은 금융감독원(3145-8123), 미소금융은 미소금융중앙재단(1600-3500), 햇살론은 전국 농협, 수협, 저축은행 등 서민금융기관에 문의할 수 있다.

여섯째, 객관적 정보를 수집하고 분석해 봐야 한다. 당연히 대출 가능한 줄 알고 갔다가 거절당하거나, 생각했던 것보다 대출 이자가 높아 당황되는 경우가 적지 않다. 금융기관에 가기 전에 대출자격이 되는지, 얼마까지 대출 가능한지, 그리고 이자율이 얼마인지 등의 정보를 미리미리 꼼꼼히 확인하고 분석해 봐야 한다.

끝으로, 합리적인 신용생활이 필요하다. 신용(빚)은 항상 신중해야 한다. 정부 지원 서민금융상품이라고 해서 특별한 혜택이라고 생각하는 것은 금물이다. 물론 일반 대부업체나 사채, 대기업캐피탈보다는 낮은 금리이고 저신용의 경우도 대출받을 수 있어 서민에게는 큰 혜택이지만, 꼭 필요한 자금이 아닌데도 대출받게 되면 결국 이자부담으로 곤란을 겪을 수 있다. 상환능력을 벗어나는 무리한 대출은 하지 않는 것이 좋다.

# '외상카드'와 합리적 소비

신용카드는 잘만 사용하면 신용사회에 걸맞은 유용한 경제생활 수단이 된다. 하지만 실제로 신용카드로 인해서 자신의 소득을 웃도는 과다한 소비와 충동구매를 하게 되어 개인이 파산하는 경우가 적지 않다. 카드 도난이나 분실로 피해를 보고, 비밀번호를 강취당하거나 신용정보가 유출되어 의도하지 않은 재산적·정신적 피해를 입는 경우도 종종 발생한다.

지난 2003년에는 연간 1억 장이 넘는 신용카드를 남발하는 잘못된 신용카드 정책으로 카드부채와 금융채무불이행자(신용불량자)가 크게 증가하여 경제적 위기를 겪기도 했다. 카드대란이 발생한 그 해 말에는 그 수가 372만 명으로 급증했다. 특히 금융채무불이행자 급증의 주된 원인으로 지적된 청소년이나 무소득자 대상의 금융기관들의 신용카드 남발이 주된 사회적 이슈였다.

이러저러한 인센티브를 제시하며 신규 카드발급이나 현금인출 한도 상향 등을 권유하는 금융기관들의 치열한 마케팅 경쟁은 지금도 계속되고 있다.

미국과 같은 선진국의 경우 철저히 개인의 신용수준을 바탕으로 신용카드가 발급된다. 개인 간 금전거래를 포함하여 세금납부 기록이나 은행거래실적에서의 신용이 불충분하면 아무리 은행이나 카드사 문을 두드려도 헛수고다. 신용카드 없이는 소비생활에 지장이 많기 때문에 소비자들은 신용카드를 발급받기 위해 착실히 신용을 쌓을 수밖에 없다.

개인신용과 재정적 신용이 일정수준이 되면 금융기관에서 보통수준의 신용카드를 발급해 준다. 신용이 쌓일수록 현금서비스와 거래한도액이 높은 골드급, 프리미엄급 카드 발급자격을 주며, 사회적으로 인정받는 상급 신용자가 되는 것이다.

미국의 경우 이러한 엄격한 카드발급 현실에 더해 최근에는 소득이 불충분한 21세 미만자에 대한 카드 발급을 엄격히 제한하는 새로운 신용카드법을 만들어 시행하고 있다. 고액의 연회비만 내면 어렵지 않게 프리미엄급 신용카드를 발급받을 수 있는 우리와 비교된다.

화제를 바꿔 보자. 신용카드 이용자들은 어떤 불만들을 갖고 있을까?

내가 일했던 한국소비자원에는 연간 수십만 건의 소비자상담과 수만 건의 피해구제 내지 분쟁조정 요청이 접수되는데 그중 신용카드에 관련된 사안도 적지 않다. 한 해 동안에 접수된 상담을 분석한 결과, 총 2,311건이 접수되었고 이 중 피해구제로 연결된 건수가 154건이나 됐다.

신용카드에 관련된 이용자피해 형태는 분실이나 도난으로 인

한 타인의 부정사용으로 인한 피해나 불만이 가장 많았고, 카드
이용대금의 이중청구나 사용하지 않은 카드대금의 청구 사례도
비교적 많았다. 기타 배달 중 분실로 인한 피해, 부정발급과 카
드위조, 수수료나 마일리지 문제 등 다양한 불만과 피해를 호소
했다.

최근에는 보이스피싱^{tip!하나} 사기수법의 수단으로서 신용카드번
호가 사용되어 피해 보는 경우도 종종 발생하고 있다.

카드 종류별로는 은행 발급 신용카드가 절반 이상을 차지하고,
전문회사카드, 백화점카드의 순이었다. 이러한 신용카드에 관련
된 이용자 불만 내지 피해의 유형은 여신금융협회나 금융감독원
등 관련 기관의 자료에서도 크게 다르지 않다.

소비자들은 대개 세 가지를 모르고 신용카드를 사용한다고들
한다. 자기 이름으로 등록된 카드가 몇 장인지, 한 달에 카드로
쓴 총액이 얼마인지, 그리고 지금 지갑에 현금이 얼마나 있는지
모른다는 말이다. 요즘 세태를 대변해 주는 우스갯소리지만, 맞
는 말이기도 하다.

진정한 신용사회가 되기 위해서는 우리도 개인의 신용에 맞는
신용카드 관리가 필요하다.

은행들과 카드사들은 법에서 정한 자격을 충족한 경우에만 신
용카드를 발급하되, 개인의 신용을 엄격히 분석하여 소비자의
실제 신용도를 발급 기준으로 해야 한다. 발급된 신용카드에 대
해서도 카드소지자의 신용수준이 일정수준으로 낮아지면 지체

없이 회수하고, 원하는 경우 구좌에 잔고가 있는 경우에만 결제되는 직불카드나 체크카드로 교체해 주는 것이 바람직하다. 정부에서도 금융기관들의 신용카드 발급과 사후관리에 문제가 없는지 지속적으로 점검하여 신용카드로 인한 개인 피해와 사회적 부담이 줄어들도록 해야 한다.

신용카드 가맹점들 역시 신용카드 이용 피해를 줄이기 위한 노력이 필요하다. 신용카드 이용자의 본인 확인절차를 거치는 등 부정사용의 가능성을 줄여야 한다.

하지만 무엇보다도 신용카드 이용자의 합리적인 카드이용 자세가 중요하다. **꼭 필요한 카드만 발급받아 사용하고, 자신의 카드를 타인에게 양도해서는 안 된다. 수시로 분실 여부를 확인하고 도난이나 분실 시에는 즉시 신고해야 한다.**

덧붙여 신용카드사용에 따른 비용부담을 제대로 인식해야 한다. 신용카드로 결제하면 일정기간 후 대금이 빠져나가기 때문에 마치 무이자인 것으로 오해하게 된다. 따지고 보면 그 이자를 카드수수료라는 이름으로 가맹점이 소비자를 대신해 카드사에 대납하는 것이다. 또한 연회비, 할부수수료와 같은 신용수수료가 이자의 일부분이 된다.

기만적인 판매상술에 주의하고 충동구매와 같은 불합리한 소비를 자제하도록 해야 할 것이다.

신용카드는 다른 말로 하면 '외상카드' 내지 '대출카드'이다. 빚을 내 소비를 하더라도 개인 재정을 잘 꾸릴 수 있다면 '외상카드'는 참 편리한 지불수단이고 국가 경제에 도움이 된다.

자신이 쓸수 있는 소득범위 내에서 신용카드를 사용하는 합리적인 소비생활이 요망된다.

보이스피싱(voice phishing)의 우리말은 '전화 사기(電話 詐欺)'이다. 범행 대상자에게 전화를 걸어 마치 가족이 납치당한 것처럼 가장하거나, 우체국 등을 사칭하여 송금을 유도하고 개인정보와 금융정보를 캐 가려고 시도한다.

보이스피싱은 분명한 범죄행위이지만, 전화사기단의 경우 대부분 해외 콜센터를 두고 있고 송금과 대포통장 개설 등 각각의 역할이 점조직으로 분담되어 적발이 어렵다고 한다. 보이스피싱 피해를 입지 않으려면 조심하는 것이 상책이다.

보이스피싱에서 피싱(phishing)은 'fishing(낚시)'라는 말에서 파생된 것으로 타인의 개인정보를 낚아 가로챈다는 의미이며 경우에 따라서는 해당 정보를 이용해 사기를 친다는 의미로 쓰이기도 한다. 그러므로 보이스피싱은 음성통화(voice), 즉 전화로 피싱을 한다는 뜻이다.

 # 신용카드 노점상에 옐로카드를

요즘 신용카드 발급 요청이 부쩍 늘고 있다. 은행의 지인들을 통한 부탁이 끊이지 않고, 거리에서나 놀이동산 입구에서도 카드사들의 신용카드 마케팅 이벤트를 볼 수 있다. 나도 도저히 거절할 수 없어 발급받은 몇 개의 신용카드를 연회비만 물고 책상 서랍 속에서 잠재우거나, 가위로 잘라 내 버렸다.

사실, 한국은 신용카드 천국이다. 성인의 경우 평균 4.8장의 신용카드를 소지하고 있으며, 대부분의 결제를 신용카드로 해결한다. 최근의 조사에 따르면 개인이 물건을 사거나 서비스를 이용할 때 신용카드를 이용하는 경우가 현금보다 훨씬 높다. 천 원도 안 되는 초소액 거래도 신용카드로 하는 경우도 늘고 있다고 한다. 이제 신용카드로 극장표를 구매하고 공과금을 지불하며, 요식업소의 팁까지 결제하는 크레디트 머니 시대가 된 것이다.

신용카드는 잘만 사용하면 신용사회에 걸맞은 유용한 경제생활 수단이 된다. 하지만 실제로 신용카드로 인해서 자신의 소득을 웃도는 과다소비와 충동구매로 개인이 파산하는 경우가 적지 않다. 또한 카드 도난이나 분실로 피해를 보거나, 비밀번호의 강취나 신용정보 유출로 의도하지 않은 재산적·정신적 피해를 입는 경우도 종종 발생한다.

　소비자 중에는 신용카드로 결제하면 일정기간 후에 대금이 빠져나가기 때문에, 무이자로 돈을 빌리는 것으로 오해하는 경우가 많다. 연말에는 일정비율까지 소득공제까지 해 준다니 꿩 먹고 알 먹는 것으로 생각하기도 한다. 따지고 보면 그 이자를 카드수수료라는 명목으로 가맹점이 소비자를 대신해 카드사에 대납하는 것이다.

　그 외에도 연회비, 할부수수료와 같은 신용수수료를 비용으로 인식하지 못하는 소비자도 많다. 이런 점들을 보면, 우리나라는 아직 신용의 중요성에 대한 인식이 충분하다고 할 수 없으며, 신용관리시스템에도 문제가 있다.

　진정한 신용사회가 되기 위해서는 우리도 개인의 신용에 맞는 신용카드 관리가 필요하다.

　은행들과 카드사들은 법에서 정한 자격을 충족한 경우에만 신용카드를 발급하되, 개인의 신용을 엄격히 분석하여 소비자의 실제 신용도를 발급 기준으로 해야 한다. 이미 발급된 신용카드에 대해서도 카드소지자의 신용수준이 일정수준으로 낮아지면 지체 없이 회수하고, 원하는 경우 구좌에 잔고가 있는 경우에만 결제되는 직불카드로 교체해 주는 것이 바람직하다.

　정부에서도 금융기관들의 신용카드 발급과 사후관리에 문제가 없는지 지속적으로 점검하여 제2의 신용카드 대란tip!하나 우려를 불식시켜야 한다. 더불어 신용카드로 인한 개인 피해와 사회적 부담이 줄어들도록 해야 한다.

예컨대 신용카드의 도용과 부정사용 등 옳지 않은 방법으로 타인과 사회에 해를 미치는 개인과 기업의 부당한 범죄행위를 사전에 차단하고, 소비자피해에 대해서는 사후적 보상이 원활히 이루어질 수 있도록 법과 제도를 재점검해 봐야 한다.

소비자도 물론 신용카드사용에 따른 비용부담을 제대로 인식하여 충동구매와 같은 불합리한 소비를 억제해야 한다.

늦은 감이 없지 않지만, 다행히도 금융당국이 '길거리 카드 장사'에 대한 옐로카드를 내밀고 있다. 금융감독원장이 카드사 최고경영자들을 한자리에 불러 무리한 외형확대 경쟁을 경고하기까지 했다고 한다. **신용카드가 빚쟁이카드가 아니라 '신용 있는 사람이 쓰는 카드'의 줄임말로 인식되기를 기대해 본다.**

지난 2003년의 신용카드 부실사태를 '신용카드 대란'으로 부른다. 당시 침체된 경기를 살리기 위해 정부에서 신용카드사용을 장려한 데서 부실사태가 촉발됐다. 특히 현금대출의 월 이용 한도를 폐지한 것이 사태의 직접적인 원인이었다.

당시 연간 1억 장이 넘는 신용카드가 남발. 카드부채와 신용불량자(금융채무불이행자)가 급증하여 심각한 경제 위기를 겪었다. 특히 청소년이나 무소득자 대상의 신용카드 남발이 신용불량자 급증의 주된 원인이었다.

현금서비스 월 이용 한도를 없애거나 늘리는 등 금융기관들의 치열한 마케팅 경쟁을 보면 지금도 그때의 신용카드 대란 상황이 재연되지나 않을까 염려된다.

신용카드와 합리적 생활

소비생활의 필수품인 신용카드가 우리 경제에서는 어떻게 이용되고 있으며, 어떤 피해사례와 문제점이 있을까? 덧붙여, 어떻게 하면 신용카드를 합리적으로 사용하는 것일까?

신용카드 이용이 늘어나고 있지 않나, 어느 정도인가?

소비자들은 현금보다도 신용카드를 더 많이 이용하고 있다. 한국은행이 발표한 지난해 '지급결제수단 이용실태조사' 결과를 보면, 물품이나 서비스를 구매할 때 신용카드로 대금을 지불한 경우가 전체의 29.9%로, 26.6%를 보인 현금을 앞지른 것으로 나타났다. 인터넷뱅킹 계좌이체는 10.6%, 은행창구 계좌이체는 5.6% 정도였다. 그리고 개인당 약 4.8장의 신용카드를 갖고 있었다.

신용카드는 단순히 상품을 구입하거나, 소액의 현금서비스를 받는 수단뿐 아니라, 은행금융거래, 보험, 통신판매, 레저 등 생활의 대부분을 포함하는 다양한 부대 서비스와 함께 사용되고 있다. 이제 택시요금이나 극장표 구입도 신용카드로 결제하는 플라스틱 머니 시대가 된 것 같다.

❓ 이렇게 신용카드 사용이 많아진 만큼 부작용도 많았는데, 요즘 카드부채와 금융채무불이행자(신용불량자) 급증에 대한 정부 신용카드 정책을 두고 비난이 일고 있다. 카드사 부실의 주된 원인도 결국 신용카드 발급이 남발됐기 때문이지 않나?

🎤 맞다. 국내 금융채무불이행자는 카드대란이 있었던 2003년 말 372만 명을 고비로 점차 감소하여, 2009년 말 기준으로 193만 명, 현재는 약 170만 명 가까이 된다고 한다. 이와 같이 금융채무불이행자 수가 여전히 많은 주된 원인은 바로 신용카드 발급이 크게 증가했기 때문이다. 10~20대의 학생이나 소득이 거의 없는 사람들한테도 신용카드를 남발해 특히 일이십 대가 많았다고 한다.

신용카드는 잘만 사용하면 신용사회에 걸맞은 편리한 경제생활을 할 수 있게 된다. 하지만 실제로 신용카드로 인해서 과다한 소비와 충동구매를 하게 되어 개인이 파산(신용불량)하게 되는 경우도 많고, 카드를 도난당하거나 분실해서 피해를 본다든지, 비밀번호를 강취당하거나 신용정보가 유출되어 의도하지 않은 재산적, 정신적 피해를 입는 경우도 있다.

소비자 중에는 신용카드로 결제하면 일정기간 무이자로 돈을 빌리는 것으로 오해를 하는 경우가 많다. 따지고 보면 그 이자를 카드수수료라는 이름으로 가맹점이 소비자를 대신해 카드사에 대납하는 것이다. 그 외에도 각종 포인트와 연회비, 할부수수료와 같은 신용수수료를 간과하는 소비자도 많은 것 같다.

이런 점들을 보면, 우리나라는 아직 신용의 중요성을 제대로 인식하지 못하고 신용관리시스템도 여전히 미흡한 것 같다.

외국의 경우에는 신용카드 발급받기가 어렵다고 하던데.

미국과 같은 선진국에서는 개인의 신용이 매우 엄격히 관리되고 있다. 예컨대 개인 간 금전거래에서 세금 납부까지 자신의 채무는 반드시 갚아야 한다는 인식과 원칙이 잘 지켜지고 있다. 한마디로 개인의 신용을 잘 쌓아 놓지 않으면 사회생활 자체가 어렵게 된다.

내가 미국에 공부하러 가서 경험한 일이다.

우리와 마찬가지로 미국도 신용카드가 없으면 소비생활하는 데 여러 가지 불이익과 불편이 따른다. 여행할 때 숙소예약을 위해서는 신용카드번호가 필수적이고, 또 할인점 이용 시에도 신용카드를 이용하지 않으면 부가 보너스를 받을 수 없다.

하지만 아무리 은행 문을 두드려도 초기에는 신용카드를 발급해 주지 않는다. 세금납부 기록이라든지, 은행거래실적 등 개인신용이 충분하지 않기 때문이다. 그러다가 한 1년쯤 지나 개인신용과 재정적 신용이 어느 정도 축적이 되면 여러 금융기관에서 보통수준의 신용카드를 발급해 줄 수 있다고 연락이 온다. 그리고 또 일정한 수준의 신용이 더 쌓이면 현금서비스와 거래한도액을 높인 골드급 카드, 프리미엄급 카드 발급자격이 되었다고 연락이 온다. 그땐 정말 기분이 좋다. 사회적으로 인정받는 신용소유자가 됐다는 의미가 된다.

참고로, 미국이나 프랑스와 같은 선진국의 경우 신용카드보다는 직불카드(debit card)를 활성화하는 정책을 펴고 있다. 직불카드는 신용카드와는 달리 은행에 잔고가 있어야만 되고, 거래 즉시 돈이 통장에서 빠져나가기 때문에, 소비자가 지나친 소비나 소득이 많은 것 같은 착각은 하지 않게 된다.

우리도 신용 선진국이 되기 위해선 신용카드 발급을 보다 엄격히 할 필요가 있겠다. 신용카드 사용이 늘어나면서 이용자의 피해도 그만큼 증가하고 있지 않나?

소비자 기관이나 단체에 접수되는 소비자상담 중 신용카드에 관련된 불만상담의 비중이 가장 높은 편이다.

신용카드에 관련된 소비자피해 형태는 분실이나 도난으로 인한 피해, 배달 중 분실로 인한 피해, 카드대금 이중 청구, 미사용 대금 청구, 카드 부정발급이나 카드위조, 수수료문제 등 매우 다양하다. 소비자 거래에서 신용카드로 결제하는 경우가 많아 그 피해도 다양한 형태를 하고 있다.

카드 종류별로는 은행카드가 절반 이상을 차지하고 있고, 현대카드나 삼성카드와 같은 전문회사 카드, 백화점카드 순으로 피해 구제 요청이 있었다.

흔히 발생하고 있는 피해 사례를 예로 들어서 관련 제도라든지 소비자가 알아 둬야 할 사항을 알려 달라.

🎤 우선, 도난 분실된 카드를 다른 사람이 부정사용하여 발생된 피해 사례를 소개한다.

어떤 미혼여성이 핸드백 속 지갑에 넣어 둔 카드가 분실되었다는 사실을 모르고 있다가 대금청구서를 받고서야 깜짝 놀랐다. 구입한 사실이 없는 전자제품 대금 300여만 원이 청구된 것이다. 부랴부랴 카드사에 분실 신고를 했고 또 다음 날 직접 카드사에 방문하여 분실경위와 보상신청서를 작성했다. 하지만 한 달이 지난 뒤 카드사로부터 직장 동료의 소행이라며 부정사용 금액의 20%에 해당하는 60만 원을 부담하라는 통보를 받았다.

이 여성은 카드사에 하소연을 했으나 만족할 만한 조치가 없자, 한국소비자원에 피해구제 요청을 했다.

🔴 그래서 어떻게 됐나? 보상받을 수 있었나?

🎤 사실조사를 해 보니, 소비자의 카드 관리상의 책임은 일부 있으나 고의적인 과실이 없었기에 소비자의 귀책비율을 경감해 줄 것을 카드사에 권고하였고, 카드사가 이를 수용하여 사고 금액의 10%인 30만 원만 소비자가 부담하는 것으로 합의됐다. 이 사례의 경우에 소비자는 카드분실 사실을 잘 몰라 지체 없이 신고하지 않은 부주의가 일부 인정되어 전액보상이 곤란했던 경우이다.

이와 유사한 피해를 입지 않기 위해서는 우선, 자신의 카드 도난분실 여부를 항상 확인하고, 또 도난이나 분실 시 즉시 신고토록 해야 한다. 또 신고 시 당황하지 말고 안내원의 질문에 신중하게 답변해야 한다. 경우에 따라서는 잘못 답변한 것이 귀책사유가 되어 보상이 불충분할 수도 있다.

❓ 신용카드 피해가 발생했을 때 소비자가 피해액을 부담해야 하는 귀책사유랄까, 어떤 것들이 있나?

🎙 현행 신용카드회원규약은 '여신전문금융업법'에 기초를 두고 있기 때문에 카드업체마다 거의 같다. 카드 분실이나 도난 시 카드회원(소비자)이 즉시 카드사에 신고토록 하고 있고, 분실도난 신고 접수 시점으로부터 60일 전 이후 발생한 제3자의 부정사용금액에 대해서는 일정한 예외사유를 제외하고 카드사가 보상토록 하고 있다.

그리고 서명이 없는 카드, 비밀번호가 유출된 카드, 대여 등에 의해 가족이나 제3자가 사용한 경우, 카드깡, 허위분실신고 등으로 판정될 경우 카드사는 면책이 되고, 소비자는 보상받지 못하게 되는 경우가 많다.

❓ 카드를 바꾸고 새로 받으면 반드시 서명을 하고 가족이라도 빌려줘선 곤란하겠다. 그런데 이런 경우 본인임을 확인하지 않은 가맹점도 잘못이 있는 것 아닌가?

🎙 그렇다. 가맹점이 카드회원 본인인지 여부를 확인하지 않아 생긴 피해의 경우는 가맹점에게 책임을 물릴 수 있다. 하지만 가맹점들 중에는 재정적으로 취약하거나 악덕업자도 있어서 소비자가 카드 부정사용으로 인해 발생된 피해를 부담지우기 쉽지 않

은 경우도 많다.

그럴 경우에 소비자의 귀책사유가 없는 이상 카드사가 그 부담을 지게 되는 경우가 많기 때문에, 카드사들이 이런 피해를 줄이기 위해 여러 가지 묘책을 쓰고 있다. 예컨대 L 모 카드사는 가맹점이 50만 원 이상을 결제할 때는 반드시 소비자의 신분확인을 하도록 해당 가맹점에 요구하고 있기도 하다.

지갑을 잃어버리거나 하면 신용카드 회사에 바로 연락해서 뜻하지 않게 피해입는 일이 없어야 하겠다. 잘 사용하면 약이 되고 잘못 사용하면 독이 되는 것이 신용카드 같은데, 생활에 도움을 주는 합리적 카드사용 요령에 대해 정리해 달라.

나 자신도 카드 결제를 선호한다. 현금을 내면 왠지 손해 보는 느낌이 들 때도 있다. 하지만 중요한 것은 신용카드도 현금과 동일하게 간주해서 신중하고 계획성 있게 사용해야 한다는 것이다.

꼭 필요한 카드만 발급받도록 하고, 계약 시 특약사항을 명시한 계약서와 약관을 받아서 꼭 한두 번 읽어 보는 것이 좋다. 그리고 매출전표에는 반드시 자필 서명을 해야 한다. 또 수시로 카드가 제자리에 있는지 확인하고, 분실되었다고 판단될 경우에는 즉시 신고토록 해야 한다.

덧붙여, 기만적인 판매상술에 주의토록 하고 계약의사가 분명해지기 전까지는 신용카드 번호를 절대 알려 주지 말아야 한다. 피해발생 소지가 조금이라도 예상되는 거래에는 가능한 한 일시불 결제보다는 신용카드 할부거래를 하는 것이 안전하다.

　한 마디 덧붙일 것은 신용카드는 다른 말로 하면 '외상카드'이다. '대출카드'라는 말도 된다. 빚내어 소비하더라도 개인재정을 잘 꾸릴 수 있다면 '외상카드'는 참 편리한 지불수단이 되겠지만 현실적으로 그렇지 못한 경우가 많다. 카드대금청구서를 받고서야 후회하기도 하고, 카드빚을 감당 못해 어려움을 겪는 사람들이 많은 것이 현실이다.

　소비생활을 할 때 자신의 지출 가능한 소득범위 내에서, 신용카드를 사용하는 합리적인 소비자가 되었으면 한다.

04
집과 인생

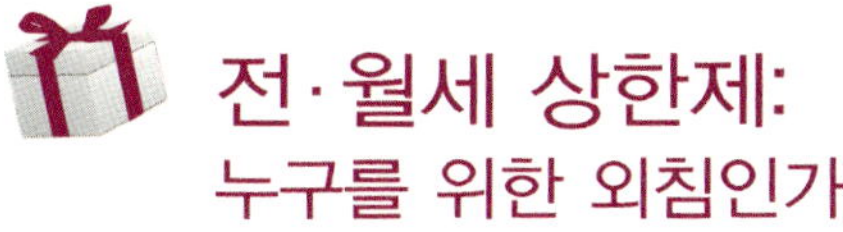

전·월세 상한제:
누구를 위한 외침인가

'주택임대료 규제는 임대시장을 위축시키고 주택의 품질을 떨어뜨린다.' 경제학원론서에 나와 있는 가격상한제(price ceiling)tip!하나라는 이름의 경제상식이다.

정부가 전세나 월세의 연간 인상률을 제한하면 임대수익이 떨어지니 임대주택의 공급이 줄 뿐만 아니라 낮은 품질의 주택만 임대시장에 매물로 나오게 된다는 논리이다.

지난해 초부터 또다시 불거진 이른바 전세대란에 대응한 여러 차례의 정부대책이 먹혀들지 않자, 급기야 정치권에서 나섰다.

민주통합당과 민주노동당에서 연초에 전·월세인상률을 일정 수준으로 제한하는 이른바 전·월세상한제 법안을 국회에 제출했다. 연간 전·월세인상률을 5%로 제한하고, 임대차 계약기간 갱신을 4년에서 6년까지 보장하겠다는 내용이다. 당초 자유 시장경제 논리에 맞지 않는다는 이유로 반대하던 한나라당조차, 여론에 등 떠밀려 야당의 주장을 일부 수용하는 모양새로 제도 도입을 추진하고 있다.

이러한 정치권의 전·월세상한제 입법조치 등 주택임대시장 규제 움직임에 대해 같은 정치권뿐 아니라 학계와 시장 현장에서의 우려의 목소리가 적지 않다. 무엇보다 경제학원론에 나오는 가격상한 규제의 문제점에서 보듯이 전·월세상한제로 인한 득(得)보다 실(失)이 더 많다는 것이다.

나도 경제학 전공자로서, 주택정책에 관해 적잖이 고민하고 연구했던 터라 작금의 전·월세상한제 논쟁에서 굳이 입장을 밝힌다면 제도도입에 찬성하지 않는 편이다.

미국유학 시 빈곤층을 위한 서민주택정책에 관해 연구하면서 여러 사례들을 살펴봤다. 세계의 중심인 뉴욕이라는 도시는 없는 것이 거의 없는 곳이다. 부자도 가난한 자도 자유인으로 사는 도시 보헤미안의 천국이라고들 한다. 그런데 그곳도 두 가지 부족함이 있는데 바로 택시잡기 어려운것과 적절한 집세로 들 아파트 구하기가 하늘에 별 따기만큼 힘들다는 것이다.

뉴욕시의 주택 부족은 집세 규제의 결과물임은 학자들이 증명했다. 뉴욕시는 제2차 세계대전 당시 주정부의 허가 없이는 집주인이 집세를 올리지 못하게 했다. 귀환 장병들이 도시에 몰리면서 임대료가 폭등하자, 가난한 입주자들을 보호하기 위해 집세 규제를 한 것이다. 그러나 곧 (경제원론에 나오듯이) 임대주택의 공급이 크게 줄었을 뿐 아니라, 임대주택들이 관리가 제대로 되지 않아 슬럼화되는 부작용이 따랐다.

뉴욕시의 경우 오래되고 낡은 주택에 한해 여전히 임대료 규제 제도가 시행되고 있지만, 다른 대도시들은 대부분 폐지했다(내가 살았던 샌프란시스코 주변은 뉴욕시와 마찬가지로 제한적인 임대료규제 제도가 여전히 시행되고 있다).

다시 우리의 상황으로 돌아와 보자.

정부보다는 정치권에서 전·월세상한제를 도입해야 한다고 강변한다. 우선적으로 내세우는 논리는 미국과 같은 선진국에서 시행하고 있다는 것이다. 하지만 이는 정확한 정보가 아니다. 앞서 말했듯이 미국은 뉴욕시와 샌프란시스코를 제외한 대부분의 도시에서 임대료 상한규제가 오래전에 폐지됐다. 뉴욕시의 경우도 규제받는 임대주택이 전체 주택의 1.3%에 지나지 않고 그 대상도 오래되고 낡은 경우에 한한다.

영국과 프랑스, 독일 등 유럽의 선진국들도, 우리나라의 전·월세상한제 도입 법안들과 같은 '연간 인상폭 5% 이내'와 같은 구체적인 상한을 두지 않으며, 규제대상 주택과 계층을 명확히 하고, 여건에 따라 다분히 신축적인 임대료 인상 규모가 정해지는 제도를 시행하고 있다.

정치권 일각에서 주장하는 전·월세상한제의 맹점 중의 하나는 전세와 월세의 특성 차이를 반영하지 않고 있는 점이다. 매달 지출되고 소멸되는 월세와 보증부월세와는 달리, 전세금은 계약이 만료되면 그대로 돌려받으므로 진정한 의미의 임대료로 보기 어렵다. 그러므로 전세와 월세를 구분하지 않고 일괄하여 상한제를 적용하는 데는 무리가 따른다. 작금의 이른바 전세대란 원인 중의 하나는 장기적 주택가격 침체를 예상한 집주인들이 전세를 월세로 전환하는 데 있다.

교과서에 나오는 원론적인 이야기지만, 빈곤층을 위한 공공임대주택이 아닌 민간주택들을 대상으로 임대료 상한제를 적용하게 되면, 임대매물을 거둬들이거나 임차인을 선별하는 행위가 늘어나게 된다. 결국 그 피해의 상당부분은 빈곤층에 돌아갈 것이다.

뉴욕시에서도 그런 현상이 에피소드가 된 적이 있다. 임대료상한제와 같은 집세규제로 당초 의도했던 노동자나 빈곤층은 낮은 셋집이 구하기 힘들어진 반면에, 부유한 사람들은 좋은 아파트를 상대적으로 저렴하게 입주하게 되었던 것이다. 이른바 공공정책의 역설(逆說)이다.

작금의 전·월세상한제 주장은 과연 누구를 위한 외침일까? 급등한 전·월세 때문에 서민들이 어렵고 그래서 집세를 올리지 못하게 묶어 둬야 한다는, 멀리 보지 못하고 눈앞에 보이는 효과만을 통해 유권자의 호감을 사려는 것은 아닌지 의심의 눈초리를 던지지 않을 수 없다.

TIP！하나

정부가 시장가격을 통제하기 위해 시장에 개입하는 경우, 법에서 허용하는 가격의 최고 수준을 정해 놓는 것은 가격상한제(price ceiling)이고, 최저 수준을 정해 놓는 것은 가격하한제(price floor)이다. 이 두 가지 형태는 가격규제의 대표적인 경우이다.

가격상한제는 (전·월세상한제 이야기에서도 볼 수 있듯이) 종종 낮은 품질의 상품이 시장에 주로 나오는 효율적이지 못한 현상을 초래한다. 구매자는 가격이 높지만 양질의 상품을 선호함에도 불구하고 판매자는 싼 가격의 낮은 품질의 상품을 제공하는 경향이 강한 것이다.

임대료규제의 경우 집주인은 집을 잘 수리하고 관리하는 데 드는 비용을 집세로 더

받을 수 없을뿐더러 관리를 허술하게 하더라도 세입자를 쉽게 찾을 수 있기 때문에 잘 관리할 경제적 유인이 없는 것이다. 실제로 뉴욕 슬럼가나 샌프란시스코 인근 빈민가는 당국의 임대주택 가격통제가 하나의 원인이라는 데 전문가들이 동의하고 있다.

오늘날에는 임대료상한제(rent control)와 같은 집세규제 이외에는 가격상한 규제가 그다지 많지 않은 편이다. 하지만 과거 전쟁 때나 심각한 흉년의 경우, 그리고 대규모의 자연재해와 같은 위기 때에는 생필품의 가격급등을 막기 위해 종종 시행되곤 했다.

내가 체류했던 시기인 2001년 미국의 캘리포니아에서는 전체적인 전력 부족으로 전기에 대한 가격규제가 있었다. 당시 전력부족으로 소수의 발전회사들의 막대한 이익이 예상되었고, 높은 전기세로 소비자부담이 가중되자 도매전력 시장을 대상으로 전기가격 상한제를 실시했던 것이다.

당시 나는 캘리포니아 대학 버클리캠퍼스 인근 지역에 살면서 황당한 경험을 했다. 이른바 롤링블랙아웃(rolling black out)으로 불렸던 제한 송전으로 인해 주변 지역이 동네를 돌아가며 단전이 된 것이다. 세계 제일의 경제대국에서 전시(戰時)도 아니고 자연재해도 없었는데 전기 부족으로 제한송전이라니 나를 포함한 많은 사람들이 어리둥절했었다. 당시의 사정이 궁금한 독자는 인터넷에 '캘리포니아, 롤링블랙아웃'을 쳐 보기 바란다. (하긴, 얼마 전 우리나라에서도 지엽적이긴 했어도 전국에 걸쳐 정전이 발생하는 일이 있었다. 그것도 예고 없는 돌발 정전이어서 많은 사람들이 놀라고 또 어려움을 겪었다. 앞으로는 이런 어처구니없는 사태가 일어나서는 안 되겠다.)

전세대란 해법을 찾아서

반복되는 전세난

아이들 교육문제로 강남을 떠나지 못한다는 한 지인은 요즘의 전세난에 뾰족한 대책이 없냐고 물어 왔다. 수도권에서도 웬만한 아파트를 살 수 있는 거금의 전세금을 더 올려 달라 하여 울며 겨자 먹기로 대출받아 해결했다 한다. 화장실의 낡은 양변기나 부서진 지 오래된 것 같은 방충망도 세입자가 알아서 고쳐 쓰든지 그냥 살든지 하란다며, 완전히 공급자 위주의 시장이란다.

요즘 사회면의 주된 쟁점은 '전세난'이다. 신문지상에는 이번 전세대란의 원인이 무엇인지 과거와 어떻게 다른지, 그리고 어떤 대책이 필요한지에 관한 기획 기사와 전문가 글들이 자주 오르내린다. 나도 서민주택 문제와 해법을 고심해오던 터라 관심 있게 보고 있지만 속 시원한 대안은 눈이 띄지 않는다.

이른바 '전세대란'의 실체는, 이태 전 8~9월 이사철 급등조짐을 보였던 전셋값이 비수기인 연말연시가 지나면서도 연속적인 상승세를 이어 가, 최근에는 집값의 40~60% 수준으로 상승됨으로써 서민가계의 부담이 크게 증가된 것이다. 여기다가 집주인들이 전세를 월세로 바꾸는 바람에 전세입자 서민가계 부담이 급증했다. 더딘 경기회복과 농산물가격 파동, 그리고 중동(中東)의 재스민혁명의 여파로 치솟는 유가 문제와 겹쳐 서민가계의 주름살이 더욱 깊어지게 된 것이다.

그동안 집값이나 전세가격의 오르내림은 일정한 기간을 두고 반복되어 왔다. 하지만 이번에 유독 심각해 보이는 배경에는 몇 가지 이유가 있다. 그중 하나는 신규주택과 전세용 임대주택의 공급 부족에 따른 세입자들의 불안심리가 촉발되어 앞당겨 전세를 얻으려는 가수요 심리가 크게 늘었다는 점이다.

집주인들이 저금리 추세로 재산이익이 줄어들자 이를 보전할 요량으로 은행이자보다 높은 임대수익이 가능한 월세로 전환하려 하는 점도 전셋값 상승의 원인이 됐다.

현실적으로는 장기간의 주택가격 안정으로 자금여력이 있는 사람들도 집을 사기보다는 전세를 살려고 하고 있다. 이런 경향도 수도권 중심의 전세가격 폭등의 주된 요인일 것이다.

초기엔 별다른 대책이 필요 없다던 정부도 지난 1년간 여섯 차례의 전·월세 안정대책을 발표했다. 처음엔 임대주택 공급시기를 앞당기고 다가구 건설자금을 저리로 융자해 주는 등 주로 소형 위주 공급확대 정책(1.13 대책)을 폈다. 예상과 달리 2월 들어서도 전셋값 상승세가 꺾이지 않자 단기적 효과를 기대하는 전세 대책을 추가로 내놓기도 했다. 그 후로, 8월의 전월시장 안정대책까지 거의 매달 전·월세 대책이 발표됐다.

이러한 정부대책에 대한 전문가들의 공통된 견해는 '별 효과가 없을 것'이라는 것이다. 오히려 풀리는 전세자금으로 전세가가 높아져 저소득 서민의 빚만 늘릴 수도 있다는 부정적 견해도 없지 않다.

 주택임대차 대책을 포함한 부동산 정책은 어느 정부에서나 뜨거운 감자였다. 고심하여 내놓은 정책의 효과는 고사하고 기대와는 정반대 효과로 정책당국을 당혹스럽게 하는 경우가 적지 않았다.

전세가를 포함한 주택임차료 문제는 장기적으로는 시장에 맡기는 것이 보다 현명한 정책이다. 그렇더라도 임대주택에 대한 시장수급, 임대료 등락의 실질적 원인 등에 관한 정보를 적시에 제공하고 시장에서 잘 기능하지 않는 저소득층을 위한 임대주택의 공급과 임대료규제와 같은 역할은 정부의 몫이다.

이러한 정부 역할의 하나로, 서민의 주거복지 차원에서 몇 가지 방안들을 긍정적으로 검토할 수 있다고 본다.

우선, 최근의 연이은 중앙정부 및 서울시 등 지자체의 공공(임대)주택의 공급확대 계획 발표와 같이 작은 사이즈의 주택 공급이 지속될 것이라는 시그널을 시장에 계속 보내는 것이 좋다. 그렇게 함으로써 중·장기적으로 서민주택의 수급불균형 문제가 해소되고, 서민층 주거 안정에 도움이 될 것이다.

　요즘과 같은 저금리와 집값 안정기에는 주택 매매나 월세보다는 전세를 선호하는 경향이 뚜렷하다. 이럴 경우 주택 매매수요를 확대하는 대책을 제시함으로써 적어도 단기적으로는 전세 수요를 줄여 줄 수 있을 것이다. 물론 그동안 많은 정책실패(!)를 경험했듯이 인위적인 주택시장 부양정책은 별 효과도 없거니와 여러 부작용이 뒤따른다.

　공정한 임대수익률이 정착되도록 하는 제도적 방안도 생각해 볼 문제이다. 전세대란의 한 원인인 전세의 월세전환 추세를 늦추려면 전환하더라도 임대수익이 크게 늘어나지 않도록 유도하는 것이다. 예컨대 월세수익률이 시중금리의 일정비율을 넘지 않도록 할 수만 있다면 전세를 선호하는 집주인이 많아질 것이다.

　중 · 대형주택의 구조변경을 허용함으로써 셋 집수를 늘리자는 일각에서의 주장은 실익이 없어 보인다. 상가와 같이 임대료상승률의 상한을 두자는 견해 역시 경제원칙을 무시한 정치권의 주장에 불과하다. 싱가포르와 같은 공공(임대)주택 시스템 아래서는 효과가 있지만 우리와 같은 민간 위주의 주택시장에서는 그 효과가 미미하다.

　무주택자의 주택소유의 밑천으로, 집주인의 집 규모 확대의 수단으로 활용되어 온 우리만의 '전세' 브랜드는 주택가격의 안정세가 지속된다면 점차 (보증부)월세화되어 갈 것이다. 이에 대비한 정부의 중 · 장기적인 서민주택 정책이 필요한 시점이다.

서민 주거와 '주택바우처 제도'

정권이 바뀌거나 관련 부처 고위공직자가 교체될 때마다 제시되는 단골 메뉴가 있다. 수십만 호의 공공주택(국민임대주택, 장기임대주택)을 임기 중에 지어서 무주택 저소득층의 주거안정 기반을 다지겠다는 것이다.

하지만 그러한 약속은 역대 정권을 통틀어 봐도 제대로 지켜지지 못했다. 예산부족이나 정책의 우선순위에 밀렸기 때문이다. 그러다 보니 지금까지 공급된 공공주택의 수는 정작 이러한 공공주택시설을 이용해야 할 많은 사람들의 수요를 채우기에는 턱없이 부족하다. 더군다나 지어진 지 오래된 공공주택 거주민들은 건물의 관리 소홀과 시설 노후화로 매우 열악한 여건에 노출되어 있다. 미국 뉴욕의 할렘가(Harlem street) 수준은 아니지만 슬럼화가 우려되기도 하는 지역도 없지 않다.

공공임대주택을 공급하는 정책은 도시 빈곤층이나 서민의 주거안정에 어느 정도의 역할을 했다. 하지만 여러 문제점을 안고 있기 때문에 좀 더 효과적인 대책이 필요하다. 더욱이, 집주인들이 전세보다는 반전세나 월세를 선호하는 요즘과 같은 추세를 감안한 중·장기적인 대책이 요구되는 시점이다.

그동안 전세제도는 주택소유의 밑천으로, 집의 크기를 늘려 가는 수단으로 활용되어 왔으나, 지금과 같이 집값이 하락안정세가 계속된다면 점차 월세화되어 갈 것이다. 이 경우 현실적으로 효과적인 정책은 빈곤층이나 저소득층의 지불능력을 높여 주는 것이다. 다시 말해 문제의 핵심이 서민층의 '낮은 소득'에 따른 지불능력 부족에 있다는 시각이 필요하다.

대안 중 하나는 소득이 낮은 세입자에게 현금성의 주거비용을 직접 보조하는, 이른바 주택임대료보조 제도를 도입하는 것이다. 예컨대 지원해야 할 저소득층을 선별해 가계소득의 일정 부분(예컨대 40%)을 초과하는 임차료(월세)를 정부에서 임차보조금으로 지급하는 방안이다. 저소득층은 보조금과 자기 소득의 일부를 이용해서 정부가 제시하는 적정 수준의 집을 골라서 임차할 수 있다.

저소득 임차인의 임차료를 보조하는 형태의 이와 같은 주택정책에는 여러 장점이 있다. 공공주택의 공급자(주택공사, 민간건설회사)에게 주택건설비용을 지원해 오던 지금까지의 공급자지원 정책의 여러 문제점을 해소할 수 있다. 또한 저소득층 스스로 살고자 하는 집을 임차함으로써 주거여건을 개선시킬 수 있다.

임차보조금 제도는 미국과 같은 선진국에서 주택바우처(housing voucher program)^{tip!하나}라는 이름으로 이미 오래전부터 시행 중이다. 캘리포니아주립대 대학원에서 부동산도시계획학을 공부할 당시 이 제도에 관해 공부하고 연구해 보았다. 당시 이 제도를 포함한 여러 주택정책을 어떻게 하면 한국에서 활용할 수 있을지에 관해 지도교수와 함께 고민했고, 논문을 썼다. 아무튼 미국에서는 이 제도가 소득이 낮은 서민의 주거안정에 상당히 기여했다고 평가받고 있다.

사실 국내에서 이 정책을 시행하기에는 여러 가지 제약이 있다. 월 단위 임차금을 일부 보조하는 형태의 제도를 일시불의 목돈이 요구되는 전세제도에 적용하기가 쉽지 않다. 또 저소득 빈곤층의 소득원을 투명하게 알 수 없으면 시행에 어려움이 따른다. 무엇보다 제도 시행을 위한 정부의 예산 확보가 전제돼야 한다.

하지만 기존 공공주택정책의 문제점 해소를 위한 대안이 절실한 실정이고, 이미 선진국에서 서민의 주거안정에 일조하는 점을 볼 때 서민의 주거비용을 보조하는 주택바우처 제도의 시행을 굳이 미룰 필요가 없다. 특히 주택가격 안정세의 지속으로 전세의 보증부월세 내지 월세 전환비율이 높아지고 소득 입증체계가 정착되어 가는 등 제도 도입의 여건이 마련되고 있다고 하겠다. 예산의 문제는 기존의 공공임대주택 예산의 전용을 통해서도 가능하다고 본다.

바우처(voucher)란 원래 정부가 지불을 보증하는 일종의 전표이다. 일정한 자격을 갖춘 계층에 지급하게 되며, 받는 사람의 소득수준이 중요한 기준으로 사용된다. 바우처 제도는 특정한 재화나 서비스를 구입할 수 있도록 구매력을 높여 주는 소득지원의 한 형태로 사용되기도 한다.

위에서 말한 주택바우처 외에도, 저소득자에게 전기료를 보조하는 에너지바우처, 여행경비를 정부에서 일정부분 보조해 주는 여행바우처, 지자체에서 스포츠센터 이용경비를 보조하는 스포츠바우처, 아동인지능력향상 서비스라는 이름으로 제공되는 아동바우처 등 여러 형태의 바우처 제도가 시행되고 있다.

참고로, 미국은 미국연방주택법(National Housing Act, 1937) 제정 이후 서민을 위한 여러 주택정책을 펴 왔는데, 그중 대표적인 것이 이 글에서도 소개된 주택바우처 제도, 이른바 지방정부와 지역사회 중심의 '수요자지원 정책'이다. 이 정책은 저소득 서민의 임대료부담을 낮추고, 주거여건을 개선하였으며, 임차인의 선택폭을 넓혀 주는 등의 효과를 얻기도 했으나 한편으로 시장임대료가 상승하고 수혜자의 도덕적 해이와 상당한 행정비용이 드는 등 문제점도 지적되고 있는 실정이다.

전세대란의 소용돌이 속에서 어려움을 겪고 있는 우리나라 저소득 서민층의 주거안정을 위해 미국의 주택정책의 역사를 참고해 볼 필요가 있겠다.

노후를 역모기지론과 함께

초가을 산들바람과 함께 들과 산에는 아침부터 밤까지 걷고 달리는 사람들로 붐빈다. 바야흐로 건강한 심신과 여유로운 삶으로 대표되는 웰빙(well-being) 바람을 타고 있다. 하지만 열심히 일해서 받는 월급으로 생활비와 자녀 교육비로 쓰기에도 빠듯한 서민들에게는 이러한 바람이 그다지 달갑지 않다. 아직 내 집 장만의 꿈을 이루지 못한 경우 더욱 그럴 것이다.

대부분의 서민들은 결혼 후 내 집 마련을 최우선의 목표로 삼고 수입의 상당부분을 주택구입자금으로 저축하거나 다른 투자를 한다. 그래서 결혼 후 몇 년 만에 집을 구입했다는 것이 주된 화두가 된다. 이처럼 자기 집에 대한 애착이 큰 이유는 앞서도 말했듯이 부모세대나 이웃의 집 없는 설움을 직접 겪거나 보아 왔으며, 집이라는 것이 서민들의 생활안정에 필수품임을 알고 있기 때문일 것이다.

하지만 집값을 보면 웬만한 소형 아파트도 억 단위이다. 매달 월급에서 수십만 원씩을 떼어 주택구입 저축을 해 오는 서민들에게는 이런 집들이 쳐다볼 수 없는 그림 속의 떡으로 보인다.

그래도 살다 보면 좋은 일도 있으리라. 열심히 저축하고 모은

돈과 은행대출금(또는 부모님의 도움)으로 집을 사거나, 수익성 있는 곳에 청약한 아파트가 당첨되는 행운이 찾아와 그리던 내 집을 장만하게 된다. 하지만 집 장만을 위해 금융기관 등에서 빌린 대출금은 은퇴할 시기가 되어서야 겨우 다 갚을 수 있게 된다. 평생을 집 한 채 장만을 위해 살았고 그 집 한 채가 재산의 전부인 것이 일반 서민의 일생이라고 해도 지나치지 않을 것이다.

선진국인 미국도 우리와 별로 다르지 않다. 오히려 출발점은 우리보다 더 불리하다.

예외적인 경우가 있긴 하지만 대부분의 미국인은 고등학교를 졸업하는 시점에 부모로부터 경제적으로 독립하는데, 취직해 월급 타 봤자 생활비로 쓰고 나면 남는 것이 별로 없다. 이런 서민을 위해 미국은 일찍부터 모기지론(mortgage loans)이라는 장기주택저당대출 제도를 도입해 집값의 10~20% 종자돈(down payment)만 있으면 집을 마련할 수 있도록 하고 있다. 다만 이것도 형태만 다를 뿐 부채이므로 길게는 30년 동안 매월 일정 금액씩 갚아 나가야 한다. 보통의 샐러리맨들은 은퇴 전후 60줄이나 돼야 빚을 다 갚고 진정한 내 집을 갖게 되는 것이다.

우리나라도 모기지론이 이미 도입됐으니 내 집 마련을 위한 제도 면에서는 미국과 다를 게 없다. 다만 미국과 우리가 다른 것은 집에 대한 사고방식이다.

우리는 집을 노후생활의 불안감 때문에, 또는 자식에게 물려줄 상속분으로 생각해 무덤에 가는 날까지 붙들고 있어야 할 필수 재산으로 보아 왔지만 미국인들은 그렇지 않다. 물론 미국의 경우 노인연금을 포함한 사회복지가 상대적으로 잘되어 있어 은퇴 후의 생활에 대해 큰 염려를 하지 않는 편이지만, 한편으로는 집을 담보로 노후대책을 보장해 주는 제도 덕분이다. 상당수 미국인들은 은퇴 후 공적연금으로 최저생활수준을 유지하며, 소유하고 있는 집을 '역(逆)모기지(Reverse Annuity Mortgage, RAM)'하고 금융기관에서 매달 융자금을 받아 비교적 여유 있는 노후생활을 보낸다.

역모기지는 집을 금융기관에 담보로 잡히고 매달 연금 형태로 생활비를 받으며 일정기간 이후 또는 사후에 집 소유권을 금융기관에 넘기는 금융서비스 상품이다.

원칙적으로 은퇴한 노인을 대상으로 하는 이 제도는, 미국과 캐나다 등 선진국에서는 이미 20년 전에 정부 차원에서 사회보장시스템의 하나로 도입됐다. 전형적인 예를 들면, 5억 원 담보가치의 집을 가진 62세 노인이 10년간 집값의 50%를 받기로 은행과 역모기지론 계약을 하면 매달 200만 원, 20년간 받기로 하면 매달 100만 원 정도를 받을 수 있다. 계약기간이 지나면 지정 금융기관은 집을 처분하고 남은 돈을 계약자에게 돌려주며, 계약자는 언제든지 재계약을 할 수 있다.

우리나라에서도 일부 은행이 일종의 역모기지 상품을 내놓았으며, 정부 차원의 제도 시행과 한국금융공사^{tip!하나}를 통한 역모기지 상품의 판매가 이뤄지고 있다. 하지만 아직 정착 초기 단계이며 그다지 활성화되지 않고 있다. 내 집에 대한 집착이 특별하기 때문이기도 하지만, 역모기지제도의 사회보장적 기능에 대한 정부 일각이나 서민들의 인식부족 때문일 게다.

65세 이상의 노인이 전체 인구의 14%가 넘는 선진국형 고령화 시대로 접어들었다는 점을 고려하면 노인들이 자녀에게 생계를 의존하지 않고 떳떳하고 안정된 노후를 보낼 수 있도록 하기 위해서도 좀 더 역모기지 제도가 활성화되도록 할 필요가 있다.

이를 위해서는 선진국처럼 역모기지 주택에 대한 세금(재산세, 거래세 등)을 면제해 주거나 대폭적으로 감면하고, 보험 상품을 개발하여 가입을 지원하는 것과 같은 제도적 지원책도 강구해야 한다.

미국의 경우 연방정부(연방주택국; FHA)와 모기지전문기관인 패니메이(FNMA)가 주체가 되어 이 제도를 시행하고 있는데, 지정한 금융기관을 통하여 62세 노인들에게 연금형태의 융자금을 지급해 준다. 물론 지급형태, 액수, 기간 등은 상품종류와 계약 조건에 따라 다르다. 만일 계약자가 역모기지에 관련된 종신보험에 든 경우라면 계약기간이 지나더라도 사망 시까지 보험사로부터 월 연금액을 계속 받게 되어, 계약 종료 시까지 생존해 있을 위험(!)을 피할 수도 있다.

'집 한 채와 함께 왔다 가는 인생'인 것같이 보여 역모기지제도가 호감이 가지 않을 수 있다. 하지만 수십 년 동안 열심히 수고하여 마련한 집 한 채로 인해 노년의 안정된 생활에 어느 정도 보탬이 될 수 있다면 얼마나 다행한 일인가.

바람직한 자녀 교육을 위해서라도 이제는 집을 상속재산으로 보는 사회적 관념은 깨어져야 할 때이다. 덧붙여, 장유유서(長幼有序), 부모봉양(父母奉養)은 옛말이요, 친 자녀에게까지 소외당하며 고통받는 노인들에 관련된 기사를 흔하게 접하는 오늘날 역모기지제도는 이러한 사회적 병리현상을 치유할 하나의 좋은 대안이 될 수 있다.

지금은 한국주택금융공사와 일반 시중은행들이 '주택연금'이나 '주택담보연금대출' 등의 이름으로 이른바 역모기지론을 상품화하고 있지만, 내가 동아일보에 역모기지에 관한 글을 소개했던 2004년 초만 하더라도 '역모기지'라는 개념은 매우 생소했다. 당시 칼럼 글이 게재된 후에 독자뿐만 아니라 정책을 담당하는 사람들로부터 여러 번 문의를 받기도 했다. (나는 미국 캘리포니아주립대 대학원에서 부동산도시계획학을 공부했는데, 당시 졸업논문의 주제가 역모기지 주택금융을 포함한 저소득 빈곤층을 위한 주택정책에 관한 것이었다.)

안전한 부동산 거래

대부분의 사람들은 '소비가 미덕'이라는 말에 동의하지 못한다. 주어진 소득의 범위 내에서 현재의 소비생활을 해야 하기 때문이고, 장래에 발생할 자금 수요를 감안하여 저축해야 하기 때문이다. 본능적 소비욕구를 억누른 채 저축에 매달리는 우리나라 소비자들의 모습이 안쓰럽기까지 하다.

대부분의 사회 초년생들이 바라는 꿈은 사랑하는 가족을 위한 보금자리를 마련하는 것이고, 사회 중년생의 기대는 안락한 노후를 위한 고정된 수입원을 마련하는 것일 게다.

이십여 년간 소비자의 권익옹호를 위해 일해 온 나는 이러한 소박한 사람들의 꿈이 한순간에 날아가는 경우를 종종 보아 왔다. 특히 집이나 상가, 토지와 같은 부동산을 거래할 때 예상 못한 사기를 당하거나, 크고 작은 실수로 큰 손해를 보는 경우도 적지 않았다.

부동산을 사고 팔 때는 그 어느 때보다 신중한 자세가 필요하다. 일반 상거래와는 달리 수개월의 계약 이행기간이 소요될 뿐 아니라, 소비자가 이해하기 쉽지 않은 법률문제가 개입된다. 대부분의 소비자들은 중개인이나 법무사가 제시하는 정보에 의존하여 거래를 하는 경우가 많다 보니 뜻하지 않은 손해를 입기도 한다.

피해사례는 매우 다양하다.

계약 시 열람해 본 등기부등본에는 아무 문제가 없었지만 잔금을 치르고 입주할 시점에 보니 이미 다른 사람에게 권리가 넘어갔거나 경매에 넘겨진 사례, 오랫동안 팔리지 않는 부동산을 판매대행업자에게 의뢰했다가 사기를 당하고 해당 부동산의 권리를 통째로 빼앗긴 사례, 개발기대지역에 횡횡하는 이른바 '딱지'라는 입주권을 샀다가 나중에야 이중거래임을 알게 되어 수십 년 모아 온 재산을 날린 사례, 기획부동산의 권유에 따라 지적도(地籍圖)와 같은 서류들만 믿고 샀던 부동산의 가치가 설명과는 전혀 달라 피해를 본 경우 등등. 최근에는 중개업자와 짜고 자신의 주민등록증을 위조해 수천만 원의 오피스텔 계약금을 가로챈 사례도 있었다.

사실상 관행처럼 이루어지는 부동산 매매와 임차계약에서는 이중거래와 같은 사기나, 계약의 중도파기 등에 따른 피해가 발생될 소지가 적지 않다. 일반 서민의 경우에는 부동산을 매매해 본 경험이 없거나 많지 않기 때문에 그 가능성이 더욱 커진다.

부동산 거래에서 피해를 당하지 않기 위해서는, 무엇보다 조심이 최선이다. 전세계약의 경우 임대인의 신분증과 등기부등본 확인은 필수이고, 등기권리증을 눈으로 확인하는 것도 방법이다. 정식으로 허가받은 중개업소인지도 확인해 봐야 한다.

이와 같이 거래당사자인 소비자의 주의가 무엇보다 중요하지만, 한편으로 이러한 부동산 거래에서의 위험한 관행으로 인한 피해를 줄일 수 있는 제도적 장치가 필요한 시점이다.

부동산거래에 있어 위조나 이중거래, 사기로 인한 권리상 하자를 예방하고, 매수·매도자 간의 계약 파기로 인한 거래위험 등 사후적인 피해를 보상받을 수 있는 장치로 에스크로(escrow)^{tip!하나} 라는 것이 있다. 에스크로는 중립적인 제3자나 기관이 쌍방대리인의 자격으로 매매에 관련된 보증금이나 보증 또는 그것에 해당하는 재산과 서류 일체를 계약 조건이 종료될 때까지 예치하고 보관해 주는 서비스를 말한다.

에스크로를 이용하면 부동산 거래에 필요한 대부분의 업무를 에스크로 사업자가 대행하기 때문에 위조나 사기, 계약서의 분실에 따른 위험을 피할 수 있다. 계약이 중도 파기될 경우에도 에스크로 사업자가 계약 내용에 의해 보관된 매매대금을 분배하게 되므로 분쟁의 소지가 없어진다.

이미 관련법인 '부동산중개업법'^{tip!둘}에 이 에스크로 서비스가 '예치금'이란 명목으로 가능하도록 되어 있다. 최근에는 일부 은행권을 중심으로 이러한 에스크로 서비스 도입이 추진되고 있어 조만간 본격적인 서비스가 제공될 수 있을 것으로 보인다. 하지만 에스크로 사업자의 자격기준과 같은 제도정착을 위한 적절한 정부지침(가이드라인)이 없어 시행상에 혼란이 예상된다.

부동산 거래에서의 사기나 계약파기 등에 따른 소비자 피해 예방을 위해서는 이러한 에스크로 서비스가 활성화되는 것이 바람직하다. 에스크로 서비스는 부동산 금융을 취급하는 금융기관 등에서 관련 법 테두리 내에서 자율적으로 제공될 수 있지만, 제도의 안착을 위해서는 그래서 소비자들이 안심하고 거래하기 위해서는 정부에서 우리나라에 맞는 모델을 만들고, 에스크로 사업자의 자격기준을 마련하는 등 기본적인 가이드라인을 제시해 줄 필요가 있다.

TIP ! 하나

우리나라에 있어 에스크로 제도는 지난 2000년에 개정된 부동산중개업과 해당 법 시행령에 대금의 '예치'란 이름으로 도입되어 시행 중이다. 당시 예치금 제도는 투명한 부동산 거래를 위해 미국의 에스크로 서비스 개념을 바탕으로 도입한 것이다. 하지만 이 조항은 중개업자가 거래 당사자에게 예치금을 권고할 수 있다는 임의규정으로 되어 있는 등 제도가 활성화되지 못하고 있는 실정이다.

안심, 안전한 부동산 거래뿐 아니라, 부동산 시장의 개방에 맞서기 위해서도 선진화된 에스크로 제도를 정착시킬 필요가 있다. 다만, 우리나라는 전세제도 등 외국들과는 구조적으로 다른 부동산 제도와 거래형태를 하고 있으므로 우리에게 맞는 제도 개발과 시행이 필요하다.

TIP ! 둘

부동산중개업법의 정식 명칭은 '공인중개사의 업무 및 부동산 거래신고에 관한 법률'이다. 에스크로 제도는 부동산중개업법 제31조(계약금 등의 반환채무이행의 보장)에 명시되어 있다. 딱딱한 법문이지만 궁금한 독자를 위해 해당 조항을 각색하여 소개한다.

"중개업자는 거래의 안전을 보장하기 위하여 필요하다고 인정하는 경우에는 거래계약의 이행이 완료될 때까지 계약금·중도금 또는 잔금을 중개업자, 금융기관, 신탁업자 등에 예치하도록 거래당사자에게 권고할 수 있다. 예치된 자금의 관리·인출 및 반환절차 등의 사항은 대통령령으로 정한다."

# 부동산 에스크로 활성화돼야

집을 매매하거나 전셋집에 들 때 한국인은 '간 크게' 행동한다. 달랑 매매계약서 한 장만 믿고 거액의 계약금을 지불하고, 권리 이전도 안된 상태에서 중도금을 낸다. 이러다 보니 이중거래 사기나 계약의 중도파기에 따른 피해가 종종 발생한다.

현행 법률상 이런 피해를 보상받을 수 있는 경우는 제한적이다. 중개업자의 고의나 과실이 분명한 경우에는 5천만 원 한도에서 보상받을 수 있지만 나머지는 모두 당사자 책임이다.

이러한 합리적이지 못한 관행들로 인한 부동산 거래 피해를 줄일 수 있는 제도적 장치의 하나가 에스크로 서비스임을 앞글에서도 강조했다. 부동산중개업법에도 이미 근거가 되어 있어 잘만 활용하면 신속하고 안전한 부동산 매매의 관행을 새로 만들 수 있는 것이다.

그러한 배경에서 "부동산 매매대금예치제 도입이 필요하다"라는 제목의 글을 모 일간지에 실었더니 여러 곳으로부터 전화가 왔다. 대부분 부동산을 거래하면서 이런저런 불안함을 느꼈고, 그래서 그 제도가 빨리 도입되어 안전한 거래가 되었으면 좋겠다는 독자들의 의견이었다. 그런데 어떤 중개업하시는 분께서는

'그런 제도가 없어도 중개인이 다 알아서 한다'며 칼럼의 기사내용에 대한 불만을 말씀하셨다. 동일한 사안에 다양한 생각과 주장이 있을 수 있음을 다시금 느꼈다.

　어쨌든, 우리나라 부동산 거래 관행을 한번 살펴보자.

　집을 사거나 팔 때 매매계약서를 작성하고 난 뒤면, 권리 이전이 되지 않은 상태에서 계약금과 중도금으로 수천만 원 내지 수억 원의 매매대금을 거래상대방에게 직접 건네진다. 아직 이사 들기도 전에 수천만 원의 전세 계약금과 중도금이 오고 간다. 더욱이 언제나 일어날 수 있는 계약의 중도파기와 같은 위험 상황을 고려하지 않고, 동일한 날짜에 매매나 전세자금을 그것도 연쇄적으로 주고받기로 계약을 맺으며, 실제로 그렇게 진행이 된다. 더욱이 수표나 현금으로 거래대금을 주고받는 비율이 여전히 높다. 외국의 경우에는 상상조차 하기 힘든 거래 행태이다.

　부동산 거래에서 계약의 내용들이 문제없이 잘 지켜지면 다행이다. 하지만 집을 사거나 셋집에 들 때 사기당하거나 계약의 중도파기 등에 따른 예기치 않은 피해를 입는 경우가 우리 주변에서 종종 발생한다.

　현재 관행처럼 이루어지는 부동산 매매와 임차계약에서는 이러한 피해가 발생될 소지가 적지 않다. 그럼에도 현행 법률상 이러한 피해를 보상받을 수 있는 경우는 제한적이다. (앞글에서도 말했듯이) 중개업자의 책임이 확실한 경우에는 개인의 경우 5천만 원 한도 내에서만 보상받을 수 있고 나머지는 대부분 당사자

책임이다. 또한 법 테두리 내에서 보상받을 수 있는 경우에도 현실적으로 적절한 보상을 받지 못하는 경우가 허다하다.

이러한 위험천만한 부동산 거래관행을 바꿀 수 있는 제도적 장치가 바로 에스크로^{tip!하나}이다.

사실, 에스크로는 새로운 제도가 아니다. 미국의 경우 이 제도가 이미 관습법 형태로 정착되어 있기 때문에 부동산이나 사업체 거래에는 대부분 에스크로 과정을 거친다.

예컨대 주택을 사거나 팔 때 의뢰받은 에스크로 사업자는 중립적인 입장에서 모든 거래과정이 계약서 조건대로 이루어지도록 관리해 주며, 계약금을 포함한 중도금과 잔금을 맡아 놓았다가 에스크로 종결과 함께 매도인에게 전달한다. 에스크로를 이용하면 부동산 거래에 필요한 대부분의 업무를 에스크로 사업자가 대행하기 때문에 위조나 사기, 계약서의 분실에 따른 위험 등을 피할 수 있으며, 계약이 중도 파기될 경우에도 에스크로 사업자가 계약 내용에 의해 보관된 매매대금을 분배하게 되므로 분쟁의 소지가 없어진다. [미국의 경우 에스크로 서비스 수수료(escrow fee)는 거래금액의 약 0.4% 정도이며 매도인과 매수인이 반반씩 부담하는 것이 일반적이다.]

이러한 에스크로 서비스는 부동산 거래에서의 사기행위를 사전에 방지할 수 있을 뿐만 아니라, 거래대금 지급과 소유권 이전 등기가 동시에 이루어진다는 장점도 있다. 다시 말해 잔금 후에도 등기이전이 되지 않아 낭패 보는 문제도 더 이상 문제되지 않는 것이다.

부수적인 효과 중의 하나는 관행이라는 이름으로 이루어지던 일부 음성적이거나 불법적인 거래가 차단될 수 있다는 점이다. 에스크로가 활성화되면 이러한 나쁜 관행에 따른 세금의 누수를 방지할 수 있을 것이다.

미국과 경우와 같이 다소 부담스러운 에스크로 수수료가 제도 정착의 걸림돌일 수 있지만, 우리는 미국보다 훨씬 낮은 수수료를 책정토록 하면 된다. 실제로 일부 금융권에서는 낮은 요율의 에스크로수수료 상품을 개발해 놓고 있다. 소비자들도 이를 안전한 거래를 위한 최소한의 비용으로 인식해야 할 것이다.

부동산 거래에서의 소비자 피해 예방뿐 아니라, 편안하고 안전한 부동산 거래를 위해서도 이러한 에스크로 서비스가 조속히 정착되어야 한다.

에스크로 서비스는 부동산 등기제도와 통일된 부동산법이 없는 미국에서 처음 고안되었으며, 구매자와 판매자 간 신용관계가 불확실할 때 제3자가 상거래가 원활히 이루어질 수 있도록 중계를 하는 매매 보호 서비스를 의미한다. 미국에서 부동산 에스크로 서비스가 어떤 모습인지 간단히 소개한다.

미국에서는 에스크로업체, 변호사, 은행, 권원보험회사 등이 제3자의 입장에서 부동산거래에 관한 전반적인 사무수속 서비스를 제공하는 것을 일반적으로 에스크로라고 부르고 있다. 에스크로업자는 매수인은 계약금을, 매도인은 권리증서를 받아서 부동산의 권리 내지 물적 하자, 관련 세금의 체납, 거래조건의 이행, 매매대금의 완납 등 거래절차상의 모든 과정을 확인한 후 아무런 문제가 없다고 판단될 때 비로소 거래를 완결시키게 된다.

한번 굳어진 관행은 쉽게 바뀌지 않는다. 하루 동안 큰돈이 여러 손을 거치는 위험해 보이는 우리의 부동산 거래 관행도 쉽게 바뀌지 않을 것이다. 더욱이 미국과 같이 비교적 높은 수수료 아래서는 에스크로가 자리 잡지 못할 수도 있다. 이런 여러 사정을 감안한 적절한 한국형 모델이 만들어지고 활용되기를 기대해 본다.

# 부동산 거래세 낮춰야

우리나라 사람들의 자산 1순위는 여전히 부동산이며, 그다음이 은행예금, 보험의 순이다. 부동산 중에서도 아파트와 같은 주택이 차지하는 비중이 가장 크다.

미국발 금융위기로부터 촉발된 경기침체는 부동산시장의 침체를 가져왔고, 연이은 중동지역의 민주화 혼란과 유럽의 재정위기 여파로 극도로 위축된 부동산투자 심리는 적잖은 은행 빚을 낀 집 한 채가 자산의 전부인 서민들의 고통을 가중시키고 있다. 늘어나는 빚 부담을 줄이기 위해 집을 처분하려 해도 팔리지 않는다.

집을 사려는 사람은 세금^{tip!하나}도 큰 부담이다. 아파트와 같은 부동산을 살 때 부담해야 하는 법정 세율은 등록세와 취득세가 각각 2%, 농특세 0.2%, 지방교육세 0.4% 등 총 4.6%에 달했다. 부동산경기의 부침이 심했던 참여정부 당시 보유세를 늘리는 대신 실수요자의 부담을 줄인다는 취지로 9억 이하 주택의 거래세율을 한시적으로 절반으로 낮추었고, 2011년부터는 이를 취득세로 통합하여 법정화 했다.

과거에는 실거래가의 절반에도 못 미치는 과세표준으로 거래세가 실질적 부담이 되지 않았지만, 올해부터는 (한시적 세금인하 조치가 연장되지 않아) 2억짜리 아파트를 사려면 5백만 원(9억원 이상 또는 다주택자는 1천만 원) 수준의 세금과 부대비용을 부담하게 되는 것이다.

그동안 공시가 기준의 과세표준을 실거래가액 기준으로 과세하게 되면서 사실상 부동산 거래세가 몇 배나 늘어났다. 일반주택과 농지의 경우도 세법상 일부 감면을 통해 2.7~3.4% 적용되고 있지만, 공시가와 실거래가 차이로 인한 세 부담이 크게 늘어난 것이다.

이러한 거래세의 실질적 증가는 부동산거래 활성화를 위한 "거래세 인하와 보유세 인상"의 기본 방향에 역행할 뿐 아니라, 거래에 따른 부동산 취득과 임차비용이 높아져 가계살림의 부담을 가중시키고 있다. 특히 요즘과 같은 경기 침체기에는 시장거래의 위축을 가져와 경기흐름을 위축하는 요인으로 작용한다.

또한 래퍼곡선^{tip!둘}으로도 설명되듯이 거래 위축으로 정부의 조세수입은 오히려 감소하게 된다. 높은 부동산 거래세율은 이래저래 문제의 소지가 될 수 있는 것이다.

우리의 부동산 관련 세금은 전체적으로는 미국이나 일본 등 선진국에 비해 그렇게 높은 것은 아니다. **하지만 대부분의 선진국은 보유세의 비중이 높은 대신 거래세 비중은 매우 낮다.** 우리나라 총 조세 중 부동산 거래세 비율은 9.1%로, 일본(1.2%), 독일(0.7%), 프랑스(1.6%) 캐나다(0.5%), 미국(1~2%) 등 선진국보다 매우 높은 수준이다. 국민소득(GDP)에서 차지하는 거래세 비중도 한국이 1.8% 수준임에 반하여 미국과 일본은 0.1%, 영국은 0.5%에 불과하다.

그러한 배경에서 경제협력개발기구(OECD)에서는 '한국의 주택시장의 위축을 막기 위해서는 부동산 거래세를 낮추라'는 권고를 '한국경제 보고서'를 통해 전달하기도 했다.

아무리 부동산 관련 세금이 나라의 중요한 세원일지라도 시장에서의 거래를 왜곡하고 서민생활을 불편하게 한다면 부동산세 세도를 과감히 바꿀 필요가 있다. 조세수입의 일시적 감소를 감수하더라도 선진국형 부동산 거래세 형태로 전환해야 할 시점이다.

거래세를 과감히 낮추는 대신 보유세를 단계적으로 인상하는 것이 바람직하다.

단기적으로는, 올해도 지난해와 같은 50% 추가 감면토록 하고 중·장기적으로는 취득세와 각종 부가세를 포함한 거래세의 법정 세율상한을 2% 수준으로 제한할 필요가 있다. 또한 지나치게 높은 고가주택이나 다주택자에 대한 현행 세율도 일정부분 낮춰야 한다. 덧붙여, 지금과 같은 "한시적 감면" 형태의 세법정책은 국민들에게 비정상적인 기대를 갖게 하는 바람직하지 않은 형태이다.

TIP ! 하나

지난해 3월 21일 정부는 부동산거래세를 연말까지 한시적으로 절반으로 낮추었다. 즉, 9억 원 이하 1주택자는 2%에서 1%로, 9억 원 초과주택이나 다주택자는 4%에서 2%로 인하했다. (아래표 참조)

	2011 이전	2011.1.1~3.21	2011.3.22~12.31	2012.1.1 이후
9억원 이하 및 1주택자	4%	2%	1%	2%
9억원 초과 또는 다주택자		4%	2%	4%

* 농특세와 지방교육세 등은 포함하지 않았다.

하지만 그 이후에도 지방세수가 줄어들 것을 우려한 지자체와 표를 의식한 정치권의 반발이 적지 않자, 중앙정부가 지자체 세수 부족분을 공적자금관리기금을 통해 보전하는 등의 방안을 제시하기도 했다.

아무튼 거래세를 낮춰야 한다는 여러 전문가들의 견해가 부분적으로나마 반영되어 다행이다. 하지만 근본적으로는 '거래세 인하와 보유세 인상'을 기본 방향으로 하는 선진국형 부동산세 형태로 제도를 개선할 필요가 있다.

래퍼곡선(Laffer Curve)은 세율에 따라 조세수입이 변하게 되는 관계를 이론적으로 나타낸 곡선이다. 미국의 경제학자 래퍼(Arthur Laffer)는 정치인들과 식사를 하면서 이 그림을 냅킨에 그려 설명한 것으로 전해지고 있다.

간단히 말해 세율을 높이면 세수입이 늘어나지만, 마냥 세수가 늘

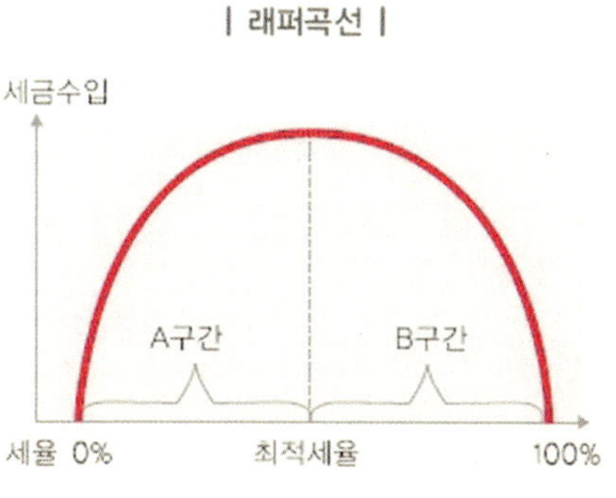

어나는 것이 아니라는 것이다. 그림에서 보듯이 세율이 일정수준보다 높게 되면 소득의 많은 부분이 세금으로 나가기 때문에 근로의욕이 떨어지고, 궁극적으로 총생산이 감소하여 세금을 부과할 소득이 줄어들어 결국 세수입도 줄어든다는 것이다.

주택 소비자문제

많은 사람들이 주택을 소유의 대상, 자산증식의 수단, 혹은 지위와 부의 상징으로 인식하고 있지만, 사실 주택은 모든 사람들의 주거생활을 영위하는 삶의 터전이다.

주택에 관련된 소비자문제 하면, 열악한 주거환경에서부터 가옥 임대차 계약 위반이나 주택 분양사기에 따른 소비자 피해, 주택담보대출 자격에 관련된 시시비비 등 매우 다양하다. 또한 가격폭등락과 부동산투기, 도시지역의 낮은 주택보급률 등의 문제도 주택소비자문제로 볼 수 있다. 이러한 주택 관련 사항들 중에서 소비생활을 하는 데 도움되는 사항들을 살펴보겠다.

❓ 대부분의 서민들에게 번듯한 집 장만은 일생의 목표다. 주택보급률이 높아지고 집값이 주춤하여 과거에 비해서는 내 집 마련이 수월해 지기는 했지만, 이미 높아진 집값 때문에 어려워진 면도 있겠다.

🎙 '내 집 마련의 꿈'은 집을 갖지 못한 모든 사람들에게 해당하는 말일 것이다. 그래서 꼬박꼬박 주택부금을 넣고 부지런히 목돈

을 장만하려 한다. 그 이유는 아마도 전·월세의 애로를 직접 경험하면서, 집 한 채의 가치가 일생의 생활안정에 얼마나 긴요한 요소인가를 잘 알고 있기 때문일 것이다.

90년대 초반까지는 80% 수준이었던 주택보급률^{tip!하나}이 근래에는 100%가 넘었다. 2010년 기준으로 101.9%이고, 수도권도 최근에는 100%에 가까워졌다.

따라서 과거 80년대 후반과 같은 절대적 공급부족에 따른 주택문제는 어느 정도 해소됐다고 본다. 하지만 아직도 대도시 주변의 주택부족현상은 여전하다. 예컨대 2010년 인구주택총조사(Census) 자료를 보면 서울의 주택보급률은 97%로 낮은 편이다.

또한 평균적 주거수준은 향상되고 있지만, 아직도 많은 저소득가구는 열악한 주거환경에서 살고 있다. 자료를 보면 우리나라 전체가구의 13.0%인 200만여 가구는 여전히 최저주거기준에 미달하는 단칸방이나 낡은 주택에 살고 있다.

국제 금융위기에 따른 경기침제와 여러 주택관련 규제책으로 수십 년간 주기적으로 반복되던 가격상승이 꺾이고 집값하락세 추세를 보이고 있지만, 지난 몇 년간의 높아진 부동산 가격이 서민들의 내 집 마련을 더 어렵게 하고 있는 측면도 있다. 특히 경기침체로 도시거주민들의 절대소득이 감소하고 있어 더욱 그렇다.

❓ 주택에 관련된 소비자불만이나 피해 유형은 어떤가?

🎤 주택에 관련된 소비자 불만상담이나 피해구제 요청은 대개 주택임대차 계약 관련 사안과 주택시설 하자로 인한 피해, 그리고

주택금융 관련 피해 등으로 구분된다.

2010년도 주택임대차 관련해서 한국소비자원에서 의뢰받은 불만상담은 5천여 건으로, 전년도에 비해 9% 정도 증가됐다. 반면에 피해구제 요청은 160여 건으로 전년도에 비해 다소 감소했다. 품목별로는 아파트가 전체의 83%로 대부분을 차지했다.

임대차 문제는 과거에는 부동산 중개수수료를 둘러싼 분쟁이 가장 많았으나, 요즘은 각 시·도가 자체적으로 수수료율을 조례로 정하고 있어 관련 불만이 상대적으로 줄어 다행이다. 임대주택의 하자 발생 시의 보수책임, 전·월세 임대기간 만기 전의 계약해지, 임대주택의 경매처분에 따른 보증금 보호 등의 유형은 늘었다.

흔하지는 않지만, 주택매매나 임차 시 이중거래와 같은 사기를 당하거나 계약의 중도파기에 따른 예기치 못한 피해를 입는 경우가 왕왕 있다. 또한 최근 들어 입주권(딱지)의 불법거래와 이중, 삼중 거래와 같은 사기매매가 성행하고 있다고 한다. 이런 불법·사기 거래로 인한 피해는 구제받을 방법이 별로 없으니 행여나 악덕 중개업자의 유혹이나, 전화권유에 넘어가지 않아야 한다.

부동산거래에서 위조나 이중거래, 사기로 인한 권리상의 하자를 예방하고, 매수·매도자 간의 계약 파기로 인한 거래위험과 같은 사후적 피해를 보상받기 위해서는 부동산거래에서도 매매대금예치제(escrow system)가 도입되는 것이 바람직하다.

대부분의 영미법 국가들은 이 제도가 관습법 형태로 이미 정착되어 있기 때문에 (앞서 소개했듯이) 부동산거래에는 대개 에스크로 과정을 거치게 된다.

예컨대 주택을 매매할 때 의뢰받은 에스크로 사업자는 중립적인 입장에서 모든 거래과정이 계약서 조건대로 이루어지도록 관리해 주며, 계약금을 포함한 중도금과 잔금을 맡아 놓았다가 에스크로 종결과 함께 매도인에게 전달하게 된다.

우리나라도 이미 부동산중개업법에 이 에스크로 서비스기 가능하도록 되어 있다. 또 최근 일부 은행권에서 이러한 에스크로 서비스 도입이 추진되고 있어 조만간 본격적인 서비스가 제공될 수 있을 것으로 보인다.

❓ 세 살고 있는 집이 경매나 공매에 넘어가 큰 피해를 보는 경우도 많지 않나?

🎤 그렇다. 전세 살고 있던 집이 경매에 넘어가 전세금의 일부나 전체를 되돌려 받지도 못하고 내몰리는 경우가 종종 발생한다. 피해자의 대부분은 부동산 관련 법률적 지식이나 경험이 적은 일반 서민들이다. 법률적 지식이 있는 경우에도 임대계약 당시 실수나 판단착오로 피해를 예상치 못하는 경우가 있다.

최근에는 건설경기 부진으로 일부 미분양 빌라나 아파트가 한꺼번에 경매되는 경우가 늘어나고 있는데, 이들 아파트 중에는 미분양 상태에서 임대된 경우가 있고 또 아예 전체가 임대용으로 지어진 것도 있어 경매로 넘어갈 경우 임차인의 집단 피해가 생기게 된다.

❓ 피해를 입지 않으려면 어떻게 해야 하나? 전세계약 시 유의사항이라든지, 경매가 실행될 우려가 있는 경우에는 어떻게 대처해야 하는지 사례를 들어 달라.

🎤 지인 중의 한 분이 경기도 광주의 새 아파트형 빌라를 지난해 초 9천만 원에 전세계약을 했다.

등기부를 보니 6천만 원의 근저당이 설정되어 있어 중개업자에게 문의했더니 시세가 1억 3~4천만 원이라 경매나 공매에 넘어가더라도 손해 볼 일이 없다고 했다. 그래도 걱정되어 집주인과 근저당 중 절반인 3천만 원을 갚는 조건으로 전세계약을 하고 입주했다. 즉시, 동사무소에서 확정일자도 받아놓았다.

그런데 지난 5월에 그 집이 경매 개시되었다는 것을 알게 됐다. 다시 등기부를 열람해 보니 계약 시 일부 갚기로 약속한 근저당권(3천만 원)도 그대로 있어, 주인에게 항의해 보았으나 미안하다는 말밖에 들을 수 없었다.

❓ 이 경우 어떤 피해가 발생되나? 법적으로 구제받을 길은 없나?

🎤 이분의 경우 임차보증금이 9천만 원으로, 법에서 정한 '소액임차보증금' 한도를 초과하는 금액이기 때문에 주택임대차보호법

(제8조)의 보호를 받을 수 없다. (수도권과 과밀지역은 6천만 원 이하의 보증금에 대해 최고 2천2백만 원까지, 광역시는 5천5백만 원 이하 보증금에 한해 1천9백만 원까지, 기타 지역은 4천만 원 이하에 대해 1천4백만 원까지 우선변제 받을 수 있다.)

더욱이 집의 시세도 계약 당시보다 많이 떨어져, 피해는 피할 수 없게 됐다. 만일 집이 1억 원 정도에 낙찰된다면, 이분은 선순위 저당금액 6천만 원을 뺀 4천여만 원만 되돌려 받을 수 있게 되어 5천만 원의 피해를 입게 된다. 또 유찰이 계속되어 6천만 원 이하에 경매가 종결된다면 전세보증금을 모두 떼이게 된다. 계약 시 주인의 약속(3천만 원 상환)을 확인하고 잔금을 지불했더라면 피해를 줄일 수는 있었을 것이다.

이러한 피해를 방지하기 위해서는 전세계약 시 등기부 등의 공부(公簿)를 반드시 확인해야 하는데, 압류나 가압류, 가등기, 가처분, 경매등기 등이 없는 것이 좋다. 예컨대, 압류나 가압류는 곧 경매가 실행될 우려가 있고, 가등기나 가처분은 기득권자에 의해 소유권이 이전될 가능성이 있다는 의미이다.

부득이 저당이 잡혀 있는 집을 임대할 경우, 만약 경매결정 시 최악의 상황에서도 피해입지 않을 정도의 집을 택하는 것이 좋다.

임대차 계약의 경우 전세권을 설정하면 이러한 근심이 모두 없어진다. 하지만 전세권 설정은 집주인의 동의가 있어야만 가능하여 현실적으로 쉽지는 않다. 이럴 경우 소액임차인의 우선변제권을 인정하는 제도인 확정일자를 꼭 받아 두는 것이 좋다.

❓ '설움 중에 집 없는 설움이 가장 크다'라는 옛말도 있듯이, 전세 살다가 전세보증금까지 돌려받지 못한다면 그 서러움은 이루 말할 수 없을 것이다. 그런데 전세를 살다가 겨우겨우 집을 장만했는데, 새 집에 문제가 있는 경우도 있지 않나?

🎤 많은 편이다. 주택시설의 하자로 인한 피해는 화장실과 거실 천장의 누수, 창틀 주변의 결로현상, 전기배관불량, 소음피해, 마감재불량 등 그 유형이 다양하다. 얼마 전에는 미끄럼방지처리가 되지 않은 타일로 시공된 욕실에서 미끄러져 많이 다친 사례도 있었다. 시설하자로 인한 피해사례를 들어 보겠다.

강동구 길동에 사는 어떤 분이 모 건설회사에서 시공한 새 아파트를 분양받아 입주해 보니, 침실 벽 쪽에 승강기가 설치되어 소음과 진동이 심하고, 베란다 벽 균열과 결로 등 하자가 많았다. 그래서 피해보상을 요구하였으나 건설회사에서 보상을 지연하고 있어 소비자분쟁조정위원회에 조정 요청을 했다.

❓ 그래서 분쟁이 해결됐나?

🎤 소비자는 아파트 분양가 환급과 정신적 피해에 대한 위자료로 3천만 원 보상 내지 분양계약의 해지를 요구했고, 건설사는 하자 보수공사를 해 줄 수는 있으나 소비자가 요구하는 피해보상은 불가하다고 주장했다.

사실조사를 해 보니 벽의 균열과 결로 등 하자는 확인됐다. 승강기 소음은 다소 심했지만, 환경정책기본법에서 정하고 있는

‘거주지역 내 소음기준(45dB 이하)’보다 다소 낮은 39dB로 확인되어, 소비자의 분양계약해지 요구는 수용할 수 없었고, 다만 승강기 소음을 낮추고 균열을 보강하도록 조정결정을 하였다. 이를 양 당사자가 이의 없이 수용하여 합의가 됐다.

참고로, 소비자분쟁조정위원회의 조정결정사항은 당사자가 수용하고 서명을 하게 되면 ‘재판상의 화해’와 같은 준사법적 효력을 갖게 된다.

❓ 새집증후군 문제도 시설상의 문제로 볼 수 있나?

🎤 한국소비자원에서 전문기관의 도움을 받아 신축 공동주택의 실내공기 오염물질 실태조사를 해 본적이 있었다. 조사 결과 상당 가구가 신·개축주택에 입주한 후 뚜렷한 병명 없이 눈이 따끔거리거나, 목이나 코가 아프고 두통·구토 증상이 나타나는 이른바 새집증후군(Sick House Syndrome) 증상을 호소하고 있었다.

조사 대상 신축 아파트의 7할에서 새집증후군 유발물질인 포름알데히드(HCHO)와 총휘발성유기화합물(TVOC)이 외국에서 정한 권장기준을 초과한 것으로 나타났고, 조사 대상의 약 35%에서 가구원 중 1명 이상이 새집증후군 증세를 보였다. 그래서 관련 문제를 개선해 줄 것을 정부와 사업자에 건의했고 소비자 안전 정보를 제공했다.

그러나 아직 우리나라에는 ‘안전·품질표시기준’이 시행되고 있긴 하나 이러한 공동주택 내 인체유해물질을 규제할 근거가 충분하지 않아 새집증후군을 법적인 시설하자로 보기는 쉽지 않다.

❓ 새집증후군으로 인한 피해를 보상받은 사례가 있나?

🎤 아직까지 별로 없다. 새집증후군 문제로 환경부 중앙환경분쟁 조정위원회에 조정을 신청한 사례도 있었다.

경기도 용인의 신축 아파트에 입주한 어떤 분이, 실내 오염물질 때문에 생후 7개월 된 딸이 심한 피부염을 앓았다며 건설회사와 용인시를 상대로 1천만 원을 보상해 달라는 분쟁조정신청이 있었다. 이 사건에서 소비자는 치료비, 위자료 등 303만 원을 지급받을 수 있게 됐다. 이것이 국내에서는 새집증후군을 공식적으로 인정한 첫 사례다. 앞으로 우리도 외국과 같이 관련 법 규정이 조속히 마련돼서 이로 인한 피해가 없었으면 하는 바람이다.

TIP ! 하나

집값이 하향안정세를 보이는 지금은 오히려 얼마간의 목돈이 있어도 매매보다는 전세를 선호하는 서민도 많은 것처럼 세태가 많이 바뀌고 있는 것 같다.

통계청에서 2011년 초 새롭게 작성해 발표한 주택보급률의 경우 전국보급률에는 큰 차이가 없지만 수도권 주택보급률은 2005년 이후 그림에서 보듯이 오히려 떨어지고 있다고 한다.

그동안 주택보급률은 주택 수를 가구 수로 나

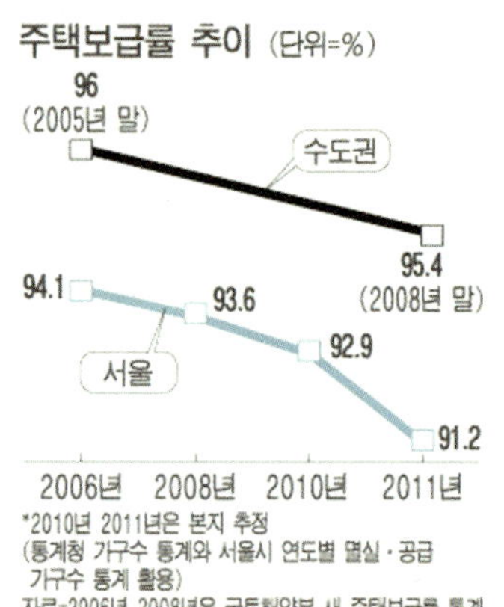

눈 비율로 산출했는데, 기존 통계는 총 가구 중 20%에 이르는 1인 가구를 제외해 실제
보다 과장됐다는 지적이 많았다.

이에 대해 정부에서는 1인 가구를 가구 수에 반영하는 대신 기존에 한 채로만 계산
하던 다가구주택을 거주공간 개수만큼 여러 주택으로 계산하는 방식을 도입했다.
새 방식에서 주택보급률이 떨어진 까닭은 기존 통계에서 '빠른 상승'을 보였던 서울
이 '소폭 하락'으로 바뀌었고 경기도가 종전 통계보다 3% 정도 보급률이 하락했기
때문이다.

어떤 방식이 옳은지 모르지만, 주택보급률이 높아지고 있어 별문제 없다던 정부가
이제 어떤 대책을 내놓을지 궁금해진다.

05

더불어 행복한
온라인 세상

행복한 소셜쇼핑을 위해

정해진 숫자보다 많은 사람이 모이면 파격적인 할인가로 상품을 살 수 있다? 음식점이나 인기 있는 제품의 쿠폰을 절반 값에 공동구매한다? 이른바 새로운 상거래방식이라는 소셜쇼핑(social shopping)이다. 소셜커머스라고도 하고 소셜네트워크서비스(SNS)를 이용한다 해서 SNS쇼핑으로도 불린다.

2010년 2월에 위폰이라는 업체가 처음으로 등장한 후 불과 2년의 짧은 기간 동안에 시장이 만들어졌는데, 최근에는 중소업체에서부터 대기업에 이르기까지 수많은 업체가 소셜쇼핑 시장에 뛰어들고 있는 형국이다. 구글과 네이버와 같은 포털사이트와 인터넷쇼핑몰뿐만 아니라, 식당이나 꽃집, 심지어 의료업에까지 소셜쇼핑의 열풍이 불고 있다. 티켓몬스터, 위메이크프라이스, 쿠팡, 지금샵 등의 회사들이 버스 외벽에 광고도 하면서 그런 대로 위세를 떨치고 있다. 바야흐로 소셜쇼핑 붐이다.

소셜쇼핑의 급성장은 페이스북이나 트위터, 미투데이 같은 이른바 SNS의 급신장에 따른 결과이다. 이들 SNS사이트에서는 소셜쇼핑 광고가 넘치고 있다. 물론 지난해부터 불붙은 스마트폰 보급 확대의 영향도 매우 크다.

문제는 소셜쇼핑이라는 새로운 거래방식이 급속히 형성되다 보니 법이나 제도가 뒷받침하지 못하는 데 있다. 더욱이 수많은 업체들이 난립하다 보니 시장에서 이익을 추구하기보다는 우선 선점하고 보자는 막가파식 업체들도 생겨났다.

결과적으로 시장에 진입하는 업체 수만큼 손해 보고 문 닫는 업체도 늘어나고 있다. 그러다 보니 크고 작은 소비자불만이나 피해가 늘어나고 있는 것이다.

> 어떤 소비자가 스마트폰을 이용한 모바일쇼핑으로 강남의 고급 레스토랑 식사 쿠폰을 50% 할인 가격에 샀는데, 막상 식당에 가서 보니 해당 메뉴는 상시할인 중이었다. 속았다는 생각은 들었지만 그렇다고 사기행위로 보기는 어려워서 마땅히 항의하기가 쉽지 않았다.
>
> 또 다른 소비자는 티켓몬스터에서 그룹사운드 '부활'의 1박 2일 콘서트 티켓을 장당 8만 9천 원에 석 장을 구입했는데, 개인 사정으로 갈 수 없게 돼 한 장을 환불해 달라고 요청했다. 하지만 업체에서는 판매된 티켓이 대폭 할인해 준 것이라며 환불을 거절했다. 공연 한참 전에 환불을 요청했는데도 할인표라는 이유로 환불을 안 해 주는 것은 이해할 수 없는 처사지만, 어쩔 수 없었다.

최근의 한 조사에 따르면 소셜쇼핑 이용자의 10%가 이와 비슷한 피해 경험을 갖고 있었다. 그중 70%는 식음료 부분에서 피해를 입었는데, 대부분 광고와 실제가 서로 다른 경우였다. 심지어 정상 가격으로 구매한 사람들보다 더 나쁜 차별대우를 받았다는 응답도 많았다.

이러한 소셜쇼핑에 따른 소비자 피해는 앞서 말했듯이 적용할 적절한 법이나 제도적 대비가 미흡해 사실상 구제나 보상이 쉽지 않다. 아직까지는 해당 업체에 직접 항의하는 수밖에 없는 실정이다. 이용하는 사람이 늘수록 소비자 피해도 어쩔 수 없이 증가될 것으로 보인다.

보다 싼 가격의 상품을 구매할 수 있다는 점은 소비자에겐 큰 메리트다. 관련된 조사에서 응답자의 10명 중 8명이 계속 소셜쇼핑을 이용하겠다고 했다는데, 그만큼 기획된 박리다매를 통한 가격 메리트는 소비자의 구미를 당기게 되는 것이다.

SNS를 기반으로 해서 상품을 홍보하고 판매까지 하는 거래는 아직까지 소셜쇼핑이 유일하다. 스마트폰과 같은 모바일 수단의 급속한 확대로 소셜쇼핑이 더욱 발전할 것으로 보인다. 하지만 소셜커머스의 최대 걸림돌은 소비자의 불만이다. 아무리 가격의 이점이 크고 신기술의 편리한 쇼핑이 가능해지더라도 고객들이 만족하지 못한다면 소셜쇼핑의 성장 가능성은 크지 않을 것이다.

최근에 정부에서도 소셜커머스의 법적 지위를 전자상거래 소비자보호법상 '통신판매업'으로 규정하여 결과적으로 소비자피해의 해결이 일정 부분 가능하게 되었다. 소비자들이 에스크로(구매안전) 서비스도 이용할 수 있도록 하고 있어 점차 소셜커머스로 인한 소비자 피해가 줄어들 것으로 기대된다.

하지만 이것만으로는 부족하다. 전문적인 연구와 검토를 통해 소셜커머스 산업 발전과 이용자 피해를 예방할 수 있는 정책을 펴야 한다. 또한 주어진 규제수단을 통해 부당하거나 위법한 업체들의 행위는 철저하게 단속하고 처벌해야 한다.

소비자들도 소셜쇼핑 사이트의 정보를 꼼꼼히 확인하고 환불 가능 여부 등을 잘 살펴봐야 한다. 만일 사이트상에 부당한 내용의 정보가 있다면 소비자보호 기관이나 단체에 연락해서 고쳐지도록 해야 한다.

개인적인 생각으로는 소셜쇼핑 시장이 앞으로도 계속 성장하리라 본다. 유무선 인터넷을 이용하여 공동으로 제품과 서비스를 싼 가격에 거래하고 이용할 수 있는 큰 장점으로 인해 구매자와 판매자 모두에게 이익을 주기 거래방식이기 때문이다. 소셜쇼핑이라는 새로운 상거래 시장은 기업들의 경영활동을 촉진시키고 경제발전에도 기여하게 될 것이다.

이제 막 피기 시작한 소셜커머스라는 상거래 방식이 앞으로 어떻게 진화해 갈지, 소비자들은 자신의 권리를 지키기 위해 어떤 역할을 하게 될지 궁금하다.

없는 게 없는 오픈마켓

하루가 다르게 변하는 전자상거래 환경에서 최근 수년간 주목받는 대표적인 사업형태가 오픈마켓(open markets)^{tip!하나}이다. 판매자와 구매자가 온라인에서 만나, 저렴하고 질 좋은 상품을 골라 거래한다는 장점 때문에 오픈마켓은 급속히 성장하고 있다.

지난 2003년까지만 해도 인터넷쇼핑몰 시장의 11%를 차지하는 8천억 원 정도였던 오픈마켓 시장규모는 매년 2배 이상 늘어나 2007년에 7조 원 대에 머물고 있는 인터넷쇼핑몰 규모를 추월했고, 2010년에는 12조 원 규모로 성장했다(한국온라인쇼핑협회 및 통계청 자료). 전체 인터넷쇼핑몰 시장에서도 G마켓과 옥션 등 오픈마켓 쇼핑몰이 매출 부분에서 각각 1, 2위를 차지하고 있는 실정이다.

오픈마켓의 규모가 확대되는 이면에는 이와 같은 선도업체들뿐 아니라 대형 기업들과 영세중소업체들의 자유로운 시장진입도 한 몫을 차지하고 있다. 얼마 전에는 11번가가 성공적으로 진출했고, 최근에는 네이버(NHN)가 시장 진출을 선언하며 선도업체들과 싸움을 걸고 있다.

일반상거래나 인터넷쇼핑몰거래에서는 구매하기 어려운 골동품이나 희귀품, 가짜명품을 의미하는 짝퉁상품과 불법복제물 등이 공공연히 거래되며, 외국에 서버를 둔 해외 사이트의 경우 마약, 음란물, 무기류가 거래되는 경우가 있다. 일전에는 해외 유명 사이트에서 몇 시간의 해프닝이었지만, 신체의 일부나 사람(연인)이 대상물로 올라와 오픈마켓의 윤리문제가 부각된 경우도 있었다(중국에서는 한 돌 지난 여자아이가 온라인 경매 물품으로 오픈마켓에 올라오기도 했다). 정확하지는 않지만 약 5만여 종의 상품이 오픈마켓에서 거래되는 것으로 추정된다.

오픈마켓에서의 거래가 급증하다 보니 관련된 소비자 불만이나 피해도 늘고 있다. 내가 종사했던 한국소비자원에 접수되는 소비자불만이나 피해사례를 보면, 다양한 모습을 보이고 있으나, 최근에는 위조품, 가짜명품에 관련된 사례가 많다.

거래되는 상품이 다양하다 보니 피해 형태도 다양하다. 역시 거래량이 많은 의류나 신발, 가방과 같은 신변제품이 횟수 면에서 가장 많은 편이다. 송금하였으나 상품을 못 받았다, 배송해 준다는 약속을 지키지 않거나 늦어진다, 환불을 거절한다 등의 사유가 일반적인 경우이다.

그런데 문제는 오픈마켓을 통해 거래할 때에는 소비자가 피해를 입어도 법상 적절한 보상이 어려울 수 있다는 점이다. 오픈마켓에서의 거래는 기본적으로 당사자 거래이며, 옥션이나 G마켓과 같은 업체(이를 중개업자라고 한다)들은 엄밀히 말해 중개업자의 위치일 뿐 거래당사자가 아니라는 점이다.

전자상거래소비자보호법에서는 소비자피해에 대한 이러한 중개업자의 연대책임을 규정하고는 있지만, 법상 그 책임을 면할 수 있게 되어 있었다. 즉, '중개업자는 판매업자에게 의뢰받아 통신판매 중개를 함에 있어서 의뢰자가 책임지는 것으로 약정하여 소비자에게 고지한 부분에 대해서는 의뢰자가 책임'임을 규정하여, 오픈마켓에서 판매자가 사기나 부당행위를 하더라도 오픈마켓업자는 법적 책임에서 면제되었다. 그 결과 현행 법상 일반적 인터넷쇼핑몰(B2C)^{tip!둘} 거래에서의 각종 안전장치에 비해 법의 사각지대에 놓여 있었다고 할 수 있다. 다행히도 지난 연말에 이러한 단서조항이 삭제된 법개정이 이루어져 통신판매 중개업자의 연대책임을 물을 수 있게 되었다.

더우기 이들 중개업자들도 사회적 책임을 져야 한다. 오픈마켓의 특성상 온라인 쇼핑몰보다는 신뢰도가 낮겠지만, 그렇다고 가짜 상품을 판매토록 하고도 책임지지 않아도 된다는 것은 아니다. 사실 일부 선도 업체들은 자체적인 안전장치를 마련하여 도의적 책임을 다하고 있는 실정이다.

지난 2006년 4월부터 시행된 에스크로 제도^{tip!셋}가 이제는 어느 정도 정착되어 오픈마켓에서의 소비자피해가 다소 줄어든 것으로 보인다. 정부에서도 제도의 활성화를 위해 노력해 왔고, 업계에서도 협회 등을 중심으로 소비자와 업계 대상으로 정보제공

노력을 기울이고 있다.

하지만 오픈마켓에서의 소비자피해를 줄이고 관련 시장에 대한 소비자신뢰를 높이기 위해서는 현행 법제도상의 문제점에 대해 연구하고 개선해야 한다.

또한 시장에서 소비자들의 올바른 선택을 위해서 약관^{tip!넷}을 소비자가 알기 쉽게 만들어야 할 필요가 있다. 소비자들이 약관을 제대로 알아야 자신의 권리를 주장할 수 있는 것이다.

다 같이 행복해지는 오픈마켓을 만들기 위해서는 소비자들도 적극적으로 행동해야 한다. 신뢰받는 오픈마켓은 소비자 스스로 만드는 것이다. 소비자의 선택을 통해 오픈마켓업체나 판매자들의 옥석이 가려지므로, 해당 사이트에서 댓글을 통해 비판하고 격려하면서 소비자들도 적극적으로 참여해야 한다. 오픈마켓과 같은 소비자 간(C2C) 거래에서의 피해는 일차적으로 당사자 책임임을 인지하고, 소비자 스스로 자신의 책임 아래 거래를 해야 할 것이다.

오픈마켓은 말 그대로 열린 장터다. 시중 장터 거래에서의 소비자피해는 거래당사자 간의 문제이지만 인터넷 오픈마켓은 상황이 다르다. 소비자들은 장터 제공자('통신판매 중개자' 또는 '오픈마켓 사업자'라고 한다)를 믿고 오픈마켓에서 물건을 사는 경우가 많다. 옥션이나 G마켓의 이름을 믿고 사이트에서 거래했는데 피해를 당한 경우 이들 '중개업자'들이 나 몰라라 하는 것은 문제가 있다.

정부에서도 중개자의 중개책임을 강화하는 법 개정을 추진해 왔다. 중개자의 연대배상책임을 분명히 하며, 중개의뢰자(입점자)의 신원정보를 소비자에게 제공하는 것을 의무화하고 그 관리책임을 강화하는 내용을 담고 있다. 즉, '책임 없음' 고지만으로 중개자 책임이 면해질 수 있던 규정을 고쳐서 중개자의 '상당한 주의의무'를 요구하고 중개의뢰자와 연대책임을 지도록 하고 있다.

이러한 내용의 전자상거래소비자보호법 개정안이 2011년 12월 29일 국회를 통과했다. 법시행 유예기간이 끝나는 올 7월부터는 피해 소비자가 오픈마켓에 책임을 물을 수 있게 돼 보다 쉽게 분쟁을 해결할 길이 열리게 된다.

인터넷을 통한 전자상거래는 다양한 형태를 보이고 있다. 거래주체별로는 기업과 소비자와의 거래(B2C), 기업과 기업 간 거래(B2B), 소비자와 소비자 간 거래(C2C)가 활발히 이루어지고 있다. 최근에는 기업과 정부 간(B2G)에 인터넷을 통해 물건을 사고팔거나 정보를 주고받으며, 정부와 소비자 간(G2C)에도 온라인거래가 이루어진다. (B는 business, C는 consumer, G는 government를 나타낸다.)

에스크로 서비스(escrow service)는 소비자가 지불한 상품 대금을 은행과 같은 제3자가 예치하고 있다가 배송이 정상적으로 완료된 후에 대금이 판매자에게 지급되도록 하는 거래안전장치이다. 나는 인터넷 상거래에서의 소비자보호 방안의 하나로 에스크로 제도에 관해 연구해 왔는데, 이 책에서도 에스크로 제도에 얽힌 에피소드들을 소개하고 있다.

상품을 사고파는 계약의 당사자가 다수의 상대편과 계약을 체결하기 위해 일정한 형식에 따라 미리 마련한 계약의 내용을 약관(約款)이라고 한다. 쉽게 말해 인터넷 판매 사이트에서 물건을 사거나 회원으로 가입할 때 '동의'하라고 해당 사이트에서 보여 주는 깨알 같은 내용들을 말한다. 보험약관, 운송약관, 대리점계약서, 용역경비계약서 등이 모두 약관인 것이다. 이 책의 다음 얘기가 인터넷약관에 관한 것이니 잘 음미해 보기 바란다.

인터넷 거래약관과 친구하기

90년대 중반 우리나라에 처음 도입된 전자상거래가 이제 거래 규모가 연간 800조 원에 이를 정도로 크게 성장했다. 인터넷을 통한 다양한 형태의 상품 거래로 많은 소비자들이 혜택을 누려 왔지만 한편으로 뜻하지 않은 피해를 보는 경우도 왕왕 있다.

온라인 거래에 관한 소비자문제를 연구하면서 인터넷 이용자를 대상으로 온라인쇼핑에 관한 설문조사를 했던 적이 있다. 조사 결과 전체 응답자의 17%가 최근 6개월 내에 적어도 한두 번의 피해를 경험했는데, 그중에는 정당한 계약해제 요청을 거절당하거나 계약이 일방적으로 변경되는 등 불공정한 약관에 관련된 경우도 상당수 있었다.

또 대부분의 피해자가 해당 사이트를 상대로 피해구제를 신청했지만 보상받은 경우는 35%에 불과했는데, 보상받지 못한 사유 중에는 약관상 보상받을 수 없는 경우도 15%가 됐다.

이러한 결과를 볼 때 전자상거래 소비자의 불만 내지 피해의 배경에는 온라인 거래시장의 폭발적인 성장과 제도의 미비 등 여러 요인이 있을 수 있으나 소비자의 약관에 대한 이해 부족, 소비자에게 불리한 불공정한 약관조항, 불공정약관에 대한 감시소

홀 등 온라인 거래 약관에 관련된 원인도 상당부분 있을 것으로 생각된다.

비슷한 거래가 반복적으로 이루어지는 오늘날의 대량소비사회에서는 약관에 의존하는 거래(계약)가 매우 빈번하다. 사실 인터넷을 통한 온라인 거래의 경우 거의 대부분 온라인 거래사이트에서 제시되는 약관에 이용자가 동의(user agreement)한다는 의사표시를 함으로써 거래가 이루어지고 있는 실정이다.

이러한 약관에 의한 계약에는 여러 장점이 있다. 집단적 거래를 간편하고 신속하게 이루어지게 하고, 관련법의 미흡한 점을 보완하여 기업의 합리적 경영을 가능케 해 준다. 그렇지만 계약자유의 원칙을 제한할 뿐 아니라 불공정한 계약조항에 따른 소비자피해의 발생과 같은 단점들도 있다.

따라서 부당한 약관에 대한 규제는 공정한 시장경쟁의 확립뿐 아니라 소비자 보호를 위해서도 매우 중요한 정책 수단의 하나라고 볼 수 있는 것이다.

온라인거래 약관에 관해 연구하면서 종합온라인쇼핑몰과 전문 사이버몰, 인터넷 경매서비스사이트, 예약·교육콘텐츠 서비스 등 여러 온라인 거래분야 업체들이 사용하고 있는 약관들을 실제로 조사해 보았다. 그 결과 법에 위배되는 불공정한 조항을 담고 있는 업체들도 적지 않았다.

업체들 중에는, 반품이나 분쟁 해결에 관한 규정들을 의도적으로 포함시키지 않아서 소비자에게 불리한 사항을 담고 있는 경우도 있었다. 또 내용이 너무 길거나 어려운 법률용어로 되어 있어 누리꾼들이 쉽게 읽을 수 없거나 이해할 수 없는 경우도 많았다.

이러한 인터넷 약관상의 문제들이 해소될 수 있다면 온라인쇼핑에서의 소비자피해도 어느 정도 줄어들 수 있을 것이다. 그렇다면 어떤 방안이 가능할 것인가? 구체적인 해결책은 관계 전문가나 정책담당자들이 고민해야 하겠지만 몇 가지 방향은 제시해 볼 수 있겠다.

우선, 인터넷약관의 형식을 간소화하는 것이다. 약관의 내용 중 소비자에게 꼭 전달해야 할 필수사항을 정부에서 지정해 주거나 약관의 핵심요약본(요약약관)을 별도로 게시토록 할 수 있다. 기업들도 사이트에 게재하는 약관의 내용을 쉽게 작성하여 누구나 이해할 수 있도록 하고, 소비자에게 꼭 전달할 사항으로 마련된 요약된 약관을 게시하는 등 수요자 중심의 서비스가 필요하다.

덧붙여, 약관의 문장을 법률가가 아니더라도 쉽게 이해할 수 있도록 쉬운 용어로 작성하도록 하고, 소비자가 알고 싶은 내용을 정확히 기재하면 좋겠다. 약관에 관련된 대부분의 소비자 피해가 표준약관^{tip!하나}이 아닌 소비자에게 불리한 조항을 담고 있는 개별 약관을 사용하는 업체와 관련되어 있다. 따라서 쇼핑몰들이 표준약관을 가능한 한 준용토록 하는 것이 좋겠다.

약관이나 표준약관에 대한 이해가 부족하여 소비자에게 불리하거나 법규를 위반하는 업체들을 대상으로 부당·불공정약관에 대한 홍보를 통해서 사업자의 약관에 대한 관심과 이해를 높일 필요도 있다. 이 역할은 정부나 사업자단체뿐 아니라 소비자전문기관이나 단체에서도 담당할 수 있을 것이다.

정부에서는 기업들이 소비자에게 일방적으로 불리한 약관을 사용하지 않도록 지도하고, 법을 위반하여 이용자에게 피해를 준 기업이나 온라인 판매자에 대해서는 엄정한 벌칙을 가해야 할 것이다.

소비자들 역시 온라인 거래약관에 대한 이해수준을 높여야 한다. 온라인 거래에서 소비자가 약관의 기능과 그 내용에 관해 잘 알고 있다면 발생되는 피해를 효과적으로 예방하거나 줄일 수 있을 것이다.

조사 결과 소비자들의 절반은 약관의 의미를 잘 모르고 있으며, 약관의 내용을 제대로 읽는 경우는 필요한 부분만 골라 읽는 경우를 포함하더라도 전체의 14%에 불과했다. 짐작컨데, 지금은 그 비율이 더 낮아졌을 것이다. 이유야 어떻든 이와 같이 약관내용을 무시하거나, 읽더라도 이해하지 못한 상태에서 이루어지는 거래는 늘 피해발생의 소지를 안고 있는 것이다.

인터넷으로 거래할 때에는 메인화면에 표시되는 약관 내용을 필히 확인하고, 내용을 숙지한 후에 거래에 동의 여부에 클릭해야 할 것이다. 복잡하고 어려운 약관내용 등 소비자를 불편하게 하는 여러 문제들은 정책 차원에서 개선되어야 하겠지만, 소비자도 부당한 피해를 막기 위해 약관이라는 온라인 거래에서의 계약 방식에 익숙해질 필요가 있다.

이제부터는 마음먹고 온라인 거래약관과 친구하기를 시도해 보면 어떨까?

택배 표준약관, 전자상거래 표준약관, 생명보험 표준약관 등 '표준약관'이라는 말이 소비생활에서 종종 사용된다.

계약자가 다수의 거래상대방과의 계약 체결을 위해 일정한 형식으로 미리 마련해 놓은 계약의 내용을 '약관(約款)'이라고 함은 앞에서 보았다. 이러한 약관은 대개 계약의 일방당사자가 일방적으로 작성해서 사용하게 되므로 종종 불공정한 내용을 담아 소비자에게 피해를 주기도 한다.

표준약관이란 이러한 일반적 약관의 문제를 줄이기 위해 정부의 권유나 사업자들 스스로 해당 거래 분야의 표준이 되는 약관을 미리 정해 놓은 것이다. 표준약관은 민원과 분쟁 소지가 있는 불공정한 약관을 심사하는 기능을 갖는다.

온라인 전자상거래 시장의 경우 그 특성상 늘 새로운 사업과 계약 형태가 생겨나고 있는데, 이러한 새로운 거래가 나타날 때마다 적절한 약관이 마련되어 공정한 거래가 이루어질 수 있도록 해야 한다. 하지만 현행 전자상거래 표준약관의 경우 이러한 다양한 형태의 온라인 거래 분야에 포괄적으로 준용하는 데 다소의 무리가 따른다. 따라서 현행 표준약관을 개선하든지 아니면 이에 준하는 대응책이 필요하다.

그렇지만 전자상거래를 둘러싼 환경과 기술은 지속적으로 변화하고 발전해 나갈 것이므로, 전자상거래표준약관을 그러한 변화와 발전 속도에 맞추어 계속 갱신해 나가기는 쉬운 일이 아니며 한편으로 비효율적일 수도 있을 것이다. 따라서 현행 전자상거래 표준약관의 제도운용 방향에 대한 충분한 검토가 뒤따라야 하겠다.

스팸메일 에피소드

다진 고기통조림, 그리고 다수 수신인에게 무더기로 보내진 전자우편의 공통점은? 둘 다 스팸(spam)으로 불린다는 것이다.

이 두 가지는 서로 관련이 있다. 스팸은 원래 미국의 호멜(Hormel)이라는 식품회사가 만든 다진 돼지고기 통조림의 이름에서 유래됐다. 호멜사는 1937년 당시로서는 파격적인 상품(스팸) 광고를 대대적으로 실시했는데 그 광고 공세가 사람들에게 하나의 공해가 되었던 것이다. 그때부터 사람들을 괴롭히는 대량의 광고를 스팸으로 부르게 되었다고 한다.

스팸메일은 전자우편(E-mail) 이용자가 받기 원치 않는 광고를 말하는데, 요즘은 불필요한 인터넷 메일뿐 아니라 불필요한 휴대전화 문자서비스(SMS)도 스팸이라 부른다. 스팸메일은 수신자의 불편을 유발하여 광고효과를 떨어뜨릴 뿐 아니라, 수신자의 사생활 침해와 업무 방해 등 여러 사회 문제를 초래한다. 스팸메일을 주제로 한 두 편의 글을 소개한다.

이메일 스팸과 옵트인 규제

휴대전화나 팩스를 통한 수신자의 사전 동의 없는 상업광고를 금지하는 이른바 옵트인(Opt-in) 제도가 도입된 지 7년이 지났다. 그 후로 휴대폰으로 수신되는 광고(스팸)가 많이 줄었다. 이틀에 한 번 정도 들어오던 성인광고 메시지도 뜸해졌다. 소비자에겐 원치 않는 광고 메시지로부터 자유로울 수 있게 되어 다행한 일이지 싶었다.

그런데 언제부턴가 새로운 형태의 광고성 메시지가 전달되기 시작했다. 소개한 사례와 같이 개인전화번호를 이용한 광고방식, 전화를 걸어 발신자전화번호를 남긴 후 바로 끊어 수신자의 호기심을 유발하는 방식, 문자메시지로 무선인터넷주소를 보내 접속토록 유도하는 방식의 전화와 문자메시지가 계속 수신되고 있다. 옵트인 제도의 허점을 노린 신종 스팸들이다.

책상 위 컴퓨터는 매일 아침 주인으로부터 언짢은 소리를 듣는다. 간밤에 쌓인 이메일 스팸 때문이다. 스팸메일 때문에 수신용량이 초과되었다며 불평하는 주인의 찡그린 모습을 보며 아침을 시작하기도 한다.

스팸메일은 소비자를 불편하게 할 뿐 아니라, 생산적인 활동을 제약한다. 수없이 들어오는 이메일 속에서 스팸을 골라내고, 스팸메일함 속에 딸려 들어간 알곡을 골라내야 하는 과정에 적잖은 시간과 정력이 소모된다.

스팸메일은 또한 개인의 프라이버시(사생활)를 침해한다. 스팸발송자가 내 전화번호나 이메일주소를 어떻게 알았을까? 다른 신상정보나 금융정보까지 갖고 있는 것은 아닐까 염려된다. 15년 전 엽기적 살인행각으로 우리에게 큰 충격을 주었던 '지존파

사건'에서 범인들이 백화점에서 빼낸 고객의 신상정보를 이용해 범행대상을 골랐다는 사실을 떠올리자 머리가 오싹해진다.

유무선전화나 팩스에 대해서는 수신자의 사전 동의를 필요로 하는 옵트인(opt-in)^{tip!하나} 방식의 스팸억제 제도가 시행되었지만, 인터넷을 통한 이메일 스팸에 대해서는 아직까지 수신자의 사전 동의 없이도 메일의 전송이 가능하다. 법에서 정한 대로 '광고'라는 표시를 하고 본문에 수신거부방법까지 표시한 경우에는 법적으로 막을 방법이 없다.

근본적인 대책은 유무선 전화 스팸과 같이 이메일스팸에 대해서도 수신자의 사전 동의를 받도록 하는 것이다.

하루빨리 옵트인 방식의 인터넷 이메일스팸에 대한 규제가 이루어져야 하겠다. 또한 현행 유무선전화 등의 옵트인 규제를 교묘히 피해가는 신종 스팸에 대해서도 소비자의 적극적인 신고와 정부의 엄격한 제재가 있어야 한다.

스팸과 프라이버시

요즘 다양한 형태의 개인정보가 수집되고 관리될 뿐 아니라, 대량으로 전파되고 있다. 문제는 그러한 개인정보의 활용 과정에서 당사자 의사와는 무관하게 개인의 프라이버시가 공개되거나 상업적 목적으로 거래되어 심각한 피해를 입는 경우가 종종 발생하고 있다는 점이다.

요즘 사회문제가 되고 있는 보이스피싱의 대부분이 중국 해커들에게 넘어간 개인정보에 기인한다고 한다. 이름과 주민번호, 전화번호, 주소, 아이디와 비밀번호 등이 파일로 만들어져서 사이버공간에서 사고팔린다니 무서운 세상이다.

이러한 개인정보 노출로 인한 프라이버시 침해문제는 전자상거래의 발전에 따라 더욱 확산되고 있다. 특히 인터넷메일이나 휴대폰 SMS를 통해 하루에도 수십 통씩 전달되는 상업광고(스팸메일)는 소비자의 불편함을 넘어 심한 정신적 스트레스를 주게 된다. 특히 휴대폰의 경우 이용자의 사전 동의 없이 광고의 발송을 금지하는 옵트인 제도가 수년 전에 도입되었음에도 '정보쓰레기'는 계속 전달되고 있다.

문제의 심각성은 소비자들이 이러한 스팸 메시지를 받지 않기 위해 수신 거부의사를 표명하고 휴대폰 서비스 중 필터링 기능을 사용하더라도 효과가 없는 경우가 많다는 점이다.

최근에는 스파이웨어와 같은 신종 컴퓨터바이러스가 개인정보 유출의 주된 요인이 되고 있다. 이러한 악성 프로그램들이 인터넷 이용자의 주민등록번호나 패스워드, IP주소뿐 아니라, 이용자가 접속해 본 주소(URL) 목록 등 개인의 민감한 정보까지 몰래 빼내어 사생활을 침해하거나 사이버범죄에 악용하는 사례가 종종 발생하고 있다.

프라이버시 보호가 헌법으로 보장된 나라에서 개인의 신상정보가 제멋대로 유통된다는 것은 해당 당사자뿐 아니라 사회적으로도 심각한 문제가 아닐 수 없다. 특히 인터넷쇼핑이나 온라인 경매 등 전자상거래 과정에서 발생하는 프라이버시 침해문제는 시급히 해결해야 할 소비자문제의 하나이다.

온라인상 프라이버시 침해 문제는 관련 산업의 발전과 서로 맞물려 있기 때문에 기업의 자율적인 기술개발과 서비스 제공, 정부의 법제도의 보완, 그리고 소비자의 적절한 호응이 서로 맞물려야 제대로 효과가 발휘될 수 있다.

국경을 초월하는 전자상거래의 특성상 국내적 대처와 더불어 국제적 협력도 요구된다. 따라서 OECD와 같은 국제기구나, 중국과 일본 등 이웃나라와의 협력을 통해 이러한 전자상거래 프라이버시 문제에 함께 대처해야 할 것이다.

광고성 이메일을 수신할 것에 동의한 사용자들에 대해서만 이메일의 발송을 허용하는 것을 옵트인(opt-in) 방식의 규제라고 한다. 우리말로는 '사전허락 이메일'쯤 되겠다. 반면에 옵트아웃(opt-out)은 옵트인과는 반대로, 이메일 수신자의 명시적인 거부의사가 없으면 광고성 이메일의 발송이 허용된다.

옵트인 방식으로 규제하는 경우 사전에 수신을 허락한 사람에게만 메일을 보낼 수 있으므로, 사전에 동의한 적이 없는 불특정다수에게 메일을 보내는 것은 모두 불법이다. 반면에 옵트아웃 방식은, 일단 메일을 보낸 뒤에 수신거부한 사람에게만 보내지 않으면 된다. 따라서 옵트인 방식이 옵트아웃 방식보다 훨씬 강력한 규제라고 할 수 있다.

그렇지만 규제만이 능사는 아니다. 이메일에도 옵트인 방식을 도입할 경우 보완해야 할 사항이 있다. 영세한 업체들의 마케팅 기회를 늘려주는 정부의 지원과 민간 차원의 대책이 필요하다. 또 광고하려는 업체들이 어떻게 소비자들에게 사전동의를 구할것인가에 대한 합당한 수단이 제공되어져야 할 것이다.

미국에서는 이메일스팸으로부터 소비자를 보호하기 위해 2008년에 전화금지개선법(Do-Not-Call Improvement Act)을 제정해 광고용 스팸문자나 전화를 금지했다. 물론 이 법을 어긴 사람은 처벌을 받는다. 물론 우리나라도 스팸메일을 법으로 규제하고 있다. 제목 앞에 '광고'나 '성인광고'와 같은 문구가 없는 광고성 이메일은 불법이며 원치 않는 사람에게는 보낼 수 없다. 또한 청소년 유해물은 광고메일 자체를 보낼 수 없다. 위반한 경우 1천만 원 이하의 벌금 등을 문다.

법적 장치를 교묘히 피해 가는 다양한 스팸메일 수법들 앞에 피해를 줄이기 위해서는 일반 이용자 스스로 조심할 수밖에 없다. 자신의 전자우편주소와 개인정보를 주의해서 관리하고, 이메일 프로그램의 여러 수신차단 기능을 사용할 수 있다. 또, 인터넷서비스 가입 시 광고메일 '수신하지 않음'을 선택하도록 하고, 스팸메일 발신자에게는 수신거부 의사를 전달한다. 불법적 스팸에 대해서는 적극적으로 신고하도록 한다.

 # 전자상거래 피해방지 묘책

　　3년간의 미국생활을 마치고 복귀한 나에게 직장은 전자상거래 분야 정책연구라는 임무를 부여했다. 때마침 전대미문(前代未聞)의 온라인쇼핑 사건이었던 '하프플라자(halfplaza.com)사건'이 터졌고, 그 후에도 유사한 사기성 온라인 쇼핑 피해가 계속해서 발생됐다.

　　나는 미국에서 배웠던 부동산분야 에스크로 제도에 착안하여 '전자상거래에서의 에스크로 서비스'에 관한 연구를 급히 수행했고, 그 결과로 얻은 정책방안들이 온라인거래 안전장치의 하나로 지금의 전자상거래소비자보호법에 반영됐다. (제도적으로는 에스크로 시스템을 '결제대금예치제' 또는 '거래안전서비스'라는 이름으로 부르고 있다.) 자신의 노력이 소비자보호라는 가시적인 성과를 얻게 된 점은 보람된 일이고, 나에게 그런 기회를 준 직장에 지금도 감사하는 마음이 앞선다.

　　"인터넷에 가짜 쇼핑몰을 차려 놓고 돈만 챙겨 가는 사기 행각이 극성을 부리고 있다." 요즘 TV나 신문에 자주 보도되는 뉴스의 하나다.

  실제 소비자보호단체나 기관에 접수되는 피해 사례를 보면, 고
가의 상품이나 유명 브랜드의 상품을 싸게 판매한다는 광고성 e
메일로 고객을 유인한 뒤 현금을 챙겨 사라지는 인터넷쇼핑몰 사
기 사건이 자주 발생한다.

  인터넷을 통한 온라인 거래는 상품을 파는 사람과 사는 사람이
대면하지 않고, 대금 결제 후 상품을 배송받는 '선지불 후배송'이
관행이어서 뜻하지 않게 사기를 당할 수 있다. 실제 대금을 송금
했는데도 상품을 받지 못하거나 엉터리 제품을 받는 경우, 그리
고 환불과 교환을 요구해도 이런저런 핑계로 미루다 결국 해당
사이트가 폐쇄돼 피해를 보는 경우가 해마다 늘고 있는 것이다.

  실제로 지난 2003년 초에 초대형 사건이 있었다. 이른바 모든
상품을 시중의 반값에 판매한다는 '하프몰(half price mall) 서
비스'를 표방한 한 온라인 쇼핑몰의 비정상적인 영업으로, 10만
여 명이나 되는 구매자들이 자그마치 300억 원이 넘는 큰 피해
를 본 사건이다. 지금까지도 이러한 대형 사고부터 악덕업자의
소규모 사기 판매까지 온라인 사기 판매 사건이 이어지고 있는
것이다

  이런 사기성 온라인거래 피해는 당사자인 판매자에게 (또는 쇼
핑몰과 연대해) 그 책임을 지우는 것이 당연하다. 하지만 판매자
가 사기성 부도를 내거나 잠적한 경우 또는 악덕 판매자의 경우
에는 피해를 보상받기 매우 어렵다. 구매 대금을 현금이나 전자
화폐로 지급한 경우에는 현행법 테두리 내에서 보상받기가 거의
불가능한 실정이다.

그렇다고 이런 인터넷쇼핑 사기로 인한 피해 부담을 구매자에게만 지울 수는 없다. 왜냐하면 이런 경우의 소비자 피해는 대부분 법이나 제도의 허점을 이용한 사기이기 때문이다. 따라서 정부에서는 해당 법과 제도를 보완하고 소비자에게 올바른 정보를 제공해 예상되는 피해를 줄여 나가야 한다.

온라인 거래에서 구매자 피해를 예방하고, 발생된 손해를 실질적으로 보상해 줄 수 있는 장치 중의 하나로 '에스크로(escrow)'라는 것이 있다. 금융기관과 같은 믿을 수 있는 제3자(에스크로 에이전트)가 구매자의 결제대금을 맡고 있다가 상품이 정상적으로 구매자에게 배송된 후 대금을 판매자에게 보내 주는 결제대금 예치제도이다. 외국에서는 부동산 거래와 같은 오프라인 거래뿐 아니라 온라인 거래에서도 구매자 선택사항으로 활용되는 경우가 많다.

우리나라도 지난 2006년 4월부터 이 제도가 도입되어 시행 중이다. 기존의 전자상거래소비자보호법과 시행령을 개정해 에스크로(escrow)라고 불리는 제도가 시행된 것이다.

에스크로는 구매자 보호뿐 아니라 판매자를 보호하는 측면도 있으며, 전자상거래를 더욱 발전시키기 위해서도 에스크로 제도가 잘 정착되어야 한다. 안전한 거래가 보장된다면 소비자들은 편리하고 저렴한 온라인 시장을 더 많이 이용하게 될 것이다.

이러한 결제대금예치제도에 대해 시장에서 잘 기능(function)하지 못하는 실패한 제도라고 보는 시각도 없지 않다. 법에 따라

많은 인터넷 상거래 사이트들이 에스크로를 포함한 거래안전서
비스를 안내하고 있지만, 정작 소비자들은 별 관심이 없다는 것
이다.

　내 생각은 좀 다르다. 제도 도입에 직접 관여한 당사자로서, 당
초 구상하고 제안했던 것과는 거리가 있기는 했지만 시행된 지 5
년이 지난 이 제도가 현재까지 순방향으로 기능하고 있다고 생
각된다. 역설적인 예로, 법을 어기는 사람이 없어서 사람들이 그
법의 존재를 의식하지 못할 때에도 해당 법의 존재가치는 없어지
지 않는다.

　에스크로 제도도 마찬가지이다. 비록 소비자들의 이용이 신통
찮더라도 그러한 법적 장치의 존재는 안전한 거래 환경을 유지
시키는 데 일정부분 역할을 하고 있는 것이다. 물론 시장 시스템
이외의 에스크로 제도가 무용지물이 되어 언젠가 폐기되는 것이
바람직함은 두말할 나위가 없다.

　어쨌든, 현재의 에스크로 제도가 여러 문제점이 있다는 점을
전제할 때, 소비자 보호 측면에서 제대로 정착하기 위해서는 몇
가지 보완 대책이 필요하다고 본다.

　우선, 게임이나 인터넷콘텐츠 등 서비스 구매에는 이 제도를
적용하지 않는 현행제도가 재검토되어야 한다. 젊은 층을 중심
으로 콘텐츠 구매가 점점 늘고 있기 때문이다.

　에스크로 사업자의 자격 범위도 문제가 있다. 현재는 제3자뿐
만 아니라 일정 조건을 갖춘 대규모 쇼핑몰 사업자도 에스크로

자격을 가질 수 있도록 하고 있는데 이는 원칙상 올바르지 않다. 소비자 보호를 위해서는 장기적으로 제3자만이 대금을 예치하도록 해야 한다.

결제대금예치제는 1차적으로 온라인 거래 소비자들을 보호하기 위한 것이지만 장기적으로는 온라인 거래의 안전성을 높여 온라인 시장의 활성화에 기여할 것이다.

제도의 성공은 정책 담당자의 의지만으로는 불가능하다. 소비자의 적극적인 제도 활용과 업계의 적극적인 서비스 제공 노력이 뒷받침돼야 한다.

안심거래 길라잡이

요즘 TV나 신문에 자주 보도되는 뉴스 가운데 하나는 인터넷쇼핑에 관련된 소비자피해이다.

고가의 상품이나 유명 브랜드의 상품을 싸게 판매한다는 광고성 e메일로 고객을 유인한 뒤 대금을 챙겨 사라지는 인터넷쇼핑몰 사기 사건이 종종 발생하고 있다. 수년 전 '경매+복권' 형식과 '시중의 절반 값'이라는 비정상적인 영업으로 많은 소비자에게 큰 피해를 준 '하프플라자(halfplaza.com)' 사건 이후에는 초대형사건이 없었지만, 최근에도 소비자들에게 약속한 날짜에 물건을 보내지 않고 특정일에 갑자기 사이트를 폐쇄하여 많은 소비자를 울린 '리치투유(rich2you.com)' 사건 등 크고 작은 사기사건으로 소비자들이 피해를 입고 있는 실정이다.

실제 소비자단체나 한국소비자원 등에 접수되는 온라인 거래에 관련된 소비자 피해는 매년 증가하고 있다. 지난 한 해 한국소비자원에 접수된 전체 소비자불만 중 온라인 거래 분야 비중이 8.5%나 되고 있으며, 피해구제를 요청한 건수도 3천여 건으로 매년 수십 %의 증가 추세를 보이고 있는 실정이다.

이러한 소비자 피해 사례를 보면 그 형태가 매우 다양하다. 앞서 언급한 광고성 e메일에 현혹되어 송금하고 상품을 받지 못하는 피해가 그 대표적인 경우이며, 배달된 상품의 품질이 형편없거나 광고와는 다른 상품이 배달되어 피해를 입거나 정당한 반품 요구가 거절당하는 경우도 많다. 또한 자신도 모르게 서비스이용 사이트에 가입되거나 가입기간이 연장되어 금전적 손해를 보는 경우도 있고, 게임사이트에서 명의가 도용되어 프라이버시를 침해당하는 경우도 있다.

이러한 피해에 대해 소비자들은 제대로 보상을 받지 못하는 것으로 보인다. 한 조사에 따르면 약 65.4%의 소비자가 피해보상을 받지 못하였다고 응답하였는데, 특히 인터넷경매사이트와 전문사이버몰의 경우가 그 비율이 높게 나타났다.

이와 같이 적절한 보상을 받지 못하는 이유 중에는 법이나 제도상의 허점이나 사업자의 비협조 등이 큰 비중을 차지하고 있겠지만, 무엇보다도 소비자가 온라인거래에서의 피해 위험을 과소평가하거나 스스로의 권리를 포기하기 때문으로 보인다.

오프라인 거래와 마찬가지로 인터넷 거래에서도 불법적이거나 교묘하게 사기를 치는 업체들이 많다. 예컨대 일시적으로 사이트를 개설하여 대금만 거둬들인 후 사이트를 폐쇄하는 경우에 소비자는 꼼짝없이 피해를 당할 수가 있는 것이다.

하지만 이러한 피해를 예방할 길이 없는 것은 아니다. 지금까지 발생했던 사기성 사건들을 보면 대개 고가의 명품 브랜드를 지나치게 싼 가격을 제시하거나, 현금입금을 유도하고 추첨식이나 선착순과 같은 사행심을 조장하며, 배송날짜를 의도적으로 늦추는 등의 특징을 보이고 있다.

따라서 이러한 비정상적인 형태를 보이는 업체는 가급적 피하는 것이 좋으며, 일단 의심스러운 사이트는 구매결정을 하기 전에 해당사이트 이용자들의 댓글을 확인할 필요가 있다.

조심했음에도 피해를 입었을 경우에는 즉시 업체나 해당 쇼핑몰에 연락을 취하고, 거래에 관련된 증빙자료를 꼼꼼히 챙겨 놓을 필요가 있다. 또한 약속된 배송이 늦어지거나 환불이 안 되는 경우에는 결제대행업체^{tip!하나}나 금융기관 등에 확인을 요청해 놓아야만 피해를 줄일 수 있다. 만일 판매자와의 해결이 원만히 해결되기 어려울 것으로 판단되면 즉시 전문 기관이나 소비자상담 창구 등에 도움을 요청하여야 할 것이다.

무엇보다도 소비자 스스로 피해를 입지 않도록 세심한 주의를 하는 것이 온라인 거래에서의 피해로부터 자유로울 수 있는 상책(上策) 중의 하나이다.

TIP ! 하나

중소 규모 인터넷쇼핑몰의 전자결제를 대행해 주는 업체들을 결제대행업체 또는 PG사(Payment Gateway Co.)라고 한다. 소비자들이 온라인에서 상품을 구매할 때 결제 처리를 비롯해 승인이나 정산 등 일련의 서비스를 제공하며, 정해진 수수료를 통해 이윤을 창출한다.

온라인 쇼핑몰에서 신용카드로 결제하기 위해서는 카드사들과 각각 계약을 체결해야 하지만, PG사와의 대행계약을 통해 한 번의 계약으로 결제시스템을 이용할 수 있는 것이다. 소비자들 역시 PG사들의 안정된 시스템을 이용함으로써 전자상거래에 대한 불안감을 해소할 수 있다. 대표적인 PG사로는 이니시스와 KCP, 데이콤 등이 있다

인터넷쇼핑: 피해와 예방

    요즘 인터넷을 통한 쇼핑이 보편화되고, 또 관련된 피해도 심심찮게 발생하고 있다.

💬 인터넷쇼핑 즐기시는 분은 인터넷쇼핑만 하신다던데, 상당히 편리한 모양이더라.

🎤 요즘 배드민턴에 빠져 있는데, 주말에 배드민턴신발을 사려고 애용하는 인터넷에 들어가 봤다. 여러 쇼핑몰 사이트들을 둘러본 후 마음에 드는 브랜드와 모델을 정했다. 그런 다음에 가격정보 사이트에 가서 해당 신발의 가격을 알아봤더니 가장 비싼 곳은 14만 5천 원이었고 가장 싼 곳은 9만 8천 원이었다. 가격이 싸면서도 신뢰가 가는 사이트에서 사기로 하고 돈을 보냈더니 이번 주 초에 배달되어 왔다. 배달료를 감안하더라도 시중가보다 훨씬 저렴하게 살 수 있었고, 또 직접 매장에 나가는 수고와 시간을 덜 수 있었기 때문에 이번 쇼핑결과에 만족했다.

❓ 바쁜 현대인에게는 인터넷쇼핑이 상당히 매력적일 수 있겠다. 실제로 인터넷쇼핑인구가 얼마나 되나?

🎤 우리나라는 초고속인터넷 보급률이, OECD의 평균치보다 무려 5배나 넘는 세계 최고수준이다. 인터넷이 보편화돼 이제 소비자들은 언제 어디든지, 인터넷을 통해서 세계의 수많은 쇼핑몰에서 거래를 할 수 있게 됐다. 최근 조사를 보면, 우리나라 인터넷쇼핑의 시장규모가 매년 두 배 가까이 증가하고 있고, 또 젊은이들뿐 아니라 상년층과 노인들께서도 인터넷쇼핑을 즐기는 것으로 나타났다.

또 국내시장뿐 아니라 국제적인 인터넷쇼핑도 크게 늘고 있는 추세이다. 얼마 전에 제가 근무하고 있는 곳으로 미국 Florida에 사는 분이 메일을 보냈는데, 한국의 한 업체가 개설한 인터넷쇼핑몰에서 공예품을 샀는데 상품이 마음에 든다는 내용이었다.

❓ 불과 몇 년 전만 해도 상상도 할 수 없었던 일인데, 싼 가격에 장소와 시간까지 구애를 받지 않으니 정말 좋은 점이 많다. 하지만 피해 사례도 종종 듣게 된다.

🎤 그렇다. 독자 여러분께서 인터넷을 통해 상품을 구입하실 때 각별히 조심하지 않으면 예기치 못한 피해를 입을 수가 있다.

백화점이나 할인점에서 물건을 살 때와는 다르게 인터넷쇼핑에 물건을 살 때는 판매자가 누구인지, 상품의 모양이나 품질이 어떤지 정확하게 알 수 없는 경우가 많다. 또 상품을 받아 보기도 전에 돈을 먼저 보내 주어야 하는 경우가 많기 때문에, 사기를 당하는 경우도 종종 발생한다. 또한 사고 보니 생각했던 것하고는 다르게 별 쓸모가 없거나 물건이 맘에 들지 않는 경우가 있다. 그럴 경우 돈만 낭비했다는 생각이 들 수도 있겠다.

ⓠ 상품을 받아 보기 전에 돈을 먼저 보내야 하니까 불안할 때도 있다. 실제로 어떤 피해가 발생하고 있나?

🎤 인터넷쇼핑으로 인한 소비자 피해 중 가장 일반적인 형태는 결제를 했는데도, 상품을 제때 보내 주지 않거나 아예 보내 주지 않는 경우다. 실제 피해사례 중에 이런 것이 있었다. 서울에 사시는 어떤 분이 지난 해 4월 말에 한 인터넷쇼핑몰에서 유명상표의 디지털카메라 2대와 메모리스틱 1개를 주문했다. 쇼핑몰에서 결제는 현금만 가능하다고 해서 당일에 물품대금 198만 원을 온라인으로 송금했다. 시중가보다 적어도 40~50만 원 싸게 구입하게 돼서 당시에는 무척 기분이 좋았다.

그런데 입금한 지 일주일이 지나고 이주일이 지나도 물건이 오지 않았다. 해당 사이트에 들어가 항의도 하고 환불해 달라고도 했지만, 아무런 답변도 없고, 나중에는 사이트조차 폐쇄되어 버렸다.

ⓠ 보상받을 길은 없었나?

🎤 보상받기가 어렵다. 현실적으로 판매자가 누군지 알아야 계약이행하라고 법적으로 요구할 수도 있고, 사기나 횡령과 같은 경

제범죄 혐의로 고소할 수도 있겠다. 하지만 개별 소비자가 얼굴도 모르는 판매자를 찾아내기란 여간 어려운 일이 아니다. 판매자가 처음부터 많은 사람에게 피해를 입힐 의도를 가지고 사이트를 개설해서 한몫 챙기고 줄행랑을 친 경우라면 더더욱 문제해결이 어렵다.

이 사례의 경우에도 만약에 구입대금을 현금으로 지불하지 않고 신용카드 할부로 결제했더라면 어느 정도 보상받을 길이 있었을 것이다.

현행 할부거래법[제5조(매수인의 철회권)와 제7조(신용제공자가 있는 경우의 매수인의 철회의 통보)]을 보면 쇼핑몰의 사기나 이행불능 행위에 대해 피해자가 카드사에 '매수인의 철회권'을 주장할 수 있도록 되어 있다. 다시 말해 신용카드를 이용해 20만 원을 초과하는 금액을 3회 이상 할부로 지급하기로 계약했으나, 완납 전에 계약이 취소되거나 물건이 배달되지 않는 경우 등의 피해 시 소비자는 신용카드사에 남아 있는 할부금의 납부를 거절할 수 있다.

❓ 그렇다면 항상 신용카드로 결제하면 되나?

🎤 신용카드로 결제하되 3개월 이상 할부로 하는 것이 좋다. 하지만 할부 결제라도 상품 구입액수가 20만 원보다 적은 경우라면 법의 보호를 받지 못하고, 이미 지급한 할부금도 돌려받을 수 없는 경우가 있기 때문에 주의해야 한다. 더욱이 신용카드로 결제했더라도 일시불인 경우에는 할부거래법의 적용을 받지 않으므로 보

상받기 어렵게 된다.

? 그런 사례가 자주 있는 건 아니겠지만, 실제로 배달이 좀 늦어지면 불안하다. 하지만 인터넷쇼핑은 상품을 싸게 살 수 있다는 장점 때문에 이런 위험부담도 안게 되는데, 인터넷쇼핑 가격은 어떻게 책정되나? 어떻게 같은 물건을 다른 가격에, 저렴하게 판매하는 건가?

알다시피 일반적인 소비 상품들은 최초 생산자에서 여러 유통단계를 거치면서 생산원가에 유통비용이 추가되고, 또 광고비가 더해지면서 구매자는 생산원가보다 훨씬 높은 가격에 상품을 구입하게 된다.

하지만 인터넷 거래의 경우에는 쇼핑몰이 직접 생산자와 구매자를 연결해 주거나, 유통단계가 단순화되는 형태이기 때문에 유통비용이 절감되고 매장유지비용이나 보관비용도 거의 들지 않는다. 또 광고비용도 줄어든다. 그리고 대부분의 인터넷쇼핑몰들이 박리다매 형태의 공격적 판매 전략을 구사하기 때문에, 시중보다 싼 가격에 거래가 될 수 있다.

? 인터넷쇼핑의 피해사례에 관해 다시 살펴보자. 사행심을 조장해서 피해를 주는 경우도 많나?

그렇다. 인터넷에 들어가 보면 추첨식이나 복권식 구매를 하는 사이트가 있는데, 이런 사이트에서 피해를 보는 경우가 많이 있다.

지난해 초 어떤 분이 한 쇼핑 사이트에 들어갔는데, 상품의 1%만 입찰금액으로 넣으면 당첨자에게 공짜로 상품을 보내 준다고 해서, 유명 상표의 최신식 홈시어터에 입찰했다. 얼마 후 당첨되었다는 메일과 함께 상품의 22%에 해당하는 제세공과금 29만 원을 현금으로 입금하라고 하여 별 의심도 없이 온라인 송금을 했다. 기다려도 상품은 오지 않고 연락도 되지 않았다.

이 경우도 앞에서 소개한 사례와 같이, 횡령과 같은 경제범죄 혐의로 고소할 수 있고, 또 복권(및 복권기금)법에서 금지하고 있는 (유사)온라인복권 판매대행 위반과 같은 판매자의 위법행위를 이유로 법적인 책임을 물을 수 있겠다. 하지만 판매자가 누구인지 알아내기가 현실적으로 어려우니 보상받기가 막막하다.

❓ 보상이 어렵다면 사전에 예방하는 것이 좋겠다.

🎤 일상적인 거래와 마찬가지로 인터넷쇼핑에서도 1차적인 책임은 당사자에게 있다. 구매자의 입장에서는 무엇보다도 판매자(인터넷쇼핑몰)의 신용도를 잘 파악해서 문제소지가 있는 쇼핑몰은 이용하지 않는 것이 피해예방의 지름길이면서 합리적인 소비행태라고 할 수 있다.

예를 들자면, 해당 사이트의 게시판에 '왜 환불해 주지 않나요?'라든지, '제발 빨리 배달해 주세요'와 같은 불만이 자주 올라오면 일단 주의를 해야 한다. 그리고 온라인 송금과 같이 현금거래만을 하겠다는 쇼핑몰도 주의해야 하고, 고가의 상품을 파격적인 할인가로 판다면서 유혹할 때는 의심해 봐야 한다. 예컨대

명품시계를 5만 원에 판다고 하면, 십중팔구 가짜이거나, 범죄와 관련된 장물이다. 그런데도 이러한 유혹에 넘어가는 소비자들이 많아 걱정이다.

또 선착순 판매나 추첨식, 복권식 판매와 같이 구매자의 사행심을 자극하는 판매자를 특히 주의해야 한다.

❓ 인터넷쇼핑이 싸고 편리하지만 피해 가능성을 당사자가 감수해야 하고, 또 피해를 막기 위해서 신경 써야 할 부분이 많다는 데 동의하지만, 안전한 인터넷 상거래를 위한 근본적인 대책이 필요할 것 같다.

🎤 개인 간 거래에서 발생된 피해는 당사자끼리 해결하는 것이 시장경제의 원칙이지만, 관련된 법이나 제도상의 허점으로 인해 구조적인 피해가 계속적으로 발생하는 경우라면 해당 법과 제도를 보완하고, 또 소비자들에게 올바른 정보를 제공하여 예상되는 피해를 줄여 나가야 할 것이다. 우리나라가 세계 최고의 인터넷 사용 국가이고 또 IT강국이니, 조만간 소비자들께서 안전하게 인터넷쇼핑을 하실 수 있는 제도적 뒷받침도 마련돼야 겠다.

다행히 정부에서 소비자피해보상보험의 확대라든지, 결제대금예치제도(escrow system)와 같은 안전한 인터넷 상거래를 위한 여러 정책을 시행하고 있다.

❓ 보상보험을 확대한다는 것은 발생된 피해에 대한 보상을 더 많이 해 주는 것이니 좋을 것 같은데, 결제대금예치제도는 뭔가?

🎙 원래 명칭인 에스크로 서비스(escrow service)로도 알려져 있다. 이 제도는 미국과 같은 선진국에서는 인터넷 상거래에서뿐 아니라 집과 같은 부동산을 사고팔 때 흔히 활용되고 있다.

인터넷 상거래에서 구매자가 물건값을 직접 판매자에게 보내지 않고 은행과 같은 믿을 수 있는 제3자에게 맡겼다가 물건이 하자 없이 잘 배달될 것을 확인한 뒤에 판매자에게 물건값을 보내 주도록 하는 장치이다. 이러한 장치가 되어 있으면 구매자는 물건을 받지 못하였거나, 받았더라도 만족스럽지 못한 경우에는 조건 없이 돈을 되돌려 받을 수 있기 때문에, 앞에서 소개한 사례들에서와 같은 인터넷쇼핑에서의 피해들을 근본적으로 막을 수 있게 된다.

❓ **소비자에게는 매우 좋은 제도인 것 같다. 지금까지의 내용을 요약해서 마무리하자.**

🎙 인터넷쇼핑이나 온라인경매 그리고 인터넷서점과 같은 인터넷을 통해 이루어지는 상거래에 대해 살펴봤다. 인터넷쇼핑이 독자들에게 혜택이 될 수도 있고 또 주의를 소홀히 하시면 피해를 입을 수도 있다는 내용을 사례를 들어 이야기했다. 그리고 인터넷 상거래에 관련된 몇 가지 제도적인 사항을 살펴봤고, 또 어떻게 인터넷쇼핑을 하는 것이 합리적인가에 대해서도 말했다.

인터넷을 애용하는 독자 분들이 주의하기만 한다면 21세기 새로운 유통혁명이라고 할 수 있는 인터넷쇼핑으로부터 큰 경제적 혜택을 입을 수 있을 것이다.

06
국제화와 분쟁 이야기

OECD 한국대표단:
파리 루브르

　따르릉~ 호텔 객실의 전화벨이 울렸다. 긴 하루 회의 내용과 서울에 보낼 전통문(電通文)을 정리하고 겨우 눈을 붙였을까 했을 때였다. 탁자 위 알람시계는 5시 반쯤을 가리키고 있었다. "이 연구원 한인식당 연락처 있지? 혹시 해장국집이 있는지 한번 찾아봐." OECD(경제협력개발기구)[tip!하나] 소비자정책위원회(CCP)[tip!둘] 정례회의 참석차 꾸려진 한국대표단 단장님의 탁한 목소리였다.

　새벽에 웬 해장국? 전화 받는 소리에 함께 잠에서 깬 옆 침대의 모 사무관에게 물어보니 OECD에 외교관으로 파견 나와 있는 모씨에게 연락해 보란다.

　어찌하여 찾아낸 한식당. 친한파도 아니고 그렇다고 친북도 아닌 사회주의자를 자칭하는 식당 주인의 기기한 인생사를 들으면서, 마시다시피 했던 해장국은 지금도 썩 유쾌하지는 않은 기억의 한 조각으로 남아 있다. 영사관 지인들과 과음한 탓에 아침 일찍 속을 풀어야 할 형편임을 모르진 않았지만, 며칠간의 지난한 회의 동안 뜬눈으로 새우다시피한 나와 다른 사람들의 사정은 몰랐는지 모른 체한 건지 지금도 궁금하다.

　OECD 회의는 매년 2차례 봄가을에 열린다. 특히 내가 정례적으로 참석했던 소비자정책위원회에서는 국제적인 소비자 문제들에 관해 의논하고 국제적 기준이 되는 정책들을 만들어 내고 있다. 이 위원회는 좀 딱딱하게 표현하자면, '소비자정책의 발전을 위해 회원국들의 공통된 관심사와 정책 문제들을 논의하고, 소비자정책과 법제 개발을 위해 회원국들이 서로 협력해 가자'라는 취지로 활동하고 있는 조직이다.

　이 위원회는 그동안 인터넷이라는 수단을 통해 국경을 넘는 상거래가 이루어지는 전자상거래의 여러 원칙과 소비자피해 방지를 위한 방편들을 검토해 오기도 하고, 국제 거래에서 사기행위나 불법적인 행위를 막기 위한 국제적 제도를 구축하기도 했다.

　그동안 우리나라는 정부와 민간 차원에서 OECD와 같은 국제기구들의 활동에 비교적 활발히 참여해 왔다. 하지만 (위의 에피소드에서도 읽을 수 있듯이) 나의 관점에서 볼 때 아쉬운 점도 없지 않다. 회의 참가자들의 전문적 자질과 어학 능력이 좀 부족해 보였고, 회의 참가를 위한 대표단의 구성이 매번 바뀌다 보니 회의논제에 관한 흐름을 놓치는 경우가 많았을 뿐 아니라, 다른 나라 참가자들과 쉽게 어울리지 못했다. (우리나라를 제외한 유일한 아시아국인 일본의 경우 우리보다는 훨씬 적극적이었다. 미국의 뒤를 이어 두 번째로 많은 분담금을 내는 나라로서의 위상 덕인지 OECD 상주 직원으로 일하는 일본인도 적지 않았다.)

 (일부 참가자들의 잘못된 '관행'을 꼬집은 것이니 독자들은 혹시나 일반적인 현상으로 오해하지는 마시길.)

파리를 마치 제집 드나들 듯 출장 다니던 시절, 회의 참석을 위한 대표단의 구성이 매번 바뀌는 바람에 겪게 된 에피소드이다. 산하기관의 운명이랄까 실무자의 고행이랄까. 봄과 가을에 열리는 회의 때마다 들러야 하는 곳이 몇 군데 있었는데, 그중의 하나가 루브르박물관(Musee du Louvre)tip!셋이다. 초행길이거나 가 보지 못한 일행들은 세계최대 미술관이기도 한 루브르를 꼭 가 보고 싶어 했다. 전시된 그림과 조각들만 해도 수만 점이 넘는 미술관은 초행만으로는 모든 관람을 허락하지 않는다.

레오나르도 다빈치의 모나리자와 마네의 풀밭 위의 점심, 미켈란젤로의 대작과 조각, 그리고 모네, 드가, 르누아르 등 유명작가의 작품들 몇 점만 기억 한편에 남기고 오는 것이 일반적일 게다. 또 다른 기억 속에 거대한 미술관을 돌아본 네댓 시간이 주는 피로감이 자리 잡고 있는 것은 나만의 경우가 아닐 것이다.

나는 5번 루브르를 방문했다. 두 번째 관람은 그래도 즐거웠다. 초행길의 어리둥절함에서 벗어나 일행과 다소의 거리를 두면서 미술품을 선별하여 관찰하는 재미가 쏠쏠했다. 세 번째의 루브르는 명작들을 다시 만나는 기쁨이 있었으나 피로감이 쉽게 찾아

왔고 네 번째의 루브르는 더 이상 즐기기 어려웠다. 일행들과 함께한 다섯 번째의 루브르는 작품들을 향한 눈길과는 달리 마음은 벤치나 건물 밖을 응시하고 있었다. 한마디로 고행 길이었다.

몇 년이 지난 지금 발길 닿지 않은 곳이 별로 없었던 그때의 파리를 생각할 때면 그래도 가장 먼저 떠오르는 곳이 루브르이고 그때 보았던 모나리자의 미소와 모네(Claude Monet)의 수련을 다시 보고 싶어진다.

수년간 OECD회의를 참가하면서 느낀 점도 많았다. 말 그대로 회원들로 이뤄진 국제기구인 OECD이지만 세계 경제에 미치는 영향력이 매우 크다. 특히 OECD에서 논의되거나 결정된 소비자정책 방향들은 회원국들을 떠나 세계 각국의 모범이나 기준이 된다.

직접 회의에 참가하면서 받았던 감명 중의 하나는 의사결정 과정이었다. 36개국이나 되는 많은 나라의 대표들이 참석한 국제회의에서, 쟁점이 되는 논제들에 대한 의견을 만장일치로 조율해 가는 과정을 지켜보면서 적잖은 감동을 받았다. 무엇보다 인내심을 갖고 의견을 조정해 가는 의장의 능력이 훌륭했고, 각국 대표들의 절제된 찬반의견 제시가 인상적이었다.

만장일치라는 의사결정과정이 걸림돌로 작용할 때도 적지 않았다. 한두 국가, 특히 미국과 같은 힘 있는 나라가 이견을 보일 때는 더 이상의 논의 진척이 되지 않았다. 국제무대에서는 일국 일표라는 민주적 회의진행이 무의미했고, 국력의 필요성을 새삼 깨달았다.

　하지만 회의 마지막 날에 정해진 시간을 훌쩍 넘긴 저녁때까지 자리를 뜨지 않고 진지하게 회의에 임하는 각국 대표들의 모습은 우리와는 너무 달랐다. 나도 한국대표단의 일원으로 준비해 간 의견을 말하기도 하고, 한국의 사정을 요약하여 발표하면서 우리나라 소비자정책을 대표한다는 자부심을 느끼기도 했다. 그 연유에선지 그때는 국제회의에서 일하고 싶은 생각이 매우 강렬했었다.

　OECD와 같은 국제기구들에서의 소비자정책 논의와 합의 결과는 세계 여러 나라들뿐 아니라 우리나라의 정책들에도 많은 영향을 미친다. 또한 이들 국제기구들의 동향은 우리나라 정책담당자들의 정책 수립에도 기여하게 된다. 따라서 이러한 국제기구들의 논의와 동향들을 정확하게 파악하여 분석하고, 이를 바탕으로 구체적인 정책들을 고심하고 구상해서 우리나라 정책수립에 반영하는 것이 좋을 것이다.

　덧붙여, 국제회의를 담당하거나 참가하는 사람들의 전문성과 자질을 업그레이드하는 것도 우리 국익을 위해 간과해서는 안 될 일이다.

우리나라는 OECD의 소비자정책위원회(CCP)와 짧지 않은 교류의 역사가 있다. 지난 1994년 10월에 처음으로 옵저버 자격으로 참가했는데, 당시에는 한국소비자보호원(현 한국소비자원) 부원장을 대표단 단장으로 하고 경제기획원(현 기획재정부)과 한국개발연구원에서 함께 했다. 그 후 1995년 4월에 있었던 제49차 정례회의 때부터 지금까지 정기적으로 매년 2차례의 정해진 회의와 관련된 행사에 공정거래위원회와 한국소비자원 등 관계부처와 기관의 담당자들이 참가해 왔다.

나는 이 글에서 소개된 여러 국제기구의 활동에 오랫동안 참여했었다. 매년 봄과 가을에 열리는 OECD 회의에는 재정경제부(지금의 기획재정부)와 공정거래위원회, 법무부 등 여러 정부부처 공무원들과 함께 구성된 한국대표단의 일원으로 참가하면서 산하기관이라는 숙명(!)으로 궂은일을 도맡다시피 했다.

회의 시작 전에는 준비한 한국대표의 발표 자료를 점검하고, 회의시간에는 배석하여 각국 대표들의 발언 내용을 요약했으며, 회의가 끝나면 밤늦게까지 일일보고서를 작성했다.

그래도 그때의 고생담이 싫지 않은 추억이 되어 되돌아오는 것을 보니 쓸모없는 경험은 별로 없어 보인다. 쓴소리 한 마디 남기고 싶다. 국제회의에 참가하는 분들은 사명감을 갖고 공부도 했으면 한다. 영어도 능숙하지 않으면서 국제회의 내용에 관한 공부도 하지 않고 참석하는 자신으로 인해 한국의 위상이 깎인다는 사실을 제발 알았으면 한다.

루브르(Musee du Louvre)는 프랑스 파리의 루브르궁전을 미술관 건물로 사용하고 있고, 소장된 미술품의 규모는 세계 최대이다. 루브르궁에는 원래 역대 프랑스 국왕들이 수집해 놓은 많은 양의 미술품이 소장되어 있었는데 프랑스 혁명 후인 1793년 국민의회의 공개 결정으로 미술관으로 정식 발족했다. 그 후에도 미술품 수집이 계속되어 오늘날의 세계 최대의 미술관이 된 것이다. 수집된 미술품은 고대에서 19세기까지의 오리엔트 및 유럽 미술의 모든 분야를 망라하고 있고, 등록된 것만 해도 20만 점이 넘는다고 한다.

루브르박물관의 야경

# 미국 소비생활 스토리

패밀리하우징 에피소드

　3년에 두어 달을 더한 짧지 않은 미국생활. 올망졸망한 세 명의 아이들을 이끌고 입성한 샌프란시스코 공항에서 맛보았던 달짝지근한 공기를 지금도 잊을 수가 없다. 세어 보니 1천3백3십 일간의 캘리포니아 버클리(Berkeley) 생활이다.

　강산이 변한다는 시간이 흘렀지만 그때에 있었던 수많은 에피소드는 한 권의 책으로도 엮을 수 있을 성싶다. 하지만 이 책의 메인 테마인 '세상을 바꿀 행복한 소비자'의 범위에서 벗어나면 곤란하므로 미국에서의 소비생활에 초점을 맞춰 독자의 흥미를 돋워 보려 한다.

　텅 빈 장교막사. 학교의 가족기숙사(family housing) 사무실에서 배정해 준 방 세 개짜리 주택은 딸린 가구라고는 주방의 가스레인지와 냉장고밖에 없는 휑한 이층집 건물의 이층이었다. 태평양전쟁 때 인근에 위치한 해군기지에 주둔하는 해군장교의 막사로 쓰였던 목조건물이 버클리 대학에 기부된 것이라는 걸 나

중에 알았다.

텅 빈 것은 건물만이 아니었다. 도착한 날이 6월 28일. 대학의 방학에다가 미국의 독립기념일(7월 4일)을 전후한 연휴기간이어서 기숙사 건물들 주변에는 사람 구경하기가 어려웠다. 관리실에도 "closed" 푯말이 붙어 있고, 맥도널드를 제외한 대부분의 가게들의 문이 닫혀 있었다.

다섯 명의 이방인은 며칠 동안을 서울에서 가져간 얇은 홑이불에 의존한 채 캘리포니아에서 가장 추운 여름을 보냈다. [기숙사에 가스난방장치가 되어 있음을 나중에야 알게 되었다. 샌프란시스코 인근의 베이(Bay) 지역은 하루 동안에도 사계(四季)를 경험할 수 있다고들 한다. 구름 한 점 없이 청명한 초여름 같은 써니데이(sunny days)가 일 년 내내 이어지지만 물안개가 피어오르는 저녁나절쯤부터는 갑작스레 기온이 낮아져 늦가을을 연상케 하고, 이른 아침 출근길에는 방한 재킷이나 버버리코드가 눈에 뜨일 만큼 체감 온도가 낮아진다.]

"내가 경험한 가장 추운 겨울은 샌프란시스코의 여름이었다"라는 유명한 샌프란시스코 방문기를 남긴 마크 트웨인의 명언에 버금가는 체험을 했던 것이다.

게라지 세일과 친환경 소비

문제는 생필품을 구하는 것이었다. 쌀과 음식거리는 인근의 식료품점에서 구할 수 있었지만 대식구를 위한 가구가 급선무였다.

올드빌리지 102호 건물. 왼쪽 아래가 다섯 가족이 3년간 살았던 곳이다.

독립기념일이 지나자 기숙사 주변이 소란스러워졌고 벽과 게시판에 광고 글들이 붙기 시작했다. 야드 세일, 게라지 세일, ^{tip!하나} 침대와 책상 팝니다! 등등. 잔디밭 한쪽이나 집의 창고주변에 가격표를 붙인 갖가지 생활용품들을 늘어놓고 찾아온 손님들과 흥정하고 있었다. 로터리식 컬러TV와 녹슨 다리미 심지어 다리 하나가 없는 나무의자까지 매물로 나왔다.

우린 서울에서 배편으로 보낸 것을 제외한 대부분의 소비제품을 그렇게 장만했다. 경제적 사정도 있었지만, 시장에서 사는 것보다 더 좋은 제품, 그래서 쇼핑에 만족한 경우도 많았다. 특히 아이들을 위한 플루트와 피아노, 가방과 같은 소품들은 가계에도 적잖은 도움을 주었다.

미국에는 대학가뿐만 아니라 일반 동네에서도 이런 풍경이 지금도 계속된다. 개인에서부터 유치원, 학교와 교회 그리고 지역단체 등에서 주로 주말에 크고 작은 게라지 세일이나 야드 세일을 열고 있다. 날씨가 화창한 봄이나 여름날에는 세일 마당의 규모가 매우 큰 페어(fair)가 열리기도 한다. 아이들을 위한 책이나 장난감, 운동화와 옷가지들, 작은 액자와 미술품들도 많이 전시되어 지역에 따라 관광객들이 많이 찾는 명소가 되기도 한다. 물론 제값을 받으려는 사람들도 있지만, 대부분 우리 돈으로 몇 천

원 미만의 가격을 경우에 따라서 1센트(우리 돈으로 11원)에 팔기도 한다.

쓰던 물건을 버리지 않고 약간의 가격을 얻어 주고받는 이러한 친환경적인 소비행태가 있는데 과연 미국을 낭비벽이 큰 나라라고 비난할 수 있을까.

얼마전 푸틴 러시아 총리는 미국의 국가채무한도 증액에 대해 언급하면서 미국 국민들을 '분수 넘치는 소비로 국제 경제를 좀 먹는 기생충'으로 비유했다. 한마디로 낭비벽이 도를 넘었다는 독설이다. 푸틴의 관점이 일리가 없는 것은 아니다. 막대한 빚에 의존하여 유지해 온 경제력에 대한 비난의 화살인 것이다. 하지만 이는 소비생활의 외형과 부분적인 측면만을 들춰 본 정치적 발언이라고 감히 말하고 싶다. 3여 년간의 미국생활 중 만났던 미국인들뿐 아니라 미국에 사는 여러 지인들의 소비행태는 실용적이면서도 검소했다. 소득이 적잖은 경우도 값싸고 질 좋은 상품을 사기 위해 일 년에 한두 번 있는 바겐세일 기간을 기다린다. 부를 과시하지 않고 지속 가능한 소비, 친환경적이고 절약하는 소비가 몸에 배어 있는 경우가 더 많았다.

아파트 건물 앞 쓰레기장마다 수북이 쌓여 있는 쓸 만해 보이는 가구나 생활용품들을 볼 때 늘 마음이 편치 못하다. 요즘은 지자체의 재활용센터에서조차 중고 가구들을 잘 가져가지 않는다. 찾는 사람이 별로 없어 저장에 골치가 아프다는 이유다. 그래서인지 집 앞에 나오는 중고 가구들은 대부분 파쇄해서 쓰레기 처리한다고 한다.

소비가 미덕인 것은 시장경제의 관점에서 맞는 말이다. 소비가 있어야 생산과 유통 활동이 탄력을 받고 시장경제 전체가 잘 순환되어 발전하게 된다는 논리이다. 하지만 지속 가능하지 않은 요즘 말로 환경과 친화되지 않는 소비는 낭비적 행위이고 장기적으로 시장경제에도 해가 된다. 한때 민간단체에서 주창했던 '아나바다'운동, 다시 말해 아끼고 나누며 바꿔 쓰고 다시 쓰자는 캠페인이 사회운동이 되었으면 좋겠다.

땅이 넓고 다양한 인종이 모여 사는 만큼 미국에는 사람들이 소비생활하는 모습도 매우 다채롭다. 특히 우리의 두 발 역할을 하는 자동차 소비생활은 우리에게 여러 느낌을 갖게 한다. 10년 전 캘리포니아에서 살 때도 그랬고 한 해 걸러 한두 번씩 다닌 미국 출장길에서도 그랬다.

도로 위에는 부서진 유리창을 비닐테이프로 붙이고 다니거나 한쪽 사이드미러 없는 자동차를 가끔 보게 된다. 언제 주저앉을지 모를 녹슨 자동차도 종종 눈에 뜨인다. 한국에서 이민 간 시애틀에 정착한 한 친구는 76연식 토요다 픽업트럭을 애용하고 있었다. 친구 왈, 짐칸이 녹슬어 너덜거리지만 엔진은 10년은 더 타도 문제없을 거니 그 때까지 타 볼 생각이라 했다. '돈 있다고 한국처럼 과시하는 사람은 미국에선 왕따 당하기 십상'이라는 말을 덧붙이면서.

자기 집 한편의 게라지(차고) 근처에서 물건을 파는 게라지(garage) 세일과는 달리 야드(yard) 세일은 자기 집 정원에서 판매하는 것을 말한다. 관계된 용어가 무빙(moving) 세일인데, 이것은 대개 지역신문이나 게시판에 한두 주 전에 날짜와 상품, 장소 등을 광고하고 판매하는 것을 말한다. 내가 이사 가면서 쓰던 것을 처분한다는 의미이다. 비싼 동네의 무빙 세일에는 고급 가구나 가전제품들이 종종 나오기 때문에 특히 나와 같은 유학생들에게는 유익했다.

게라지 세일이나 야드 세일은 미국만의 전매특허가 아니다. 프랑스나 독일, 호주와 뉴질랜드, 심지어 일본에서도 종종 볼 수 있다. 물론 우리나라도 벼룩시장 형태로 제법 일상화되어 가는 듯하지만, 아직 미국에서의 풍경하고는 거리가 있어 보인다.

야드 세일 정경 중의 하나

# 글래셔파크에서의 회색곰과의 조우

온몸의 털이 곤추서고 숨이 턱 멎었다. "푸르~륵 푸륵." 깊은 저음의 숨소리가 귓전에서 울렸고 뜨끈하고 육중한 무게감이 얇은 천을 사이에 두고 미끄러지듯 왼쪽 어깨 위로 전달됐다. 칠흑의 밤하늘에서 굵은 빗줄기 소리가 텐트 천장을 뚫고 내려왔다. 꿈이기를 제발 꿈이기를.

저 입들을 막아야 하는데. 손을 뻗어 이불로 덮어 주면 진동하는 네 식구의 숨소리를 줄일 수 있지 않을까. 머릿속에선 많은 생각들이 스쳐 지나갔지만 그저 생각뿐이었다. 시간까지 멈춰서 버린, 머릿속이 새하얗게 된 순간에도 '하나님 제발' 외마디 기도가 입 밖으로 튀어나왔다.

텐트 밖의 어슬렁거림이 약간은 멀어졌다 다시 머리 옆 텐트 벽을 훅 훑고 지나갔다. 그러기를 얼마간 묵직한 짐승의 숨소리를 빗줄기소리가 덮어 갈 즈음 자신도 모르게 나온 한숨 소리에 스스로 놀랐다. 하나님 감사합니다. 그대로 꼼짝없이 얼어 있는 동안에 빗소리가 잦아들고 이윽고 여명(黎明)이 왔다.

빗물이 고인 흙 사이로 텐트 주위에 어지럽게 나 있는 큼직한 발자국들을 보고도 네 식구는 얄밉게도 실감이 나지 않는 모양이다.

긴 자동차 여행 끝에 캠핑장에 도착했던 지난 초저녁 때만 해도 알아차리지 못했던 주위 환경에 다섯 식구는 하나같이 놀란 입을 다물지 못했다. "조심! 그리즐리베어(회색곰)가 출몰했던 곳임", "인명사고가 발생했던 곳임", "주정부나 지역단체에서는 책임지지 않음"tip!하나 등등의 경고판이 회색곰 그림이나 해골 그림과 함께 캠핑장 곳곳에 붙어 있었다. 전날 저녁 도착할 때만 해도 두어 팀이 눈에 띄었는데 밤이 되자 모두 철수한 이유를 그제야 알 것 같았다. 이런 곳이 캠핑장이라니……. 왜 우리에게는 말해 주지 않았을까.

미국에 머물렀던 3여 년 동안 4천 마일(약 6천4백 킬로미터) 넘게 자동차 여행을 했다. 아이들이 노는 여름방학 때면 구형 연식이지만 구동력은 좋은 9인승 크라이슬러 밴으로 미서부 지역을 여행했다.

얼굴 모를 그리즐리베어를 조우한 것은 두 번째 맞는 여름휴가 때였다. 15박 16일 동안 네바다(nevada)주를 거쳐 솔트레이크시티에서 몰몬교 대성전을 구경하고, 옐로스톤파크(yellowstone national park)를 돌아본 후에 캐나다와의 접경지역에 위치한 글래셔파크(glacier national park)tip!둘로 들어갔다.

다른 사람들은 어떨지 모르지만 나는 구속되지 않는 여행을 좋아했다. 성수기임에도, 방문해야 할 장소와 시간에 얽매이는 것이 싫어 대부분 사전 예약 없이 자동차여행을 했다. 마땅한 숙소가 없으면 뒷좌석을 분리한 제법 널찍한 차 속에서 다섯 식구가 잠을 자기도 했다. 물론 총기를 든 가상의 침입자를 염려하여 피곤한 하루의 휴

글래셔파크 입구를 배경으로 아내와 두 딸이 포즈를 취했다.

식을 취하는 식구들을 지켜보면서 새우잠을 청하기도 했지만.

회색곰을 만난 그날도 비어 있는 숙박처가 없어 수소문 끝에 전문산악인들이 묵는다는 산속의 캠핑장 정보를 얻었고, 그곳에서 야영하기로 했던 것이다. 한마디로 무모함이었다.

곰은 온순한 동물이지만 배가 주리면 언제든지 야수가 된다. 사람이 먹는 가공된 음식물을 맛본 곰은 또다시 야영장을 기웃거리게 되고 심한 경우 야밤에 사람들이 모여 있는 텐트촌을 공격하기도 한다. 경우에 따라서는 자동차 트렁크 속의 음식물까지 탐욕의 대상으로 삼아 공격하는 일도 있었다. 그래서 미국의 국립공원 레인저들은 한 번이라도 사람을 공격했던 곰은 끝까지 추적해 사살한다고 한다. 더 큰 인명피해를 막기 위해서이다.

여행에서 경험한 많은 에피소드들은 대개 즐거운 추억거리가 된다. 글래셔파크에서의 그리즐리베어와의 조우는 10년이 지난 지금은 가벼운 얘깃거리가 되었지만, 귀국 후 몇 년이 지난 뒤에도 자신보다도 가족을 보호해야 한다는 원초적 본능 때문에 떠올리기만 해도 소름끼쳤던 즐겁지만은 않은 추억의 하나이다.

지금 다시 그때의 상황이라면 어떻게 행동했을까? 여전히 숨 죽이고 하나님께 살려 달라고 기도했을 것이다. 종잇장처럼 얇은 텐트 벽을 훑고 지나가는 육중한 무게가 거친 숨소리와 함께 자신의 어깨에 전달된다면 그 자리서 얼어붙지 않을 사람이 있을까?

모르면 용감해진다는 말이 있다. 직접 눈을 마주치지는 않았지만 그리즐리베어와의 접촉(!)은 무식에 따른 용감함이었다. 미국에서 겪은 무식했던 다른 이야기를 소개한다.

미국 농무성 초청으로 농식품 안전에 관한 제도연구와 현장 학습을 위한 코크란 프로그램(Cochran program)에 참여한 적이 있었다. 한국소비자원 직원 3명과 주한미대사관 농무관과 함께한 한 달여간의 여정이었다. 워싱턴의 농무성과 질병관리센터(CDC) 등 농산물과 식품 안전에 관련된 정부기관들을 시찰하고, 미국 전역에 산재해 있는 관련 기구와 단체 그리고 산업 현장을 직접 둘러볼 기회가 있었다.

일정 중의 하나로 여름 올림픽을 개최하기도 했던 미국 남동부의 최대도시인 애틀랜타(Atlanta) 시를 방문했었다. 숙소인 윈담(windham)호텔에서 1박한 다음 날 새벽에 호텔을 나왔다. 주변을 둘러보기 위해서였으나 운동도 할 겸.

호텔에서 준 지도로 방향을 가늠하면서 조깅을 하다 보니 주변이 수상했다. 불그스레한 조명 아래 흑인들이 진을 치고 있는가 하면, 반복되는 저음의 리듬 속에 흐느적거리는 물체들, "Hey yo!"라는 나를 부르는 괴성도 들렸다. 일말의 두려움이 밀려왔지만 되돌아가긴 너무 많이 들어온 듯하여 바라보는 시선들을 무시하고 태연한 척 계속 달렸다. 얼마가 지났을까 하얀 형광등 바탕에 'Korean Restaurant'이라는 노란색 간판이 눈에 들어왔다.

미국에 유학 와서 눌러앉았다는 식당주이이 깜짝 놀라면서, "천만다행"이라 했다. 그곳은 통제 밖의 마약과 매춘거리여서 해가 지면 별천지가 되고 해가 뜨기 전까지는 누구도 안전을 보장받지 못한다며 나더러 용감하다고 했다. 그러면서 해가 뜨면 호텔로 돌아가라면서 팬케이크와 커피를 서비스로 제공했다.

무식이 용감함이라는 우스갯소리를 진담으로 바꾸면 '모르면 용감하더라도 사실은 두 번 다시 행동으로 옮길 용기를 가질 수 없는 무모함'일 게다.

미국이나 캐나다에서는 공원 내에서도 곰과 같은 야생동물이 출몰하는 일이 흔하다. 글래셔파크나 요세미티, 옐로스톤파크와 같은 국립공원에는 곰이나 다른 야생동물의 출몰을 알리는 안내서와 게시물을 곳곳에서 볼 수 있는데, 빠지지 않는 것이 "모든 위험은 자기 책임"이라는 문구이다. 일단 공원에 입장하면 어디든지 갈 수 있지만 야생동물로 인한 피해의 책임은 여행자에게 있다는 것이다.

미국에서 이러한 표시는 매우 중요한 법적 의미를 갖는다. 만일 곰의 공격을 받은 사람이 피해의 책임 소재에 관한 정보를 사전에 몰랐다고 주장할 수 있는 여건이면 주정부나 공원 관리기관이 책임져야 할 가능성이 높아진다. 따라서 그러한 법적인 배상 책임을 피하기 위해 눈에 보이는 곳곳에 안내표시를 해 놓게 되는 것이다. 다시 말해 피해자가 안내판이나 표시를 못 봤다고 주장할 수 없게 하는 방편인 것이다.

그리즐리베어는 회색곰이나 알래스카회색곰으로 불린다. 어른 곰의 경우 몸길이가 3미터나 나가고 몸무게는 7백 킬로그램까지 된다고 한다. 일본 홋카이도에 있는 북방불곰과 같은 종으로 캄차카반도의 불곰과 함께 곰류 중에서도 가장 큰 곰으로 꼽힌다.

회색곰을 만났던 글래셔파크는 캐나다와 미국을 걸쳐 있는 로키산맥 공원의 양국 경계지역에 위치한 빼어난 경관을 가진 곳이다. 어린 시절 시골의 마을회관에 걸려 있던 그림달력의 마지막 장에 이 글래셔파크의 아름다운 정경이 자주 등장했다. 로키산맥 공원은 엘크나 순록과 함께 그리즐리베어가 서식하는 곳으로 유명하다.

 해외 인터넷쇼핑몰 소비자피해

온라인쇼핑은 다양하고 값싼 상품을 원하는 국경을 초월한 소비자들의 욕구를 충족하는 데 편리하다.

특히 최근의 자유무역협정(FTA)^{tip!하나}에 따른 시장개방과 인터넷 이용의 급속한 확산은 더 많은 소비자들에게 해외 인터넷쇼핑몰로 눈을 돌리게 하고 있다. 하지만 이러한 국제 전자상거래의 급증에 따라 뜻하지 않게 피해를 보는 국내 소비자가 늘고 있다.

예컨대, 가상의 인터넷 공간에서 국적이 다른 판매자와 소비자가 직접 거래함으로써 발생되는 국제 거래에서의 소비자피해가 늘고 있으며, 경제체제가 세계화되어 감에 따라서 각 경제주체가 속하는 국적, 법과 제도, 문화 등의 차이에 따른 소비자피해도 증가하고 있다.

또한 국내법의 규제를 피하기 위해 내국인이 외국의 인터넷사이트를 개설하여 영업함으로써, 형식상 국제거래이지만 실질적으로는 내국인 간의 거래에서 소비자분쟁이 발생하는 경우도 상당수 있는 현실이다.

해외 인터넷쇼핑몰은 국내 사이버몰 거래에 비해 피해를 보상받기가 쉽지 않다. 상품이 배달되지 않거나 엉터리 상품이 오더라도 해결책이 없는 경우가 많다.

얼마 전 한 소비자는 이른바 명품 가방을 판매하는 한 쇼핑몰을 통해 가방을 주문하고 20만 원 상당의 현금을 입금했는데, 싼값에 짝퉁인 것은 짐작했지만 품질이 터무니없이 나쁜 제품을 받았다. 소비자는 판매자와 연락을 취해 보려고 있으나 방법이 없었다. 해당 쇼핑몰은 중국에서 운영하는 사이트여서 연락처와 같은 판매자 정보가 전혀 없어 우리나라 행정기관을 통해서도 구제받을 길이 없었다.

이와 같이 해외 인터넷쇼핑몰 중에는 자신들의 정보를 허위로 기재하거나 이에 밝히지 않는 경우가 많다. 하지만 소비자들은 이들 사이트들이 해외에서 운영된다는 것 자체를 모르고 이용한다. 더욱이 판매자의 협조가 있더라도 환불이나 교환하는 데 만만치 않은 비용이 들고, 반송기간도 수십 일이 걸린다.

피해를 본 소비자가 당국에 법적인 해결을 요구하더라도, 소비자와 판매자가 속한 국가 간의 서로 다른 법제와 상관습으로 인해 그 해결이 매우 어렵다. 일례로 홍콩이나 중국 등 해외에 서버를 둔 인터넷쇼핑몰이지만 실제로는 내국인이 운영하는 사이버몰에서 피해를 본 경우 어느 나라 법원에서 어떤 법을 적용할 것인지에 대한 의견 일치가 쉽지 않다.

이러한 실정에서 해외 인터넷쇼핑을 하는 소비자는 스스로 주의하는 것이 상책일 수밖에 없다.^{tip!둘}
가급적이면 인지도가 높은 해외 쇼핑몰을 이용하는 것이 좋다.

고가의 브랜드를 터무니없이 싸게 팔거나 선착순과 같은 사행심을 조장하는 사이트, 판매자의 주소와 전화번호, 이메일 등 신원이 명시되지 않은 사이트는 특히 주의해야 한다. 구매대금은 은행 계좌 이체보다는 가급적 신용카드로, 일시불보다는 할부로 결제해야 피해발생 시 즉시 카드사에 지급정지를 요청해 피해를 줄일 수 있다. 거래 시 매매보호장치(escrow)를 이용하는 것도 피해를 예방할 수 있는 방안이다.

정부나 사법 당국에서도 해외 인터넷쇼핑에 따른 소비자 피해를 줄이기 위한 실효성 있는 대책을 마련해야 한다. 인터넷쇼핑에 관련된 국제분쟁을 효과적으로 해소할 수 있는 법·제도적 방안을 검토하고, 경제협렵개발기구(OECD)와 같은 국제기구를 통한 협력방안을 마련해야 한다. 최근에 추진 중인 국가·지역 간 FTA협상에 이러한 협력 사항이 포함되도록 하는 것도 좋은 방안이다.

덧붙여, 국가 간 서로 다른 법과 상관습에 따른 분쟁해소의 어려움에 대해서는 해당 국가의 사이버몰협회나 민간단체, 전문기관 등이 서로 협력해 자율적으로 분쟁을 해결하는 이른바 대안적 분쟁해결(ADR: Alternative Dispute Resolution) 수단을 활성화할 필요가 있다.

자유무역협정(FTA: Free Trade Agreement)은 두 개 이상의 나라들이 서로 간에 수출입 관세와 시장점유율 제한 등의 무역 장벽을 없애기로 약정하는 조약이다. FTA는 자유로운 상품거래와 교류를 가능하게 하며, 무역량 증가에 따른 경제성장을 가져올 수 있다는 장점이 있다. 하지만 자국의 취약산업이 붕괴할 우려가 있고 자본의 힘에 의해 한 나라의 문화가 훼손될 수 있다는 논란도 많다.

우리나라는 지금까지 칠레와 싱가포르, 유럽자유무역연합(EFTA)과 FTA협약을 맺었으며, 미국과도 지난 2007년 4월에 협약을 체결하고, 2010년 12월에는 FTA추가협상이 타결되어 2012년 3월 15일 발효되었다.

소비자가 해외 인터넷쇼핑몰이나 외국에 서버를 둔 국내 쇼핑몰을 통한 거래 시 특히 주의할 사항은 쇼핑몰 운영자나 판매자에 대한 정보를 꼼꼼히 확인하는 것이다. 운영자나 판매자의 정보가 제대로 표시되어 있지 않고 현금거래를 유도하는 경우에는 거래에 신중을 기해야 한다. 이들은 대부분 한국 소비자들을 대상으로 질 나쁜 상품을 보내 주거나 아예 보내 주지 않는 경우가 많다.

그렇지만 이베이와 같은 세계적인 오픈마켓의 경우는 그 지명도에서 보듯이 비교적 안전한 거래를 할 수 있다. 하지만 그 경우도 국경을 넘는 상거래여서, 만에 하나 피해를 입게 되면 보상받거나 문제해결이 쉽지 않다. 국내든 해외든 자신의 책임 아래 신중하게 거래할 필요가 있다.

실리콘밸리 이베이 본사 앞에서

# 생활자 중심의 일본 소비자정책

후쿠다(福田)와 하토야마(鳩山), 그리고 간 나오토(菅直人)와 노다(野田) 내각으로 이어지는 정치적 어려움에도 불구하고, 일본에서는 그동안 국민의 생활에 밀접한 중요한 정책의 변화가 조용히 진행되고 있다.

일본에서는 지난 수년간, 독성 농약이 함유된 중국산 만두나 곤약젤리, 그리고 결함 있는 가스순간온수기 등으로 여러 희생자가 생겨나고, 소비기한(우리나라의 '유통기한'에 해당) 위조 사건이나 국민연금자료의 증발사건과 같은 소비자문제가 연이어 발생하자 소비자 행정을 개혁해야 한다는 목소리가 높아졌다.

이어 소비자 정책의 사령탑 역할을 할 소비자청(消費者庁) 설치 법안이 2009년 4월의 중의원 통과에 이어 5월에 참의원 본회의에서 전원 일치로 통과됨으로써, 같은 해 9월초 소비자청이 세워진 것이다. 또한 소비자청의 감시기구인 소비자위원회도 설치되어 활동하고 있다.

신설된 소비자청은 당초 계획했던 직원(공무원)은 별도로 채용되지 못한 대신, 내각부, 공정거래위원회, 경제산업성, 농림수산성, 후생노동성 등의 부처에 종사하던 200여 명의 소비자담당 공무원들을 함께 모아 구성했다. 기타 변호사, 소비생활상담원, 관계전문가(학자) 등 약 60여 명의 비상근직원을 순차적으로 채용해 왔다.

이러한 소비자청은 지방 조직(소비생활센터)을 통해 접수되는 전국의 다양한 소비생활정보와 위해정보를 심층적으로 조사·분석하고, 사업자의 부당하거나 위법한 행위에 대한 현장조사를 통해, 필요한 행정처분을 하고 관계부처에 권고하는 기능을 수행하고 있다. 또한 소비자위원회의 초대 위원장에는 민간의 소비자보호전문가인 히토쓰바시(一橋)대학의 마츠모토 츠네오(松本恒雄) 교수tip!하나가 지명되었다.

그동안의 청 설립 과정에는 여러 어려움이 따랐다. 2009년 5월 말 여당과 야당이 수정·합의한 결과 설립에 관련된 법안 3개가 모두 참의원에서 통과되어 가결되었지만, 청 설립 후 직접적인 업무 연계관계에 있는 지방자치단체들의 소비생활센터(消費生活センター)에서 근무하는 비정규 계약직 상담원들의 처우개선문제, 청의 업무수행을 감시할 목적으로 설치될 전문가 조직인 소비자위원회의 인선문제 등이 해결되지 않은 상태였다. 또한 청 인선과 조직 구성 과정에서 관계 부처 간의 알력과 저항이 매우 심했다.

일본 소비자청의 발족과 이어지는 정책들은 우리나라의 정책과 소비자 행정에도 적지 않은 영향을 미칠 것이다.

일본소비자청장과 소비자위원회 위원장 등이 참여한 세미나

역사적으로 볼 때 우리나라는 소비자기본법의 도입이나 전담기구(한국소비자원)의 설립 등 소비자정책과 행정에 있어서 상당 부분을 일본으로부터 배워 온 측면이 많았다. 그러던 것이 1990년대 후반부터는 일본을 앞서 가는 분야도 나타났는데, 일본은 소비자청의 설립 등 자국의 정책 추진 과정에서 우리나라의 선진 면모에 경각심을 가지거나 일부 정책을 벤치마킹한 측면도 없지 않다.

일본의 소비자청 설립은 2007년 말 당시 여당인 자민당과 후쿠다(福田)내각의 지도력 회복을 위한 정치적 목적에서 비롯된 측면이 강했다. 그동안 수상의 사임과 여당의 잇따른 실책으로 기구 설립 자체가 거의 불가능한 상황까지 갔었지만, 우여곡절 끝에 청의 발족이라는 결실을 얻은 것이다.

논의가 시작될 즈음만 해도 일본의 정책 관계자들 간에는 "한국의 소비자정책으로부터 배우자"라는 기류가 적지 않았다. 하지만 이제, "국민을 위한 행정과 정책에 관한 한 일본이 세계를 리드하자"라는 분위기가 역력하다.

소비자정책의 추진이 우여곡절 끝에 공정거래위원회와 한국소비자원을 중심으로 이루어지고 있는 우리의 경우 이러한 일본의 최근 소비자정책과 행정의 향방을 주의 깊게 살펴볼 필요가 있다. 특히, 신설된 일본의 소비자청과 국민생활증진을 위한 독립 기관인 국민생활센터^{tip!둘}와의 기능과 역할분담 그리고 상호 협력체계, 그리고 양 기관의 기능 통합에 관한 최근의 움직임을 주시해야 할 것이다. 덧붙여 **이러한 일본의 정책변화가 국민의 안심·안전과 삶의 질 향상에 어떠한 영향을 미치고 있는지 타산지석(他山之石)으로 삼을 필요가 있다.**

일본은 요즘 또 다른 변화를 모색하고 있다. '소비자와 생활자의 시점에 서서 행정을 전환하자'라는 슬로건을 내걸고, 새로운 소비자행정 조직을 구상하고 있다. 소비자행정을 소비자청 중심으로 일원화하자는 것이 그것이다.

그동안 여러 어려움에도 불구하고 소비자청이라는 조직을 만들었지만, 기존의 국민생활센터(NCAC)와 지방의 소비자보호 조직들과의 연계와 협력이 충분하지 않고 부분적으로 업무가 중복되는 등의 문제점들이 계속 지적되어 왔다. 그러한 문제점들을 해소하기 위해 논의를 거듭해 왔고, 국민생활센터의 기능을 소비자청으로 2013년까지 단계적으로 모두 이관하기로 잠정 결정했다. 그렇게 되면 일본의 소비자정책은 소비자청 중심으로 일원화되어 추진될 것으로 보인다.

일본은 이러한 조직의 통합 논의 과정에서도 서로 인내를 갖고 단계적으로 문제점들을 해소해 가는 것이 인상적이다. 무엇보다도 그러한 과정의 중심에 '소비자'를 두고 있다는 점이다. 소비자가 편리하고 이해하기 쉬운 행정, 그리고 소비자나 생활자가 주역이 되는 정책을 위해 끊임없이 해법을 찾고 있었다. 우리에게 시사하는 점이 적지 않다.

수십 년간 일본의 소비자법과 정책을 가르치고 연구해 온 마쓰모토(松本恒雄) 교수는 일본에서뿐 아니라 해외 여러 나라에도 잘 알려진 소비자문제 전문가이다. 나두 선생과 적지 않은 인연이 있다. 히토쓰바시(一橋)대학 법학연구과의 객원연구원 시절 나의 지도교수였고, 선생의 대학원수업과 ゼミ(세미나식 수업)에 참여하여 함께 논문을 썼다. 개인적으로는 선생의 지도 아래 법학박사논문을 진행하고 있다.

친구인 호소카와 교수(오른쪽)는 2011년 9월부터 마쓰모토 교수 뒤를 이어 일본 소비자위원회 위원이 됐다.

일본국민생활센터(国民生活センター)는 우리나라의 한국소비자원과 비슷한 성격의 정부기관이다. 전국의 소비생활센터들과 연계하여 소비자상담과 피해구제 정보 및 소비자 위해정보들을 수집하여 분석하고 제공하는 역할을 하고 있다. 상품 테스트와 교육 연수 업무도 수행하며, 신설된 소비자청과 연계하여 정책을 추진하는 기능도 갖고 있다. 자세한 사항은 센터의 홈페이지에서 확인해 볼 수 있다 (www.kokusen.go.jp).

 소비자 시민사회 추구하는 일본

바다 위에 건설된 인공섬 간사이(関西)공항에서 혼슈(本州)의 남쪽 해안을 따라 열차로 한 시간 남짓 내려갔다. 일본변호사연합회(한국의 대한변호사회에 해당)에서 주최하는 심포지엄에 참석하기 위해 11월 4일 밤 와카야마(和歌山) 시에 도차했다. 3일간의 여정 중 이틀을 회의석상에서 보낸 빡빡한 일정이었다.

8월 말에 있었던 일본의 총선 결과에 대한 세간의 관심은 정치적인 측면에만 집중되는 듯했다. 반세기 만에 정권교체를 이룬 민주당 하토야마 수상의 '선거혁명'이니만큼 당연하게 보였다. 하지만 일본에서는 지금 국민의 생활에 밀접한 중요한 정책의 변혁이 진행되고 있다. 이번의 소비자정책 관련 심포지엄도 그러한 변화의 모습을 담아내려는 노력의 일환으로 보였다.

이번 심포지엄은 이러한 일본의 소비자행정의 변화가 사업자 중심에서 소비자시민 중심으로 전환되는 역사적인 전환점임을 강조하면서, 향후 10년, 20년 후를 바라보며 바람직한 소비자정책의 방향을 제시하는 자리였다.

소비자위원회 위원장과 내각부 관계자, 학계와 언론계, 법조계 등에서의 소비자보호 전문가들을 패널(토론자)로 초빙하여 소비자안전의 문제, 소비자

한국의 소비자운동의 대모격인 정광모 회장과 가까운 벗(親友)인 호소카와 교수와 함께

단체의 역할, 지방소비자보호, 소비자교육, 기업과 사회의 역할 등에 관한 문제들을 집중적으로 토론했다. 회의의 막간을 이용해 외국 여러 나라의 전문가들을 취재한 영상메시지를 소개하고 소비자문제에 관한 코믹한 연극을 무대에 올림으로써 행사의 전체 분위기를 밝게 했다. 더욱이 불의의 엘리베이터 사고로 자신의 아들을 잃은 한 어머니의 소비자안전 사례발표는 200여 명이 넘는 참석자의 눈시울을 적셨다.

한국에 관해서는, 소비자연맹의 정광모 회장의 비디오레터가 소개되었는데, 주로 소비자단체 활동의 역사와 일본과의 협력관계를 강조하는 내용이었다. 이어서 내가 최근의 집단분쟁조정제도 운영현황과 소비자기본법 개정움직임 등 한국의 소비자정책의 변화상에 대해 소개했다. 특히 한국에서는 민간단체들이 어떤 이유로 중앙정부와 지자체로부터 보조금을 받고 있는지 등 여러 질의에 답변했다.

심포지엄 행사에 참가했던 소감은 한마디로 부러움이었다. 법과 제도의 변화가 쉽지 않은 안정된 사회인 일본에서 2년 남짓한

논의 기간을 거쳐 소비자청과 소비자위원회가 발족되었을 뿐만 아니라, 정부가 아닌 비영리조직(NPO)에서 구체적이고 미래지향적인 논의를 주도하고 있는 것이다.

형식상으로는 정부가 소비자정책을 주도하지만, 실질적으로는 일본변호사연합회와 학계 등 전문가그룹에 의해 정책이 추진되고 있다. 더욱이, 취약한 소비자단체의 활동을 활성화하고자 한국 등의 사례를 진지하게 분석하는 모습을 보면서 "대단한 나라"라는 생각을 했다. 밀린 일을 제쳐 둔 채 얻은 3일간의 휴가가 무엇보다도 유익했다.

우리노 이러한 일본의 최근 소비자정책과 행정이 향방을 주의 깊게 살펴볼 필요가 있다.

특히, 새로 설치된 소비자청·소비자위원회와 소비자보호를 위한 기존조직인 국민생활센터와의 기능과 역할분담, 그리고 이들과 일본변호사연합회와 같은 비영리조직(NPO: nonprofit organization) 및 민간단체 간의 상호 협력체계를 잘 살펴보아야 할 것이다. 덧붙여 이러한 일본의 변화가 국민의 안심·안전과 삶의 질 향상에 어떠한 영향을 미치는지 예의주시해야 할 것이다.

기모노 복장이 그런 대로 잘 어울린다.
양옆의 여인 덕!?

# 의료분쟁의 최종 승자는

국내에서도 드라마화되어 인기리에 방영된 적이 있는 야마자키 토요코(山崎豊子)의 '하얀거탑(白い巨塔)'[tip!하나]에서도 볼 수 있듯이, **현대인들에게 의료서비스는 생활의 필수상품(necessary products)이다.** 대부분의 아이들이 병원에서 태어나고, 몸이 아프면 치료받으러, 건강하더라도 정기검진을 위해 병원을 출입한다. 다사다난한 인생을 병원에서 마감하는 경우도 많다.

이와 같이 의료서비스는 우리의 건강을 지켜 주는 소중하고 중요한 것이다. 하지만 서비스를 제공하는 병원과 의사들에게 감사하지 못하고 오히려 다툼으로 비화되는 경우가 있다. 바로 의료서비스 분쟁이다.

사실 과거에는 의사들의 진료 잘못으로 사고가 발생해도, 병원이나 의사 상대로 보상받기가 극히 어려웠으며, 유일한 방법이 법에 호소하는 것이었다. 하지만 소송에서 환자가 의사의 과실을 입증해야 했기 때문에 여러 가지 어려움이 따랐다.

더욱이 의료소송의 평균 소송기간이 26.3개월로서 일반 소송의 4배가 넘고 항소율이 71%가 넘어 최종심까지 가는 경우가 대부분이다. 결과적으로 의료서비스의 피해자인 원고가 승소하더라도 아무것도 남지 않는 경우가 많다. 그래서 피해자들은 몸으로 항의하여 병원으로부터 위로금형태의 보상이나 합의금을 받거나, 아니면 포기하는 경우가 대부분이었다.

하지만 최근 들어 의료소송에서 법원이 피해자의 입증책임을 어느 정도 줄여 주고 있어 피해자의 권리회복 여건이 다소 나아졌고, 이 점이 의료분쟁이 늘어나는 하나의 요인으로도 작용했다고 볼 수 있다. 다시 말해, 피해자가 병원 측의 과실을 모두 입증하지 못하더라노 법원이 병원 측의 과실을 인정하는 경우가 과거에 비해 조금씩이나마 늘고 있는 것이다.

실제로, 최근 2년간 의료소송사건 중 피해자(원고)의 약 30%는 패소했지만, 26% 정도는 승소했고, 또 나머지 44%는 조정이나 화해를 통해 일정 수준의 배상을 받았다. 또 정부기관이나 민간단체들이 의료사고 피해자 돕기에 적극적인 점도 의료분쟁 증가의 한 요인이 되고 있다. 이 또한 의료분쟁에서의 소비자의 안전할 권리를 향상시켜 주는 결과를 가져왔다. 또한 의료법에서 정한 여러 조정절차를 통해 피해자들이 비용이 많이 드는 소송을 통하지 않고도 상담과 조정을 통해, 이른바 ADR(재판 외 분쟁해결)^{tip!둘}의 절차를 통해서도 의료분쟁의 효과적인 해소가 가능하다.

어쨌든, 이러한 사법적 환경변화와 소비자기관이나 소비자단체의 도움, 그리고 피해당사자의 적극적인 권리주장을 통해 의료사고로 인한 소비자의 억울함이나 피해가 어느 정도 회복될 수 있는 여건이 마련된 것은 다행한 일이다.

한 가지 현실적인 문제는 의료분쟁 시 잘못을 입증할 책임이 여전히 피해자에게 있다는 점이다. 피해자가 고도의 전문분야인 의료서비스에 대해 가해자의 과실을 입증하기란 불가능에 가깝다. 따라서 (재판과정에서) 피해자의 입증책임을 더 줄여 줄 필요가 있다. 미국의 경우를 보면 과실 여부의 입증책임을 상당부분 가해자 측에 물리고 있는 실정이다.

최근에는 일반 제품에서의 제조물책임과 같이 의료사고의 경우에도, 무과실(no-fault) 제도^{tip!셋}로 바꿔야 한다는 개혁방안이 논의되고 있다. 제도적으로 의료인의 진료권이 존중되어야 하지만, 의료 서비스에 대한 소비자의 권리도 당연히 보장되어야 한다.

정부에서도 이러한 내용의 제도화를 위해 노력해 왔으며, 그 결실이 지난 2011년 3월에 국회를 통과한 의료분쟁조정법이다 (정식명칭은 '의료사고 피해구제 및 의료분쟁조정 등에 관한 법률'이다). 하지만 이 법에는 위에서 소개한 '무과실주의'는 포함되지 않았고 대신 '의료분쟁조정중재원'이라는 독립기구를 만들어 분쟁이 생겼을 때 소송이 아닌 중재로 해결토록 하고 있다.

이 법에는 사고입증 책임을 환자와 의사 중 누구에게 지우는지 불분명하게 되어 있어 문제가 있어 보인다. 하지만 23년이란 긴

기간 국회 상정과 폐기를 반복하면서 표류해 온 것이니만큼 의료 소비자의 문제가 해소되는 데 조금이나마 도움이 될 것으로 기대해 본다.

분쟁해결에 있어서 과실의 책임이 누구에게 있는지 증명할 책임이 누구인지의 문제, 다시 말해 입증책임의 주체의 문제는 적절한 시기에 보완하면 될 것이다.

TIP ! 하나

내가 업무뿐 아니라 개인적으로도 의료분쟁에 관심을 갖게 된 것은 일본의 후지TV에서 방영된 '하야거탑(白い巨塔)' 드라마를 보고 나서이다. 내용뿐 아니라 출연한 배우들의 섬세한 감정 처리가 너무나 잘 된 드라마여서, 아무도 없는 히토쓰바시대학의 고즈넉한 연구실에서 여러 편을 몰아 보다가 새벽을 맞기도 했다. **"アズマ教授の総回診です**(아즈마 교수의 회진 시간입니다)"라는 환청이 들리더니, 이명(耳鳴)이라는 반갑잖은 친구가 찾아오기까지 했다. (여전히 떠나지 않고 있는데, 아마 평생지기를 해야 될 성 싶다) 내용은 한국판과 별 차이가 없지만, 시청자를 울리고 웃기는 재미에 더해 의료사고의 진면목을 느낄 수 있는 좋은 드라마였다.

TIP ! 둘

ADR(Alternative Dispute Resolution)은 우리말로 '대안적 분쟁해결 제도' 또는 '재판 외 분쟁해결 절차'라고 한다. 말 그대로 법원의 소송에 의하지 않고 법원 외의 공정하고 중립적인 제3의 조정자를 통해 분쟁을 해결하도록 하는 소송 외적으로 분쟁을 해결하는 것을 의미한다. ADR은 본질적으로 합의에 의해 조정하는 여러 형태를 갖는데, 대화와 협상, 화해촉진, 조정, 중재, 옴부즈맨 등의 수단이 활용된다.

ADR은 재판에 따른 비용과 시간을 절약하고, 다툼의 해결과정에서 이해당사자의 참여를 높이는 장점이 있다. 또한 다툼의 당사자들이 조정 결과에 대해 수락하는 비율도 재판보다는 훨씬 높은 매우 효과적인 분쟁해결방식으로 인식된다.

최근 의료사고에 관한 분쟁에서도 '과실'에 기초한 제도를 이른바 '무과실주의'로 바꿔야 한다는 보다 급진적인 개혁방안이 제시되어 왔다. 예컨대 국회에서는 의사나 병원 측의 입증책임을 강조하는 '의료사고피해구제법'이 몇 차례 상정되어 입법화가 시도돼 왔었다. 또한 시민단체가 중심이 되어 입증책임 전환을 핵심 내용을 한 의료사고피해구제법 제정을 위한 국민청원이 제기되기도 했다.

이러한 움직임의 주된 내용은 의료과실로 인한 피해자가 해당 진료행위의 과실 여부에 관계없이 보상받을 수 있어야 한다는 것이다. 이른바 무과실(no-fault) 보상제도이다.

무과실 보상제도는 의료소비자를 위한 많은 장점이 있지만, 한편으로 경제적인 측면에서 적지 않은 문제가 있다. 이 점은 내가 깊이 고민했던 분야이지만 지면상 생략한다. 관심 있는 독자는 한국법경제학회에서 발간한 『법경제학연구』 제6권 제2호에 게재된 '의료과오에 있어서의 배상책임에 관한 법경제학적 고찰'(이종인)을 읽어 보기 바란다.

의료사고 & 소비자분쟁

의료는 소비생활의 핵심 서비스(service)이다. 사실, 의료서비스는 생로병사를 병원에서 맞는 경우가 많은 현대인들의 생활필수상품의 하나이다.

의료서비스는 우리의 건강과 행복을 위해 책임지는 보루이며 무엇보다 소중한 소비상품이다. 하지만 소비자들이 의료서비스를 제공하는 병원이나 의사들과 다투는 일이 종종 발생한다. 바로 의료사고로 인한 소비자 분쟁이다.

❓ 의료사고에 대한 뉴스들을 종종 듣게 되는데……, 얼마나 발생하고 있나?

🎤 우리나라에서 의료사고가 얼마나 발생하고 있는지 정확한 자료는 없는 실정이다. 사실 의료불만이나 분쟁, 그리고 의료사고 간의 구분도 명확하지 않고, 또 의료통계를 만들어 내는 단체들에 따라 상당한 편차를 보이기도 한다.

최근의 한 학술회의에서 발표된 논문에 의하면, 한 해에 의료

과실로 숨지는 환자가 4천5백 명 내지 1만 명에 이를 것이라 한다(공식적인 통계는 아니다). 하지만 의료서비스에 관련된 상담이나 분쟁건수를 보면 그 추이를 대략 짐작해 볼 수 있다.

한국소비자원에 접수되는 의료서비스 불만관련 상담건수를 보면 2000년에 9천9백여 건이던 것이 지난 2008년에는 1만 5천여 건으로 크게 증가했다. 실제로 당한 피해를 구제해 달라고 요청한 사안도 2000년엔 450건에서 지난해에는 600여 건으로 늘었다.

또 의료사고에 관련된 소송도 크게 늘고 있는 것으로 나타났다. 법원(행정처)에서 발간하는 사법연감(司法年鑑)에 따르면, 최근 20년(1989~2008)간 우리나라의 전체 민사소송본안 사건 중에서 의료사고에 관한 손해배상소송이 차지하는 비율을 보면, 1989년에는 전체 민사본안 사건 중에서 의료사고로 인한 손해배상소송의 건수가 76건에 불과했지만, 1998년도에는 717건으로 10년 만에 9.4배로 증가한 것이다. 또한 2008년에는 890여 건으로 증가됐다. tip!하나

● 실제 수치를 보니 그동안 의료서비스에 대한 불만이 많았다는 것을 실감하게 되는데, 이렇게 의료서비스에 대한 불만이나 분쟁이 늘어나는 특별한 이유가 있나? 의료 사고가 증가하는 것과도 관련이 있을까?

● 기본적으로는, 환자들의 권리의식이 과거에 비해 상당히 높아졌기 때문인 것 같다.

사실 과거에는 의사들의 잘못된 진료 때문에 사고가 발생했다

하더라도, 병원이나 의사를 상대로 보상받기가 매우 어려웠다. 유일한 방법이 소송이었다. 하지만 소송에서 환자가 의사의 과실을 입증하기가 쉽지 않다. 그래서 격렬한 항의나 농성을 통해 병원으로부터 위로금이나 합의금을 받든지, 아니면 어쩔 수 없이 포기하는 경우가 많았던 것이 사실이다.

의료분쟁이 늘어나는 또 다른 이유로는, 최근에 법원이 의료소송에서 피해자의 입증책임을 어느 정도 줄여 주고 있어 과거보다 승소할 가능성이 높아졌다는 점이다. 다시 말해, 피해자가 병원 측의 과실을 모두 입증하지 못하더라도 법원이 병원 측의 과실을 인정하는 경우가 과거에 비해 늘고 있다.

한국소비자원에서도 1999년부터 의료사고로 인한 소비자피해 구제 업무를 하고 있고, 민간단체들도 적극적으로 의료사고 피해자들을 돕고 있는 점도 최근 의료분쟁이 늘어나는 이유가 되겠다.

❓ 외국은 어떤가? 선진국은 우리나라보다 분쟁이 많나?

🎤 그렇다. 선진국일수록 의료사고에 관련된 분쟁이 훨씬 많다. 사실, 미국과 영국 같은 선진국에서는 의료분쟁이 중요한 사회 문제 중의 하나이다.

미국은 매년 약 10만 명이 의료사고로 목숨을 잃는다는 통계가 있다. 또, 1950년대까지만 해도 의사 100명 중 한 명 꼴로 의료과실 소송의 피고인 신세가 됐었지만, 1990년도에는 10명 중 한 명 꼴로 증가한 것을 보면, 의료사고증가율이 매우 높은 것이 사실이다.

영국의 경우도, BBC방송에 따르면 의료진의 실수로 매년 2~3만 명이 사망하고 있고, 이보다 훨씬 더 많은 사람들이 상해나 부작용을 겪고 있다고 한다.

이들 선진국들과 비교해 볼 때 우리나라 의료사고나 분쟁 수치는 아직 낮은 수준이다. 하지만 조만간 선진국 수준으로 증가할 것에 대비해 적극적인 논의와 대책이 필요하리라고 본다.

❓불만이나 피해는 주로 어떤 것들인가? 사례를 들어 소개해 주면 좋겠다.

🎤 우선, 한국소비자원에 접수돼 처리되었던 분쟁사례를 중심으로 설명하겠다.

의료서비스 불만 형태를 보면, 쌍꺼풀 수술 후 좌우균형이 맞지 않아 짝눈이 되었다는 (생명에는 지장이 없는) 사례에서부터, 의사의 과실로 환자가 사망하거나 식물인간이 된 중한 사례까지 아주 다양하다. 진료 과목별로 보면 치과와 산부인과가 많은 편이고, 그다음으로 내과, 정형외과, 성형외과 등의 순이다.

사례를 하나 들어 보겠다.

네 살 여자아이가 갑자기 배가 아파 병원 응급실에 가서 검사를 받아 보니 숙변에 의한 복통으로 진단돼 3차례 관장을 받고 집에 왔다. 하지만 불행히도 혈변과 통증으로 의식을 잃어 해당 병원 응급실에서 심폐소생술을 받았지만 사망한 사례이다.

한국소비자원에서 조사를 해 보니, 엑스레이 사진에 소장 천공이 보여 수액공급 등 응급조치가 필요했다는 사실이 입증됐다.

또, 당시 응급실 담당의사가 응급수술 여부를 판단하기 위한 검사를 반드시 시행했어야 했는데도 그렇지 못했다. 또 전문의에게 판독을 의뢰하지 않고 본인이 무리하게 판독한 결과 숙변에 의한 복통으로 오진하는 과실을 범한 것이다.

❓ 그래서 어떻게 됐나?

🎙 조정담당자가 사실조사 결과를 바탕으로 8천5백만 원을 보상하도록 권고했고 피해자와 병원 측에서 이를 받아들여 합의되었다.

이 사례에서의 보상금은 유사한 다른 의료사고에서의 보상보다 적은 것이 사실이다. 하지만 이 사례의 경우에는 탈장과 같은 환자의 선천적 질환도 사태악화의 원인이 될 수 있다는 소견이 나중에 드러남에 따라, 피해자 측에서도 중재자의 권고안을 적극적으로 받아들였고, 병원 측에서도 별다른 이의 없이 받아들였다.

❓ 소송까지 가지 않고 문제가 해결될 수 있어서, 병원 측이나 환자 측 모두에게 도움이 된 것으로 보인다. 또 다른 분쟁해결 절차도 소개해 달라.

🎙 앞서도 말씀드렸지만, 과거에는 의료사고에 관련된 환자나 가족의 피해는 병원 측과 합의를 보거나, 아니면 담당 의사나 병원을 상대로 민사소송이나 형사고소를 해야만 구제가 가능했다.

하지만 지난 1998년 소비자기본법이 개정되면서 (사례에서와 같이) 소송을 통하지 않고, 피해자들이 피해를 구제받을 수 있게 됐다.

실제로 최근 2~3년 동안은 사망이나 장애 등 중한 사고에 대한 구제요청도 늘고 있고, 또 조정을 통해 문제가 해결되는 경우가 적지 않다. (하지만 조정에 강제력이 없어 해당의사나 병원이 불복하면 피해자가 도움을 얻기 힘들다는 한계가 있다.)

또 다른 분쟁해결 방법으로, 의료법에 의한 재판외분쟁해결(ADR) 제도도 도입됐다. 그래서 피해자들이 소송비용이 많이 드는 재판을 통하지 않고도 상담과 조정을 통해서 문제를 해결할 수 있게 됐다.

❓ 재판 외 분쟁해결제도에 대해서 좀 더 자세하게 말해 달라.

🎙 의료행위로 인해 분쟁이 발생할 경우 소송으로 가지 않고도 당사자 간 조정을 통해 해결할 수 있도록 의료법에서 정해 놓은 제도이다[영어로는 Alternative Dispute Resolution(ADR)이라고 하며, 의료분쟁뿐 아니라 일반 거래에서의 분쟁에 관련해서도 사용되고 있는 개념이다]. 이 제도에 따라 1985년에 의료분쟁조정위원회가 보건복지부와, 지방 지도에 설치되고 지금까지도 활동하고 있다. 하지만 그 조정 실적이 거의 없어 유명무실한 상태이다. 앞으로 좀 더 활성화돼야 할 것이다.

❓ 그렇다면 환자가 병원조치에 불만이 있거나 의료사고를 직접 당한 경우에 어떻게 해야 하나?

🎙 우선 치료 전에, 그 효과뿐 아니라 치료 후 나타날 수 있는 부

작용에 대해 설명들을 권리가 소비자한테 있다. 충분한 설명을 들은 후에 수술이나 치료하도록 해야 분쟁을 막을 수 있다.

만약에 사고를 당했으면 가능한 한 빨리 경과기록지, 수술·검사·마취 기록지, 진단서, 진료비영수증과 같은 관련 자료들을 확보하는 것이 좋다. 의료사고의 원인을 밝힐 수 있는 가장 기본적인 자료이기 때문이다.

그다음에 분쟁의 당사자인 병원이나 담당의사에게 해명과 문제해결을 요구해야 한다. 만약에 서로 합의하는 경우에는 그 내용이나 분쟁당사자의 확인(상대 적격 여부)에 신중해야 한다. 또 합의사항을 꼭 문서로 남겨 둬야 한다.

사실 병원 측은 전문가이지만 환자는 의료지식이 별로 없다. 그래서 피해자 개인의 힘으로는 병원을 상대로 공정한 보상을 받기가 쉽지 않다. 이럴 경우에는 한국소비자원이나 각 시·도의 의료분쟁조정위원회 등에 상담이나 분쟁조정을 요청하는 것이 시행착오를 줄이는 지름길이다.

최후의 수단으로 법원에 소송을 제기하면 되는데, 이 경우에는 의료소송을 전문으로 하는 변호사와 미리 충분한 상담을 하고 대비하는 것이 좋겠다.

소송이 많아지면 그만큼 비용과 시간이 들고, 결국 피해자나 병원 모두 부담이 되지 않나?

그렇다. 피해자로서는 소송을 할 경우 의료사고 자체로 인한 피해와 함께, 적지 않은 소송비용과 지루한 소송절차 그리고 의

료과실을 입증하기 어려운 데서 오는 심적 고통을 동시에 겪게
된다.

의료기관의 입장에서도 마찬가지다. 소송이 제기되면 불필요
한 금전적·시간적 비용이 들게 되고, 병원이나 담당의사 개인
의 이미지에 큰 상처를 받게 된다. 아직 징벌적 배상제도가 적용
되지 않아서 미국과 같은 과다한 배상비용으로 인한 부담은 덜한
편이지만, 의료사고로 인해 병원이 문을 닫는 사례도 있다. 의사
의 입장에선 한순간의 실수나 잘못으로 일생의 공든 탑이 무너질
수도 있다.

**❓ 의사들이 보험에 가입했더라면 그러한 불행이 다소 줄어들 수
있을 텐데. 의료사고를 처리하는 보험은 없나?**

🎙 최근 들어 의료소송이 늘어나자 병원들도 의료사고 배상책임
보험에 가입하거나, 의료분쟁 전담 조직을 설치하는 등 대책을
마련하고 있는 추세이다.

사실, 의료인의 입장에서도 의료배상책임보험에 가입하는 것
이 의료사고분쟁에 휘말리지 않을 수 있는 방편이 된다. 최근에
일부 병원과 개원의들이 배상책임보험에 가입하고 있고 또 병의
원 협의회 차원에서 보험 가입협약을 추진하고 있다. 또한 지난
해 초에 의료분쟁조정법이 제정되어 조만간 의료배상책임보험제
도가 정착될 것으로 기대된다.

이러한 의료사고와 의료분쟁의 우려 때문에, 분쟁에 휘말리지
않기 위해 의사들의 과잉진료와 특정과목 진료기피 문제도 발생

하고 있다.

과잉진료도 의료사고로 볼 수 있나?

'불필요하게 과다한 검사나 진단, 투약'의 경우가 과잉진료이
다. (진료비를 부풀릴 목적으로 과잉진료를 하는 경우도 있겠지
만 대부분 소송과 같은 분쟁을 피하기 위한 목적이라고 볼 수 있
겠다). 의료용어로는 '방어적 의료행위(defensive medicine)'라
고 한다.

미국의 경우에는 이러한 과잉진료 관행으로 환자 1명당 330달
러(약 37만 원)의 추가비용을 지불하고 있다고 한다. 아직 구체
적인 통계는 없지만, 우리나라의 경우도 과잉진료 문제가 종종
뉴스거리가 되기도 한다.

문제는, 이러한 과잉진료로 국민 보험재정의 증가를 초래해 결
국 일반 보험가입자인 국민의 부담이 늘어난다는 사실이다. 그
리고 경우에 따라서는 환자의 건강을 해칠 수도 있다.

의료분쟁이 갈수록 늘어나는 추세에서 관련법 정비도 필요할 텐데, 제도적으로 개선해야 할 부분이 또 있을까?

앞서 소개했듯이 20년 넘게 끌어왔던 의료사고 피해구제법(의
료분쟁조정법)이 지난해 마련됐다. 따라서 조만간 의료배상책임
보험도 활성화돼서, 더 많은 피해자들이 소송으로 가지 않더라
도 피해구제를 받을 수 있게 될 것으로 기대된다.

　제도적으로 의료인의 진료권이 존중되어야 하지만, 의료 서비스에 대한 소비자의 권리도 당연히 보장되어야 한다.

민사사건 중 의료사고 손해배상사건의 비율을 보여 주고 있다. 민사소송건수는 '민사1심 본안사건 처리건수'이며, 의료사고사건수는 의료분쟁 중 의료심사조정위원회의 중재 등을 거친 분쟁을 제외한 민사소송건수이다.

의료분쟁에 관한 체계적인 통계는 정부를 포함한 어느 기관에서도 공식적으로 제시되지 않고 있다. 의료사고소송 통계도 시법연감, 일간지, 연구보고서 등 여러 사료에서 취합한 것이므로, 실제와 다소 차이가 있을 수 있다(이종인, 『불법행위법의 경제학』 한울아카데미, 277쪽).

07
생산자의 애환과 남은 사연들

자영업자 문제의 해법

"괜찮았던 사업이 지난해부터 매출이 줄더니 적자가 지속됐다. 은행대출 연체가 누적되어 결국 신용불량자가 됐다. 그동안 많게는 연간 수천만 원의 세금을 내 왔는데, 정부로부터는 아무런 보호를 받지 못하고 있다. 그동안의 금융거래실적이나 세금납부 실적을 봐서라도 은행과 정부가 융통성 있게 운영자금을 지원해 주길 바란다."

인터넷에 올라와 있는 어느 자영업자의 애환을 요약해 본 것이다.

경기 침체의 장기화로 자영업자 수가 늘어나고 있다. 지난해 말 기준 559만 명으로 우리나라 전체 인구의 23.5%에 해당한다. 경제협력개발기구(OECD) 회원국 전체의 평균 자영업자 비중이 13.6%이므로, 우리나라는 선진국들의 1.7배에 해당하는 것이다. 대다수의 자영업이 도소매업과 음식업에 치중되어 있고, 창업대비 폐업 비율이 90%를 넘는 것도 문제의 심각성을 읽을 수 있는 대목이다.

더욱이 많은 자영업자들이 장기간의 적자 누적과 채무 연체로 신용위기에 놓여 있다고 한다. 우리나라 가계부채의 절반 가까이는 자영업자들이 안고 있는데, 이들의 평균부채는 2010년 가계금융조사에 따르면 6천9백만 원이다. 처분가능소득의 2배 수준이다.

자영업은 실업자나 취업실패자, 퇴직자가 택할 수밖에 없는 최후의 수단이다. 이러한 자영업자들의 정부에 대한 불만이 높아지면 우리 경제에 부정적 영향을 미칠 것은 불 보듯 뻔하다.

이처럼 자영업의 상황이 나빠진 원인은 무엇일까?

아마도 경기침체에 따른 일자리 부족이 가장 큰 원인일 게다. 마땅한 일자리가 없는 청년이나 일자리를 잃어버린 중·장년층이 생계수단으로 자영업에 대거 진출하고 있는 것으로 생각된다.

그간 정부의 자영업 대책이 지속적이지 못했고 실효성이 낮은 점도 커다란 원인일 것이다. 2005년도에 내놓았던 참여정부의 이른바 5.31대책(영세 자영업자 종합대책)은 초기 단계에서 추진 동력을 상실했으며, 2011년 초 중소기업청에서 발표한 자영업자와 소상공인을 위한 여러 대책들도 효과가 눈에 띄지 않았다. 자영업자들을 대상으로 한 설문에서도 "정부정책이 너무 안일했다"는 인식이 비교적 높게 나왔다(전체 응답자의 28.6%).

반면에 영세자영업자의 자생력을 회복시켜 주기 위해 전통시장 반경 1km까지를 '전통시장 보호구역'으로 설정토록 한 유통산업 발전법(유통법) 개정과 대기업에서 운영하는 체인점이나 직영하는 점포를 이른바 '사업조정'의 대상에 포함되도록 한 대중소기업 상생협력촉진법(상생법) 개정은 어느 정도 효과를 나타내 보이고 있다.

한정된 시장에서 수많은 자영업자들이 경쟁해야 하는 시장 구조적인 문제와 함께, 폐업이나 전업에 따른 대책을 포함하여 지속적인 경영혁신을 유도할 자체적인 지원 체계가 없다는 문제도 자영업자 상황 악화의 원인일 것이다.

그동안 자영업은 소규모 제조업을 포함하여 도소매업이나 음식숙박업, 운수업, 부동산임대업 등이 주류였다. 하지만 교육이나 금융·보험업, 보건복지서비스, 사회·개인서비스 등 이른바 신성상서비스 형태의 시장이 점차 커지고 있다. 이러한 구·신 업태 간 부침(浮沈) 속에서 양극화 현상이 실제로 나타나고 있는 실정이다.

우리나라는 앞서 살펴봤듯이 경제수준에 비해 자영업 비중이 상당히 높다. 갑작스런 경기회복이 이루어지지 않는 한 당분간 특히 영세자영업의 어려움은 앞으로도 계속될 것이다. 이런 여건에서 풀어야 할 과제는 어떻게 개인적 비용뿐 아니라 우리 사회가 부담해야 할 비용을 최소화하면서 자영업의 구조조정을 원만하게 진행하여 경쟁력을 높여 주는가 하는 것이다.

그렇다면 어떤 대책이 필요할 것인가? 자영업자들의 자생력이나 시장 경쟁력 약화 문제는 단기간에 해결될 수 없는 복합적인 경제문제이다. 따라서 장기적 관점에서 신중한 정책적 접근이 요구된다. 몇 가지 현실적인 방안을 생각해 볼 수 있겠다.

자영업자들의 가장 큰 애로는 자금줄이다. 어떤 여건이든지 자금이 넉넉지 못한 자영업자들이 안정적으로 돈을 빌릴 수 있거나 안고 있는 부채의 이자 부담이 줄어들 수 있다면 이들의 시름이 한결 줄어들 것이다. '소상공인 정책자금'tip!하나 대출을 늘려 주거나 영세한 자영업자의 신용보증을 정부가 서 주는 방안이 효과적일 것이다. 미소금융이나 햇살론과 같은 서민금융을 늘려 주는 방안도 좋겠다. 제도적으로 운용 중인 정책자금 대출의 이자도 좀 더 낮추는 방안을 찾아봐야 할 것이다.

재벌이나 대기업들의 횡포에 가까운 행태들이 자영업의 터전을 무너뜨리고 있다. 삼성이나 LG와 같은 대기업 MROtip!둘가 철근이나 볼펜까지 싹쓸이하고 있다는 뉴스가 나왔다. 일전에는 재벌오너의 딸들이 제빵이나 커피전문점 사업에 진출하여 세간의 빈축을 사기도 했다. 대기업의 계열사 일감 몰아주기는 참 부도덕한 일이다. 그것도 경영능력도 없는 재벌 3세의 밥벌이 수단으로 챙겨 준다고 한다. 편법을 동원하고 탈세를 하는 경우도 있다고 한다.

대기업이 뺏어가다시피 한 중소기업 시장을 자영업자들에게 되돌아가도록 정부가 나서야 한다. 앞서 살펴본 유통법과 상생법을 추가적으로 개정해서라도 골목상권이나 전통적 소규모 자영업종으로의 대기업 진입을 일정 부분 제한할 필요가 있다. 자영업자에 대한 대기업이나 대규모유통업체의 불공정 거래나 아이디어 뺏기, 부당한 인력 빼 가기에 대해서도 대책이 필요하다.

공정거래법이나 조세법, 회사법과 같은 현행법의 적극적인 해

석과 적용으로도 이러한 문제들의 상당 부분이 해소될 수 있을 것이다. 궁극적으로는 동반성장 내지 상생의 사회적 관행과 문화로 정착시켜 가는 것이 중요하다.

자영업자들이 매일 겪는 부당함이 또 있다. 바로 신용카드 가맹점 수수료이다. 대부분의 자영업자들은 3% 내외의 높은 카드수수료를 부담하고 있다. 신규의 경우는 카드사별로 다르지만 대략 2.5%에서 3.6% 수준이다. 대형마트는 그 절반인 1.5% 내외이다. 카드사 입장에서는 중소 자영업자의 경우 더 많은 관리비용이 들게 되므로 대형마트보다 높은 수수료를 받으려 하는 것은 당연하다. 하지만 거의 두 배씩이나 차이가 나는 것은 공정한 경쟁을 포기하라는 것이다. 자영업자들의 카드수수료를 대형마트 수준으로 낮출 수 있는 방안을 찾아야 한다.

자영업자들의 어려운 여건을 개선하는 데 정부가 쓸 수 있는 다른 카드는 세금이다. 이미 다양한 방법으로 중소규모 자영업자를 위한 세금감면이 이루어지고 있다. 최근에 다시 쟁점이 되고 있는 사항 중의 하나는 부가가치세 감면 문제이다. 현재 10%인 부가가치세를 감면하는 형태의 세제지원을 통해 자영업의 자생력을 높여야 한다는 주장이 있다. 하지만 조세형평의 근간이라는 점에서 신중히 접근할 필요가 있다.

부가가치세와 같은 간접세는 유통세로서 최종소비자가 부담하는 세금이다. 자영업자는 이들을 대신하여 세금을 납부하는 역할을 하게 된다. 이론상으로는 그렇더라도 부가세 감면이 중소

자영업자들의 매출을 올리게 해 줄 것은 분명하다. 특단의 조치로 부가세 감면을 고려할 경우 생필품과 같이 품목을 특정하거나 지역별 재정자립도를 반영하여 한시적으로 시행하는 것이 바람직하다.

'소상공인 정책자금'은 중소기업진흥공단의 중소기업 정책자금의 하나이다. 일정한 자격이 있는 소규모 상공인을 대상으로 업체당 최고 5천만 원까지 대출받을 수 있다. 정부에서 정한 낮은 금리를 적용받는다.
정책자금은 정부의 정책적 필요에 따라 정부재정이나 기타 여러 방법으로 재원을 조성해서 정해진 기업에 융자나 출연, 보조, 보험, 보증, 출자 등의 방식으로 지원 사업을 하는 재원을 의미한다.

MRO는 Maintenance, Repair and Operation의 약자로 공구나 문구류 등 기업에서 사용하는 소모성 자재를 구입해 납품하는 사업 분야를 말한다. 최근 재벌 대기업들이 비용 절감을 이유로 이 사업에 뛰어들어 중소 상공인들의 영역이 위축되고 있다.

신용카드 가맹수수료 논쟁

신용카드가 또다시 뉴스의 초점이 되고 있다.

이번엔 수수료 문제이다. 소상공인이나 자영업자로 대표되는 영세한 카드가맹점들은 신용카드 가맹수수료('카드수수료'라 하사)를 낮춰 달라고 하고, 카드사들은 다른 사업에서 벌어들인 회사의 수익이 카드수수료 때문에 까먹고 있다며 더 낮추기 어렵다고 한다.

카드서비스 이용자인 소비자들은 정부의 1만 원 이하 카드사용 제한 방침에 반발하고 있고, 포인트나 연회비면제와 같은 그동안의 혜택을 계속 누리고 싶어 한다. 지난달에는 카드수수료를 낮춰 달라는 자영업자들의 집단행동에 정치권에서 '차별금지'의 법제화 추진이라는 강수를 던지기도 했다.

중소규모의 자영업자들이 토로하는 가장 큰 애로는 높은 카드수수료이다. 영업마진이 적은 영세한 가맹점일수록 더욱 그렇다. 이들이 부담하는 카드수수료는 업종이나 규모에 따라 제각각이지만 대형가맹점은 1.5%에서 2.0%, 중소가맹점은 적게는 2% 내외에서 많게는 3.6%이다. 이러한 현실을 반영해 중소가맹점들은 "부가세 10%에 카드세 3%"라며, 자신들의 수수료부담을 대형가맹점 수준으로 낮춰 달라고 주장한다.

카드수수료 문제는 다양한 이해당사자가 연관되어 있어서 정책적인 조율이 매우 어려운 사안이다. 가맹점과 카드사뿐만 아니라 이들 간의 중개회사인 VAN사^{tip!하나}와 소비자인 카드회원, 정책을 맡고 있는 금융위원회와 카드세수를 무시할 수 없는 국세청 등 각자의 입장에 차이가 있다.

은행들이 신용카드업에 진출하면서 자라나기 시작한 신용카드 시장은 1990년대 후반 정부의 각종 지원책으로 급속히 성장했다. IMF 외환위기 이후에는 무분별한 카드사들의 신용카드 남발에 따른 이른바 카드대란으로 한때 위기를 맞았으나, 세원확보 등을 위한 정부의 카드활성화 정책에 힘입어 2005년 말부터는 안정을 되찾고, 근래에는 상당한 수익을 내고 있다. 517조 원의 신용카드 이용실적에 10조 원의 수익을 낸다고 한다.

하지만 지나친 고객확보 경쟁에 따른 소비자 신용부실화 문제와 가맹점수수료를 둘러싼 중소가맹점과 카드사 간의 이견이 끊이지 않고 있다. 이들뿐 아니라 소비자와 정책당국과의 갈등도 눈에 띈다.

쟁점들을 생각해 본다.

카드수수료를 둘러싼 10년 묵은 쟁점 중 대표적인 것이 대형과 중소형 간, 업종 간 수수료율 격차에 따른 갈등 문제이다. 중소가맹점들은 가맹점수수료 문제의 핵심이 대형가맹점과의 '차별'

에 있다고 본다. 대형가맹점들은 1.5~2.0%인 반면 중소가맹점들은 2.5~3.6%의 높은 가맹점수수료를 부담한다는 것이다. 특히 같은 업종임에도 규모나 대외협상력의 차이로 대형가맹점에 비해 최대 2.4%까지 더 높은 수수료율을 부담하는 불합리한 구조라는 주장이다. 덧붙여, 카드사들은 대형마트의 낮은 수수료에서도 수익을 올리면서도 중소가맹점들로부터의 높은 수수료율로 높은 수익을 올린다고 주장한다.

카드사들은 이러한 시각이나 주장이 사실과 다른 면이 많다며 억울하다는 입장이다. 대부분의 중소가맹점들이 정부에서 정한 중소영세업자 범위에 포함되어 실제로 2% 내외의 수수료만 부담하며 3.3~3.6% 수수료를 내는 경우는 그다지 많지 않다고 주장한다. 또한 중소가맹점의 경우 관련된 제 비용이 상대적으로 높아 높은 수수료를 받지 않을 수 없는 측면이 있다고 항변한다.

얼마 전 정부는 1만 원 이하 소액에 대해 신용카드 소액결제 거부를 허용하는 방안을 추진하다 소비자들의 반대에 부딪혀 없던 일로 한 적이 있다. 중소가맹점들의 요망사항 중의 하나는 가맹점들이 신용카드를 거절할 수 있도록 하는 것이다. 실제로 소비자들의 신용카드사용이 늘어나면서 현금 대신 신용카드 결제가 급속히 늘었다.

소액의 카드결제에는 상대적으로 관련된 비용이 많이 든다. 그런 이유로 카드사들은 소액결제 비중이 높은 중소가맹점들의 카드수수료 인하가 어렵다는 입장이다. 중소가맹점들과 마찬가지

로 카드사들 역시 소액결제의 경우 현행 신용카드 수납의무를 일
정부분 완화하는 데 반대하지 않는다.

하지만 이 문제는 다른 측면에서 난관에 부딪히고 있다. 신용
카드사용이 생활화된 소비자들이 반발하는 것이다. 극장입장권
뿐 아니라 택시요금까지 신용카드로 결제하는 플라스틱머니에
익숙해진 소비자들은 1만 원 이하 카드 수납의무 완화를 시장에
역행한다고 보는 것 같다.

정부나 조세당국에서는 이 문제에 관해 일단 유보적이다. 법을
개정해서 신용카드 수납의무 자체를 없앤다면 조세의 투명성과 세
수에 상당한 문제가 있겠지만, 1만 원 미만으로 한정한다면 건별
기준으로 14.7% 정도의 거래만 면제대상이며, 또한 일정부분 현
금영수증 제도로 보완될 수 있어 별문제가 없다는 관점인 듯하다.

주유소와 같은 대규모 조직력이 있는 업종이거나 대형판매점
들은 카드사와의 수수료율 협상에 있어서 나름의 교섭력을 갖는
다. 지난해 모 대형마트는 수수료가 높다라며 특정 회사 카드의
결제 거부를 통해 1.5%로 낮췄고, 한 외국계 대형마트는 특정 카
드사와 0.7% 수준의 낮은 수수료율의 독점계약을 맺기도 했다.
이들은 모두 교섭력이 매우 높은 이른바 계약상의 '갑'의 위치에
있는 경우이다.

하지만 중소가맹점들은 이러한 교섭력이 그림의 떡일 수밖에
없다. 당사자 간의 자유로운 협상에 의한 계약이라지만 대부분
의 중소형 가맹점들은 카드사에서 지정한 수수료율로 계약하지

않으면 어려운 것이 현실이다. ^{tip!둘}

이러한 연유로 중소 자영업자들은 보다 유연한 단체협상권 행사를 요구한다. 포괄적 단체를 협상대표로 인정하고 허용 대상 매출액 기준을 대폭 상향조정하라는 것이다.

이들과는 달리 카드사에서는 단체협상권 부여 문제에 난색을 표시한다. 시장원리에 반하는 이른바 힘의 논리에 의한 시장왜곡이 염려되며, 현재도 업종별 대표들과 수시로 의견을 교환하고 있어 별문제가 없다는 주장이다. 정부에서도 기존 법에서 허용하고 있는 수준에서 그다지 전향적인 견해를 보이지 않고 있다.

그렇다면 해법은?

신용카드 문제의 해법을 생각해 볼 때 떠오르는 말이 결자해지(結者解之)이다. 카드수수료문제를 포함한 신용카드 시장의 문제들에 단초를 제공한 당사자는 정부라는 데 별 이견이 없는 듯하다.

신용카드가 현금 이상으로 인기를 얻게 된 것은 정부의 신용카드 활성화정책에서 비롯됐다. 2000년 이후 내수 활성화와 세수 투명화를 위해 개인에게 소득공제까지 해 주면서 신용카드를 장려해 왔다. 근래에는 여신전문금융업법에 카드 수납의무제도와 회원에 대한 수수료전가 금지규정을 둠으로써 앞에서 소개된 여러 문제의 원인이 됐다.

선거철을 앞두고 커지고 있는 중소가맹점들의 주장은 대형가맹점 수준의 카드수수료율 인하에 초점이 맞춰져 있다. 이 문제에 대해서는 카드사들에 대한 수수료율 인하 촉구나 혜택받는 가맹점 범위 확대 등의 단기적 조치를 통해 효과를 기대할 수 있을 것이다. 하지만 이것이 궁극적 해법은 아니다. 입법이나 정책적 조치를 통해 신용카드 시장의 구조적 개편이 뒤따라야 한다.

우선적으로 생각해 볼 수 있는 방향은, 카드수수료율의 상한을 설정하는 것이다. 수수료율을 일정 수준으로 제한하는 방안은 카드수수료에 대한 중소가맹점들의 불만을 해소하는 데 있어 현실적으로 가장 효과적인 방법이다. 기존의 영세 자영업자들에게 부여된 여러 특혜가 줄어드는 것을 억제하기 위해 '평균수수료 상한'을 함께 규제하는 방안도 검토해 볼 만하다.

신용카드 사용에 대한 과도한 혜택을 점차 줄여 나가는 대신 직불카드나 체크카드, 현금영수증 사용의 인센티브를 늘려 나가는 것도 현실적인 방안이다. 예컨대, 신용카드의 연말 소득공제 비율을 점차 낮추고 각종 포인트와 연회비면제, 무이자할부 등과 같은 혜택을 줄여 나가도록 권장하는 대신, 직불카드와 체크카드 그리고 현금영수증 사용액에 대한 소득공제 비율을 현재보다 높여 주는 것이다. 그렇게 함으로써 지불능력 내에서만 인출이 가능한 직불카드나 체크카드 사용이 늘어나서, 무분별한 과소비나 금융채무불이행의 문제를 줄여 줄 수 있을 것이다.

덧붙여, 소액결제에 한해 신용카드 수납의무를 완화해 줄 필요가 있다. 1만 원이나 5천 원 이하의 소액의 경우 현금으로도 결제할 수 있도록 함으로써, 가맹점의 카드수수료 부담을 낮출 수 있을 뿐만 아니라, 서비스 제공의 대가가 시장에서 결정되는 경제원칙이 지켜지게 되는 것이다. 거래투명성을 위해 현금영수증 발급을 조건으로 가맹점들이 카드결제를 거부할 수 있도록 하는 것도 하나의 보완책이 되겠다.

이러한 방안 이외에도, 중소가맹점들의 대형가맹점과의 협상력 차이를 줄이기 위한 방안의 하나로, 앞서 제시한 수수료 상한과 더불어, 필요할 경우 (주로 대형가맹점에 적용되는) 수수료 하한을 설정하는 방안도 검토해 볼 수 있겠다.

아무쪼록 이러한 방안들이 전향적이고 건설적으로 논의되고 추진되어 머지않은 시기에 카드수수료를 둘러싼 중소자영업 종사자를 포함한 여러 이해당사자 간의 갈등이 원활히 해소되기를 기대해 본다.

TIP ! 하나

VAN사는 부가가치통신망(Value Added Network)회사의 줄임말로서, 카드사와 카드가맹점 사이에서 중계역할을 하는 사업자를 말한다. 가맹점에서 대금을 신용카드로 받으려면 각 카드사마다 신용카드 가맹점 계약을 맺어야 하고, 카드사에 카드 매출승인을 요청하는 단말기를 설치해야 하며, 매출승인 후 전표를 모아서 카드사에 대금청구를 해야 한다. VAN사는 이러한 번거로운 서비스를 대행해 주고, 카드사로부터 수당을 지급받는다.

TIP ! 둘

가맹점 규모 간, 업종 간 비대칭적인 계약의 문제를 해소하고자 지난해 여신전문금융업법 시행령 개정으로 연간 매출액 9천6백만 원 미만의 중소가맹점들이 협의체를 구성하여 협상의 주체로 내세울 수 있게 됐다.

하지만 이 또한 비현실적이라는 시각이 우세하다. 동일 업종의 유사한 성격의 가맹점을 분류하여 대표단체를 구성하기가 쉽지 않고, 연간 매출액 9천6백만 원은 영세 가맹점들의 인건비도 충당할 수 없는 소액이기 때문이다. 그런 연유로 아직까지 단체협상을 위한 단체를 구성한 예가 한 건도 없다.

중소가맹점들의 불만 중의 하나는, 카드사용에 따른 여러 혜택을 카드회원인 소비자만 누리며, 관련된 비용을 대부분 가맹점이 떠안는 구조이다. 사실 신용카드 사용에 따라 소비자는 한 달 내외의 외상 구매하는데 그 이자를 가맹점이 대신 지불하는 기형적 형태이다.

더욱이 소비자들은 연말 신용카드 소득공제를 받을 뿐 아니라 카드사들이 제공하는 연회비면제나 각종 포인트 등 다양한 혜택을 누린다. 그럼에도 카드 사용 시 발생되는 가맹점들의 비용을 소비자가격에 반영할 수 없도록 법으로 강제하고 있는 실정이다.

물론 카드사용 활성화에 따라 가맹점들의 매출이 늘어나고, 조세특례제한법(제122조)에 따라 신용카드사용에 따른 가맹점 수입의 일정부분을 소득세에서 공제해 주는 혜택도 있다. 또한 부가가치세법에 의해 신용카드 결제액의 1~2%를 납부세액에서 공제해 주는 혜택을 감안하면 특히 영세한 가맹점들은 카드사용에 따른 적지 않은 혜택을 누리고 있는 셈이다.

 되풀이되는 농산물 가격파동

농촌의 들판은 언제 봐도 고즈넉하다. 주말에 내린 눈으로 먼 산은 은빛 설경을 보여 주고 있는데, 고속도로 위를 달리는 자동차 창밖으로 스쳐 가는 논밭은 드문드문 푸른빛을 띠고 있다. 지닌 연말 수확을 포기한 배추와 무 같은 농작물들이 추수되지 않고 그대로 버려져 있는 것이다.

올 겨울은 예년에 비해 채소류의 가격이 떨어져 가계 부담이 줄어서 좋다. 그러면서도 동네 슈퍼에서 팔리는 배추 한 포기, 무 한 뿌리의 가격이 천 원 남짓인 것을 보면서, 재배 농민들에게 미안한 생각이 든다. 지난 김장철 TV에서 생산비도 건지지 못하는 배추 가격에 농민들이 아예 수확을 포기하고 배추밭을 갈아엎는다는 뉴스를 보았을 때도, 농민들의 손실을 보전할 수 있는 좋은 방책이 없을까 하는 생각을 했었다.

배추와 무 같은 농산물은 철저하게 시장에서의 수요와 공급에 의해 그 가격이 결정되고, 또 공급량에 따라 가격 등락이 유독 심하다. 지난 김장철 김장배추와 무 값이 급락한 주된 원인도 국산배추와 무의 공급량 급증에 있었다. 몇 해 전 중국산 김치 파동으로 국산 김장 배추와 무값이 금값이었고, 또 지난여름 수해로 고랭지 배추공급이 줄어 배추 가격이 좋다 보니 농민들이 다른 작물 대신에 김장배추와 무 재배를 크게 늘린 것이다.

이와 같이, 늘어난 수요에 비해 공급이 시차(時差)를 두고 반응함으로써 나타나는 수급불균형과 큰 폭의 가격등락[경제학에서는 이러한 현상을 '거미집 이론(cobweb theory)'^{tip!하나}으로 설명한다]은 농민들에게 큰 시름이 될 뿐 아니라, 우리 경제의 안정에도 상당한 해를 미친다.

농안기금^{tip!둘}을 활용해서라도 재배농가가 최소한의 생산비를 건질 수 있도록 정책적 배려가 있었으면 좋겠다는 안타까운 마음이 든다. 우리 도시민들도 배추 몇 포기라도 더 사서 배추겉절이를 해 먹고 무말랭이를 만들어 먹는다면, 그리고 싱싱한 과채류를 자주 사 먹는다면 무거워진 농심(農心)을 조금이라도 위로해 줄 수 있을 것이다. 질 좋은 우리 농산물을 애용함으로써 농민들에게 도움도 주고 우리 건강도 챙길 수 있을 것이다.

정부에서도 앞으로는 보다 더 정확하게 시장수요와 작황을 예측하고, 이에 근거하여 재배농민들에게 생산량을 적절히 조절하도록 권고해야 할 것이다.

무엇보다도 중요한 점은 생산을 담당하는 농민들의 지혜에 있다고 본다. 지난해의 가격 폭락에 실망하지 말고 올해에도 배추와 무를 심는다면, 보장할 수는 없지만, 해마다 되풀이되는 농작물 가격파동의 피해에서 다소나마 비켜 갈 수 있을 것이다.

이태 전, TV를 통해 생중계되는 국정감사장에 금(金)배추가

"증인"으로 등장했었다. 당시 언론매체에서는 배추파동의 실상을 소개하면서 관계당국의 여러 대응책을 소개하는 데 바빴다. 일부 인터넷매체에서는 한술 더 떠 정부의 4대강사업과 연관된 정치적 배경을 들먹이면서 배추가격 폭등의 진실 찾기 게임을 했었다.

물론, 한 포기에 1만 5천 원까지 올랐던 배추가격 고공행진의 배경에는 여러 이유들이 있었다. 그해 연초부터 시작된 이상기후는 원활한 채소류의 공급을 방해한 주된 원인임에 틀림없었다. 더욱이 언론을 통해서도 소개되었듯이 수급불균형을 틈탄 유통업사와 판매입자들의 시세기와 판매량조절과 같은 "악덕상술"뿐 아니라, 김장가격 폭등을 걱정하는 소비자들의 조바심도 배추 값 강세에 한몫했다.

하지만 근본 원인은 다른 곳에 있었다. 배추와 무 같은 농산물은 철저하게 시장에서의 수요와 공급에 의해 그 가격이 결정되고, 또 일시적 공급량 변화나 판매방식에 따라 가격 등락이 유독 심한 품목이다. 앞서 말했듯이 '거미집 이론'이라는 경제이론으로 정립될 정도로, 늘어난 수요에 비해 공급이 시차(時差)를 두고 반응함으로써 나타나는 수급불균형과 큰 폭의 가격등락은 비근한 시장 현상의 하나이다.

멀리 볼 필요 없이 1년 전 이맘때와 김장철의 신문기사들을 살펴보자. 배추 한 포기가 500원도 안 되자 1년 농사를 갈아엎는 속 타는 농심을 대대적으로 소개하고 있다. 앞서 소개했던 2006년 말 배추가격 폭락 역시 그 전해의 배추가격 강세가 직접적인 원인이었다. 지난해 배추풍작으로 손실을 입은 상당수 농민들은 배추 대신 다른 대체 작물을 재배했을 것으로 짐작된다. 이러한 줄어든 재배면적이 이상기후와 결합되어 올해의 금배추 파동을 가져온 것이다.

아이러니하게도 최근에는 농산물이 선도하는 물가대란이 신문지상을 도배하듯 하고 있다. 지난 연말 경북 안동지방에서 발원된 구제역(口蹄疫)이 초동대응 미숙으로 호남과 제주를 제외한 전국으로 번져 3백여만 마리의 가축이 매몰 처리되는 안타까움과 더불어, 육류뿐 아니라 전체 농산물가격 폭등의 도미노 현상이 이어지고 있다. 정부와 정치권에서도 구제역 대처 실패에 따른 성난 민심을 되돌리기 위해 여러 농산물가격 안정대책을 내놓았다.

다른 산업과 마찬가지로 농업 분야도 정부의 시장 활동 개입이 지나치면 득보다 실이 더 커질 수 있다. 배추와 같은 농작물의 경우 정부의 역할은 정확한 시장수요와 작황에 대한 예측과 이에 근거해 재배농민들에게 생산량을 적절히 조절토록 권고하는 수준이면 족하다. 정치권에서의 지나친 관심도 독이 될 수 있다.

이번 농산물 가격폭등과 이에 대처하는 정부와 정치권의 모습을 보면서 일말의 우려가 앞선다. 이럴 때일수록 기본적 역할에만 충실해야 하는 것은 아닐까?

배추가격 등락에 따른 농민의 손익이나 소비가계의 부담 부분은 기본적으로는 시장원리에 맡겨야 한다. 시장에서의 정보를 통해 농민이나 소비자가 해마다 되풀이되는 배추가격 파동의 여파를 다소나마 비켜 갈 수 있다면 우리 경제의 안정에도 상당한 득이 될 수 있을 것이다.

거미집이론(cobweb theorem)은 시장에서 수요의 반응에 비해 공급의 반응이 늦어져 일어나는 현상을 말한다.

가격이 오르거나 내림에 따라 수요량은 대체로 즉각적인 반응을 보이지만 공급량은 반응에 일정한 시간이 필요하기 때문에, 실제 균형 가격은 이리한 시간차(time lag)로 말미암아 다소간의 시행착오(施行錯誤)를 거친 후에 결정되는

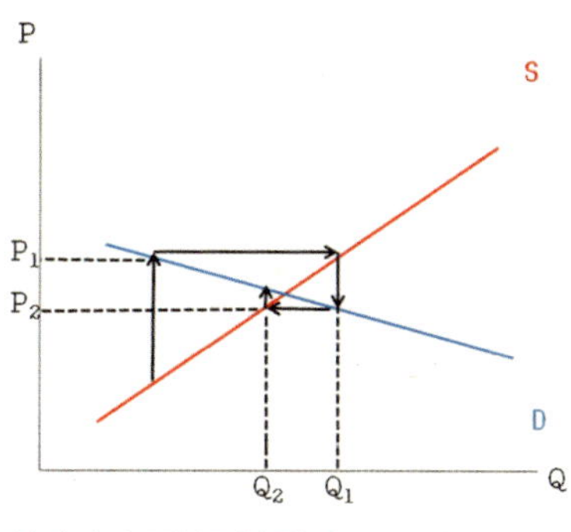

일시적 수급불균형 현상

것이다. 이러한 일시적 수급불균형 현상을 수요공급곡선 상에 나타내면 가격이 마치 거미집과 같은 모양으로 균형가격에 수렴되므로 거미집이론이라 부른다. 미국의 경제학자인 레온티에프(W. Leontief) 등이 1934년에 정식화한 경제이론이다.

농안기금은 '농산물가격 안정기금'의 줄임말로서, 농수산물의 원활한 수급과 가격안정을 도모하고 유통시설의 근대화를 촉진하기 위해 조성한 기금을 의미한다. 이 기금은 1966년 8월 3일 '농수산물가격 기금법'을 제정하여 법적 근거를 마련했고, 1968년부터 정부출연금에 의해 재원이 조성되어 운용에 들어갔다.

이 기금은 과잉생산 농산물의 출하조절 및 수매 등으로 생산자를 보호하고, 농수산물의 정부비축사업과 민간비축사업을 지원하며, 농수협의 공판장 및 도매시장에 대한 출하 촉진과 유통시설자금 등을 지원하고 있다. 기금조성은 정부예산에 의한 출연금, 기금운용수익금, 한국은행 또는 기타 기금으로부터 차입금 등으로 이루어진다.

적극적 사고 대응이 기업에 유리

TV 폭발로 인한 화재사건이나 학교 단체급식 식중독 사고 등 소비자제품이나 식품에 관련된 사고 소식을 신문이나 뉴스를 통해 이따금 접하게 된다. 또 아직까지 뚜렷한 원인을 찾지 못하고 있는 자동변속 자동차의 급발진 사고 등 제품의 안전성 결함으로 인한 신체나 재산상의 피해가 끊이지 않고 있다.

다른 소비자 문제와는 달리, 이러한 제품 안전에 관련된 문제는 당사자 간의 자발적 해결이 쉽지 않다. 왜냐하면 자동차 급발진 사고와 같이 일단 사고가 발생하면 그 피해가 적지 않으며, 경우에 따라서는 상해나 사망과 같이 회복이 어려운 상황이 초래된다. 또한 사고의 원인이 제품의 결함 때문인지 아니면 피해자의 과실 때문이지 여부를 명확히 가리기 어려워 당사자 간 분쟁을 피할 수 없게 된다.

정부에서는 이러한 제품에 관련된 사고를 미연에 방지하거나 최소화하기 위한 여러 안전 제도들을 시행하고 있다. 예컨대, 앞에서도 살펴봤던 리콜제도가 그 좋은 예이다.

몇 해 전에 모 가전회사가 폭발 가능성이 있는 문제의 밥솥들을 5만 원의 보상금까지 지급하면서 회수(recall)한다고 대대적으로 광고한 적이 있다. 이는 결함 제품으로부터 소비자를 보호하기 위해 회사가 자발적으로 시행하는 리콜제도의 한 형태이다.

다행히 전기밥솥의 경우는 회사의 적극적인 조치로 문제가 커지기 전에 사고를 예방할 수 있지만, 소비자 입장에서 볼 때 아직도 소비자안전이 무시되거나 등한시되는 제품 사고를 종종 보게 된다. 일부 업체이긴 하지만, 제품의 구조적인 문제로 사고가 발생되어도 숨겨 오거나 발생된 사고에 대해서만 음성적으로 무마하려는 사례가 적지 않다. **대기업의 경우도 예외는 아니다. 더 이상 사고가 생기지 않으면 다행이지만, 불행은 예고 없이 찾아올 수 있는 것이다.**

도요타(Toyota)사나 미쓰비시(Mitsubishi)사가 자사의 자동차에 중대한 결함이 있음을 알고 있었지만, 안전조치를 하지 않고 숨겨 오다가 들통이 나 결국 회사가 위기에 처했던 경우는, 안전을 등한시하는 일부 업체들에게 경종을 울리는 좋은 사례이다.

아무리 좋은 기술로 최선을 다한다 해도 사람이 만드는 제품은 완벽할 수 없다. 제품의 하자나 결함에 의한 안전사고가 생기기 마련이다. 하지만 소비자가 신뢰하는 경우는, 문제를 숨기기보다 제때에 안전조치를 하는 기업이다. 기업들은 자사 제품에 문제가 발견되면 소비자가 모르더라도 가급적 빨리 리콜하는 것이 바람직하다. 앞에서도 보았듯이 장기적으로는 회사에 이익이 된다.

자동차 급발진 사고와 같이, 정확한 사고원인을 알 수 없는 경우에는 제조사의 입장에서도 선뜻 리콜과 같은 안전조치가 곤란한 경우도 있을 것이다. 하지만 유사한 사례가 많이 있었던 미국

에서는 급발진 사고에 관련된 소송에서 제조사가 패소하는 경우
도 종종 있었고 제조사들도 기술적 원인규명에 적극적인 것을 볼
때, 우리나라 제조사들도 차체의 설계 및 제조상의 결함 가능성
에 대해 보다 정밀히 분석해 보고 또 피해자들의 억울함에 귀 기
울이는 등 보다 적극적인 대응이 필요할 것이다.

문제 있는 소비제품의 리콜에 관련된 많은 사례들이 있다. 우리에게 잘 알려진 사례
는 대부분 회사들이 큰 비용부담과 이미지 타격을 입게 된 부정적인 경우이다. 근래
의 도요타자동차 리콜사건, 미쓰비시자동차 사례, 일본의 소니 전지 리콜 사례 등이
대표적인 예이다.

하지만 적절히 리콜조치를 해서 회사의 추가적인 이미지 훼손을 막았거나, 막대한
리콜비용이 들었지만 장기적으로는 '소비자 안전을 우선시하는 회사'라는 긍정적 이
미지를 얻음으로써 오히려 회사에 이득을 준 사건사례도 적지 않다. 예컨대, 우리나
라 LG전자의 전기밥솥 리콜사례와 삼성전자의 양문형 냉장고의 리콜사례 및 미국
의 타이레놀 리콜사례 등이 그 좋은 예이다.

독극물이 든 타이레놀 사건은 기업의 자발적인 리콜이 소비자의 인식을 변화시킬
수 있는 긍정적인 측면을 보여 주는 상징적인 사례라고 할 수 있다. 사건의 경위를
간략히 소개한다.

지난 1982년 9월 미국 시카고에 본사가 있는 존슨앤드존스사의 진통제인 '타이레놀'
을 복용한 7명의 소비자가 사망하는 사건이 발생했다. 조사 결과 누군가가 독극물을
투입한 것으로 나타났다. 당시 존슨앤드존스 회사는 즉각적으로 모든 사건 경위를
언론에 공개하고 미국 전역에 유통되는 타이레놀 3천만 병을 리콜 조치했는데, 이로
인해 2억 5천만 달러라는 거액의 손실을 입었다.

이러한 자발적 조치로 인해 당시 언론에서는 회사가 회복할 수 없을 것이라는 예단도
했지만, 예상과는 달리 정직하고 신속한 리콜조치에 대해 소비자는 호의적으로 반응하
였고, 이러한 소비자의 신뢰로 인해 지금까지도 세계적인 모범기업으로 인식되고 있다.

누구 과실인가?: 핸드 판사 공식

분쟁해결의 기준에 관한 법경제학 에피소드를 독자와 나누려고 한다. 딱딱한 법과 어려운 경제학……이라는 선입관으로 그냥 지나친다면 후회할지도 모른다. 교육방송(EBS) 방송교재에노 소개될 만큼 알아 두면 도움되는 이야기다.

남을 해코지했든지 하자 있는 제품을 만들어 남에게 피해를 준 사람이나 회사는, 만일 피해자가 소송을 한다든지 하면 법적으로 보상해 줄 의무가 생긴다. 하지만 **법정에서 가해자가 자신의 과실을 인정하지 않으면 어떻게 해야 할까? 판사는 어떤 기준으로 판결을 내릴까?**

우리 민법의 불법행위 규정을 보면, 고의나 과실로 타인에게 손해를 입힌 자는 그 손해를 배상할 책임이 있다.

이때 고의로 인한 불법행위의 경우 손해 배상할 법적 책임이 있는 것은 당연하지만, 과실의 경우에는 어떤 기준으로 과실 여부를 결정하느냐가 매우 중요한 법 정책적 과제이다.

일반적인 법해석으로는 보통사람의 주의(注意) 정도를 기준으로 하고 있다. 한마디로 개인의 평상시의 조심하는 정도를 기준으로 하는 구체적 과실이 아니라, 이른바 평균인 내지 표준인의 주의 정도를 기준으로 삼는 것이다.

이러한 과실 판단기준의 의미를 좀 더 객관화해서 경제적 논리에 접목한 유명한 기준으로 이른바 핸드 판사 공식(Hand's rule)이라는 것이 있다.

미국의 핸드(Learned Hand)라는 판사[tip!하나]는 한 소송사건[tip!둘]에서 유명한 공식을 제시했는데, 사건의 개요를 통해 살펴본다.

> 뉴욕 항의 선착장에 바지선을 매어 둔 선주는 자신의 바지선을 예인하기 위해 예인선 한 척을 고용했다. 예인선의 선원은 예인하려는 바지선에 아무도 없는 것을 확인했고, 그 바지선을 올바른 위치에 정박시키려고 했으나 계선줄이 느슨해져 옆의 다른 배와 충돌하면서 바지선이 선적된 화물과 함께 침몰되어 버렸다. 침몰된 바지선의 선주(원고)는 예인선 승무원이 계선줄을 잘못 조정하여 사고가 발생했다는 이유로 예인선의 소유자(피고)를 상대로 소송을 제기했다.

이에 대해 예인선의 소유자는, 바지선 선주 역시 담당자가 자리를 비운 과실이 있다고 주장했다. 한편 바지선의 담당자는 당시 계선줄이 정확히 매어져 있었다고 주장했다. 이 사건의 판결문에서 핸드 판사는 다음과 같은 이유로 바지선 선주의 과실이 인정된다고 판결했다.

> 모든 배들은 정박 중에 계선줄이 느슨해져 이탈할 수도 있는데, 그런 상황에서 선박 소유자의 의무는 다음과 같은 세 가지 조건에 달려 있다. 첫째 배의 계선줄이 느슨해질 (그래서 다른 배에 손해를 입힐) 확률, 둘째 그러한 사건이 생길 때 다른 배에 미칠 피해의 크기, 마지막으로 그러한 사건을 방지하기 위해 드는 비용. 이러한 사항을 정식화해 보면, 사

고확률을 P, 손해를 L, 사고회피비용을 B라고 하면 배 선주의 책임은
B〈PL일 때 성립한다.
　　이 사건에서 볼 때, 사고회피비용(B)이 사고의 예상손해(P×L)보다 작
은데도 그 사고회피 노력을 하지 않았으므로 원고인 바지선 선주의 과실을
인정한 것이다.

　핸드 판사 공식의 의미를 요약하자면, 안전을 위협하는 사고를
막는 데 드는 비용이 해당 사고로 인한 전체 피해액보다 많을 때
에는 책임이 없다고 할 수 있지만, 그 반대인 경우는 과실 책임
을 져야 한다는 것이다. 실제로 미국에서는 소송에서 소송 당사
자들의 과실의 문제를 판정하기 위해 이 핸드 판사 공식을 적용
하고 있다.

　사실, 현실에서의 분쟁들은 이 사건보다 훨씬 복잡하고 또 누
구의 책임인지 판단하기 곤란한 경우가 많다. 그래서 잘못이 있
는지 여부를 판단하는 데 핸드 판사 공식을 그대로 적용하기는
어려울 것이다. 하지만 어떤 분쟁에서도 법전에 쓰여 있는 기준
만으로는 판단이 어려울 경우가 많기 때문에, 다분히 경제 이론
적으로 접근한 핸드 판사 공식은 분쟁을 해결하는 데 법의 부족
함을 채워 줄 수 있는 좋은 수단이다.
　일상생활에서 일어나는 소비자분쟁의 최종 종착역은 법원의
판결이다. 많은 판결들이 법의 해석이나 적용에 기초하지만, 경
제적 관점에서 판단해야 할 경우도 적지 않다. 소비자문제의 상
당부분은 시장실패(market failure)로 인해 발생되는 경제적 문

제이고, 그 해법도 우선적으로 경제적인 측면에서 찾아보는 것이 바람직하기 때문이다. 산들바람과 함께 가을이 찾아오면 어려워 보일지라도 생활에 유용한 법경제학 입문서라도 찾아보면 어떨까?

'세상을 바꿀 행복한 소비자'의 독자에게 적잖은 부담일 것을 염려하면서도 참았던 말을 어쩔 수 없이 하게 된다.

나는 15년이 넘도록 이른바 법경제학(law and economics)이라는 학문에 매달려 왔다. 법이나 제도에 대해 경제적 관점, 특히 미시경제학의 분석방법들을 이용하여 접근하는 연구 분야가 이른바 '법경제학' 내지 '법의 경제분석'이라는 학제 간 연구(interdisciplinary study) 분야이다. 이 분야는 지난 수십 년 동안 영미법(common law)계의 나라들을 중심으로 괄목할 만한 발전을 해 왔다. 그 결과 그동안 법학의 고유 분야로 간주되어 왔던 재산권법과 계약법, 불법행위법뿐 아니라 소송법, 형사법, 헌법 등 거의 모든 법과 제도 분야에 대한 경제적 분석이 시도되고 있는 실정이다.

우리나라 제조물책임법이 만들어질 당시 법 제정의 경제적 효과에 관한 논문으로 박사학위를 받은 것을 계기로, 나는 이 학문분야에 관한 여러 권의 책을 쓰고 논문을 발표했다. 앞으로의 꿈 중의 하나는 소비자들이 교양적으로 읽을 수 있는 쉽게 쓴 법경제학 책을 펴내는 것이다. 책을 어렵게 쓰기도 어렵지만 어려운 내용을 쉽게 풀어 쓰기가 더 어렵다는 것을 핸드 판사 이야기를 준비하면서도 실감했다.

핸드 판사 공식 역시 법경제학에서 종종 인용되는 사례 중의 하나이다. 나의 책 『불법행위법의 경제학』의 114~120쪽에 나와 있는 이 공식은 교육방송(EBS) 교재에도 소개될 만큼 교양적 지식이 되고 있다.

1947년 있었던 '미국상선 대 케롤예선회사(United States v. Carroll Towing Co., 159 F.2d 169, 2d Cir. 1947)' 사건이다.

환경사고의 법경제학

지난 1960년대 베트남 전쟁에서의 일이다. 미군은 정글을 없애 베트콩의 게릴라전을 저지할 목적으로 고엽제를 사용했다. 오렌지 작전으로 불린 고엽 작전은 말라리아를 매개하는 모기와 거머리 퇴치가 명목적 이유였지만 실제는 베트콩이 정글에 숨을 수 없게 하기 위해서였다.

전쟁이 계속된 1962년부터 1971년까지 미군은 총 7만 9천 톤이 넘는 고엽제를 비행기로 베트남 전역에 살포했다. 당시 사용된 고엽제(Agent Orange)에는 발암물질로 알려진 다량의 다이옥신류가 함유되어 있었으며, 피해 입은 베트남인이 400만 명에 달했다. 전쟁 후 베트남에서는 태아의 절반이 사산(死産)하고, 기형아 발생률도 전쟁 전에 비해 10배에 달했다.

참전 군인들의 피해가 40년이 지난 지금도 진행형인데, 대표적인 예로 우리나라의 경우 고엽제 후유증 환자가 2만 4천여 명, 후유의증환자 7만 5천여 명으로 집계되고 있다. 이들은 대부분 치유할 수 없는 신체피해와 정신질환을 앓고 있으며 일부는 2세에까지 피해가 유전된 사실이 입증됐다.

　　지구촌의 환경사고는 고엽제사건에 비교될 수 없는 대규모 피해를 낸 경우가 많다. 1980년대 인도에서는 수만 명의 인명을 사상케 한 보팔사건(MIC 화학물질 누출 사건)[tip!하나]이 있었다. 1986년 구소련의 체르노빌에서는 원자력발전소에서 방사능이 누출[tip!둘]되어 수십만 명의 사상자와 막대한 경제적 손해를 초래했다. 우리나라의 경우 지난 2007년 말의 서해안 원유누출사고가 대표적인 환경오염 사고이다.

　　이러한 초대형 사고 외에도, 산업화 과정에서 다양한 환경오염 사고가 계속적으로 발생하고 있으며 그에 따른 피해가 크게 증가하고 있다.

　　이러한 환경 사고에서 피해보상에 관련된 문제 중의 하나는, 피해자 전체의 총 손해액이 대규모임에 반해 개별 피해자의 피해는 상대적으로 적어 가해자에 대한 개별적 법적 대응이 어렵다는 점이다. 예컨대 소송에서 이기더라도 소송비용이 더 많이 들기 때문이다.

　　이 경우 해법은 집단적 대응을 하는 것이다. 집단소송은 어느 행위나 사건의 피해자가 다수인 경우 일부 피해자가 전체를 대표해 소송을 제기하거나 혹은 각 피해자의 손해가 소액인 경우 다수 피해자의 손해를 일괄해 청구하는 방식이다. 이러한 집단소송은 개별 피해자의 법적 구제를 가능케 해 줄 뿐만 아니라 소송 중복으로 인한 행정비용을 줄일 수 있다.

　　환경오염 피해는 오염물질로 인한 간접적 피해이기 때문에 피해자는 오염자의 고의나 과실 행위와 오염물질 배출과의 인과관계뿐만^{tip!셋} 아니라, 자신의 손해와 오염물질과의 인과관계를 함께 입증해야 한다. 특히 사고에 관련된 드러나지 않는 다수의 오염자가 존재하여 사고 야기자의 확인이 곤란하여 그 인과관계의 입증이 더욱 어렵다.

이 경우에는 '사업장이 2개 이상 있는 경우에 피해자의 피해가 어느 사업장에 의하여 발생한 것인지를 알 수 없을 때에는 각 사업자는 연대하여 배상하여야 한다'라는 연대책임, 즉 공동불법행위책임을 물음으로써 문제를 해결할 수 있다.

환경오염사고의 또 다른 문제는 피해의 누저성과 반복성 그리고 격지성에 있다. 다시 말해 오염물질에 노출된 시점과 그에 따른 신체상의 위해(危害)가 발생하기까지 상당한 기간이 걸릴 뿐 아니라 실제 피해의 발생이 반복적으로 이루어진다. 거리상으로도 오염 발생지와 피해 발생지가 떨어져 있는 경우가 많다.

이러한 문제는 민법적 수단으로서 '소멸시효'라는 제도를 이용할 수 있다. 앞서 소개한 고엽제의 예에서 해당 피해자가 고엽제에 노출된 사실과 현재의 질병 내지 후유증 사이의 인과관계의 입증문제를 차치하고서라도, 전쟁이 끝난 지 40여 년이 지난 지금에도 재판을 통한 피해구제가 매우 어려운 실정이다. 일본과 같이 소멸시효를 20년으로 늘리거나 입법론적 관점에서 피해의 잠재적·진행적 특성을 감안한 시효를 분명히 규정하든지, 실제 판결에서 그러한 사실을 반영해 시효 기산점을 정할 필요가 있다.

위의 글은 나의 전공분야인 '법경제학(law and economics)'적 시각에서 환경오염의 문제를 바라본 것이다. 딱딱하고 어려워 보이는 법이야기를 반기는 사람은 많지 않을 것이다. 쓴 약이 몸에 좋다고 하면 지나친 비유일까? 가만히 들여다보면 일상의 생활에서 법을 떼 놓으면 할 말이 별로 없다. 다만 법으로 의식하지 않을 뿐이다. 현대의 지구촌민들은 환경오염을 피할 수 없으며, 이에 대응하는 최소한의 법적 지식은 갖고 있는 것이 좋겠다.

원고를 준비하던 지난 2011년 3월 중순, 일본의 토호크토가이(東北東海) 지방에서 진도 9.0이라는 초대형 지진과 이어지는 쓰나미(tsunami)로 수만 명의 사망자와 실종자가 발생한 대참사가 있었다. 지구상에서 가장 완벽한 재해대응체계를 갖추고 있던 일본도 어찌해야 할 바를 알지 못할 정도로 환경대재앙이었다. 그 와중에 후쿠시마(福島)현의 원자력발전소도 상당부분 붕괴하여 적지 않은 방사능이 누출됐다고 한다. 다행히 체르노빌 사고와 같은 대규모 환경사고로 가지는 않았지만, 대자연 앞에 인간이 얼마나 무력한지, 그리고 철저한 예방과 대비가 필요한지를 다시 한 번 일깨워 주는 사건이었다.

1984년 12월 인도 중부의 보팔 시에 소재한 유니온카바이드사(Union Carbide)에서 농약 제조용 MIC(Methyl Isocyanate) 40여 톤이 누출되어 수많은 인명 피해를 야기했다. 사고는 저장탱크에 MIC를 과다 저장, 안전장치를 작동시키지 않고 운전함으로써 MIC가 누출되어 발생되었다. MIC는 제1차 세계대전 시 유태인 학살에 사용된 독가스인 포시겐보다 독성이 5배나 강한 화학물질이다. 이 사고에 의해서 알려진 사망자 수만도 2천여 명이 넘었고 5만여 명의 중환자가 발생했다.

1986년 4월 26일 구소련의 체르노빌에서의 원자력 발전소가 폭발하여 해당 지역과 인접국들에 막대한 피해를 준 인류 사상 최악의 원자력발전 사고로 기록된 사고이다. 공식적으로 9만 3천 명이 사망했고, 방사능 누출에 의해 생긴 암환자가 약 12만 3천 명으로 집계됐다. 인명 피해 이외에도, 주변의 호수나 강 등이 방사능에 심각하게 오염되었으며, 그 영향이 향후에도 최소 50년 이상 지속될 것으로 전문가들은 예상하고 있다.

인과관계(因果關係, causation)는 하나의 사건(원인)이 다른 사건(결과)을 일으킬 경우에 둘 간의 관계를 말한다. 이는 원래 복잡하고 철학적인 개념이어서 간난히 이해하고 정의하는 것이 매우 어렵다. 사고에 관련된 인과관계는 대개 법적인 개념으로서, 법적 책임의 범위를 정하는 데 중요한 역할을 한다.

 # 생생 교육현장 체험기

일본에서의 생활이 3년 전의 일이지만 아직도 늦가을의 늙은 은행나무의 황금색 행렬과 봄날의 눈부신 사쿠라의 향연이 눈앞에 선하다.

내가 생활했던 동경 인근의 쿠니다치(国立)시는 일본에서도 교육의 명당에 속한다. 명문 히토쓰바시(一橋)대학을 비롯해 국제기독대학, 철도대학 등이 있고, 괜찮은 초·중·고들이 많다. 당초 히토리미(独り身, 독신)생활을 예정하고 일본행을 했지만, 일말의 외로움도 있고, 국제화시대에 일본 교육을 받아 보게 하는 것도 좋을 것 같아 둘째와 셋째 아이를 불러들였다. 이미 영어권 학교생활을 경험했던 터라 국제학교보다는 공립학교에 입학시켰다. 자녀들의 일본 학교생활을 뒷바라지(!)하면서 얻은 경험과 몇 가지 에피소드를 함께 소개한다.

일본은 사회시스템이 비교적 안정되어 있고 전통을 중시한다. 그러다 보니 한편으로 변화의 속도가 느리게 보인다. 우리 세대까지 중등학교 시절 입었던(번쩍이는 단추에 목에 호크를 채우고, 둥근 테를 두른 검정 모자를 받쳐 쓴 군복스타일의) 검정제

복을 그대로 입고 있는 학교들도 적지 않다. (고학년은 윗 단추 한두 개쯤 풀고 다니기는 하나 보기에도 답답하다. 물론 여학생은 넓고 하얀 칼라를 덧붙인 유니폼이다.) 졸업식이나 입학식과 같은 행사에서는 고색적인 전통이 줄줄 묻어났다.

막내의 중학교 입학식 모습. 전 재학생이 강당에 도열한 가운데 팻말을 든 입학생이 줄지어 입장한 후 기미가요(일본국가) 제창으로 행사가 시작되고, 교장선생님의 엄숙한 훈화와 외빈의 인사말……. **영화나 추억 속의 한 장면인 '구식'행사는 그들에게는 전통이지만, 나에게는 군국시대의 시계가 멈춘 것 같아 보이기도 했다.**

일본에는 지역마다 차이가 있으나, 공립 중등학교의 경우 학교별 교복보다는 지역교육위원회에서 정한 일정한 규격의 '표준복'을 입는 경우가 많다. 애니(일본만화)에서 볼 수 있는 주름치마와 바지, 셔츠와 상의 같은 것이다. 학교마다 디자인이 정해진 것이 아니므로 학생들은 다른 학교의 졸업생으로부터 물려받을 수도 있고, 원하는 상점에서 구입할 수도 있다. 따라서 우리나라와 같이 교복메이커의 가격담합이나 업체와 학교 간의 협착관계 등에 관한 불협화음의 소지가 별로 없다(그럼에도 비싼 교복 가격은 아마도 일본의 고질적인 유통 상의 문제일 것이다).

일본의 교복에는 학생들의 이름표를 붙이지 않는다. 얼마 전 우리나라 인권위에서 '교복에 명찰 고정 부착은 인권 침해'라는 결정을 내려 일부 학교와 학부모들을 혼란스럽게 했지만, 일본에서는 이전부터 학교 내에서조차 이름표를 붙이지 않는 경향이

다. 신상적인 것은 묻지도 알려주지도 하지 않는 문화의 영향인
듯하다.

✳ ✳ ✳

　일본에서의 교육문제를 이야기할 때 '집단 괴롭힘(왕따)'이라는
의미의 이지매(虐め)가 자주 거론된다. 사실 일본 학교에서의 이
지매는 어제오늘의 일이 아니다. 오래전부터 외국학생이나 이른
바 촌놈한테는 이지매하는 경우가 많았으며, 관련된 자살 사건
이 종종 뉴스에 보도될 정도로 심각한 사회문제로 여겨져 왔다.
　일본의 문부과학성의 조사에 따르면 2006년도 초중등학교에
서 파악된 이지매는 12만 건을 넘어 두 학교당 한 학교 비율로
사건이 있었다고 한다. 이러한 현상을 혹자는 겉모습(다테마에,
建前)과 본심(혼네, 本音)의 구별이 강한, 속내를 드러내지 않는
일본인들의 특성과 연관을 지우기도 하며 역사적 배경을 거론하
는 경우도 있다. 하지만 나의 생각은 다르다.
　한번은 중1인 둘째의 담임으로부터 전화를 받았다. 귀가한 아
이에게서 우려되는 말이나 행동은 없었냐는 물음이다. 내가 궁금
해하니 담임선생은 학교에서 둘째에 대한 이지매로 간주되는 사
건이 있어 교장선생님에게 보고를 하고 눈여겨 관찰하고 있다는
것이다. 말씀인즉, 만화 잘 그리기로 인기가 높았던 둘째의 그림
을 누군가 갈기갈기 찢어 책상 주위에 흩어 놓았다는 것이다.
　그 후로 아무 일이 일어나지 않았고 둘째는 여전히 그림 하나

로 반에서 인기를 누리는 (외국)학생으로 생활했다. 둘째 왈, 뭐가 문제야? 한국에선 비슷한 일들이 매일매일 있는데(맞는 말이다. 왕따문제가 갑자기 교육질 쟁점으로 떠오르고 있지만 사실은 오래전부터 있어 왔던 고질적 문제다. 다만 사회의 관심을 받지 못했을 뿐이다). 나중에 들어 보니 일본의 초·중·고 학교에서는 가장 중요한 교육당국의 방침이 이지매 문제 해결이며, 이를 위해 많은 노력을 기울이고 있다고 한다. 히라가나(平仮名)도 모르는 두 아이를 방목하다시피 학교에 보냈지만, 이지매로 여겨질 일을 겪은 일이 없다.

일본의 초·중·고에서는 선생님이 학생에게 존댓말을 쓰며, 체벌이 없다. 칭찬이 일상화되어 있어 좀 낯간지러운 면도 없지 않지만, 학생을 인격적으로 대하는 면에서는 우리보다 좋아 보였다. 하지만 한편으로는 너무 격식에 치우친 것 같아 쓸쓸했던 측면도 없지 않다. 선생이나 교직원들 모두 속마음을 내놓고 행동하는 경우가 거의 없으니.

일본의 교육이 우리보다 확실히 좋은 것이 있다면, 실습을 등한시하지 않는다는 점이다. 아이들이 한국에 돌아와서 하는 말, 음악, 미술, 체육 등의 과목이 웃기는 짬뽕이란다. 음악시간이나 미술시간에는 악기 연주나 그림 그리는 시간보다는 문제지와 답을 맞히는 이론공부에 치중하며, 체육시간에는 오래 매달리기 횟수나 파트너와 배드민턴 콕 몇 번 주고받았는가를 가지고 점수를 매긴단다.

일본에서 나는 아이들의 실기과목 뒷바라지하느라 귀찮을 정도였다(아내는 큰아이 학업관계로 한국에 남아 있다 나중에 합류했다). 두 아이 학부모간담회 참석하랴, 준비물 전달하랴 하루에도 몇 번씩 학교를 방문하는 날도 많았으며, 수영복 구해 주랴, 농구공 사 주랴, 악기 빌려 주랴, 그림도구 구해 주랴 이리저리 뛰어다녔다.

학생들은 거의 매일 아침 전교생이 넓은 학교 울타리 외곽을 반바지와 반팔셔츠를 입고 몇 바퀴씩 돈다. 여학생이라고 봐주지 않으며, 학생들도 꾀병을 부리지 않는다. 가을운동회 행사는 일사불란함이 마치 제식훈련장 같다. 그런 환경에서 생활했던 아이들이 한국의 모교에 복귀한 처음 반응은 '시시하다'였다. 가을 체육대회 날에는 학생들이 하루 종일 스탠드에 앉아서 선수학생들의 경기관람만 했다고 투덜댔다.

＊ ＊ ＊

'제2의 고향'이라면 지나치지만, 일본은 추억 속 고향의 아스라함과 포근함이 느껴지는 곳이다. 1년 남짓 머물렀던 쿠나다치(国立) 생활 외에도 매년 두어 번은 동경 지역을 방문했고 둘도 없는 친구 호소카와(細川幸一) 가족을 만났다.

불행히도 2011년 3월 11일 지진과 쓰나미라는 대재앙이 일본 동북부 지역에 불어닥쳤고, 뒤이은 후쿠시마 원전사고로 일본 전체가 큰 충격을 받았다. 호소카와 친구는 위로의 말을 전하기

도 전에 "가족 중에는 큰 피해가 없지만 지인들이 실종하거나 다
쳤다. 하지만 걱정하지 말라"는 메일을 먼저 보내왔다.

다행히 예상보다 빠른 경제적 재건이 되고 있지만, 그때의 재
앙과 충격에 따른 마음의 상처가 잘 회복되기를 기도한다.

작금의 재벌문제, 어떻게 봐야 하나

삼성전자와 현대자동차와 같은 우리나라 대기업들의 글로벌 활약에도 불구하고 재벌들의 탐욕에 가까운 문제들로 세상이 시끄럽다. 깊어지는 경제력 집중과 성장 과실의 독식, 이에 더하여 연이은 총수들의 비리와 사회적 책임 회피, 공생발전 의지 미약 등의 문제들이 언론의 초점을 받고 있는 것이다.

이러한 분위기에 편승하여 재벌을 개혁해야 한다는 목소리가 높아지고 있다.

정치권에서 북을 두드리고 여러 분야에서 장단을 맞추거나 따라가는 형국인데, 어떤 상황인지 알려 달라.

정치권 중 여권에서는 '대기업들이 출자총액제한제도 폐지를 악용했다', '재벌 개혁 없이 선진화는 불가능하다'는 반재벌 정서를 보이고 있고, 야당에서도 재벌문제를 재벌개혁이란 이름으로 정치공세의 단골 메뉴로 활용하고 있는 듯하다.

보수적 관점을 주도해 온 조선일보에서조차 '자본주의 4.0' 기

획시리즈 기사를 통해 재벌과 대기업의 불공정한 시장관행을 질타할 정도이다.

❓ **그러한 분위기 속에서 정치권을 중심으로 다양한 대응카드가 봇물을 이루고 있는 형국으로 보인다.**

🎤 여당인 한나라당에서는 상속증여세와 연기금의 주주권을 강화하자는 방안을 내고 있고, 민주당에서는 '재벌개혁과 경제민주화' 문구를 당의강령에 포함해야 한다는 주장까지 나오고 있다. 실제로 국회에는 10여 건의 대기업 규제 법안이 제출되어 있다.

뿐만 아니라 청와대에서도 지난 8.15 대통령 경축사에서 '대 · 중소기업 동반성장'과 '성장 혜택의 고른 확산'을 통해 재벌문제의 해소를 강조했다.

4.11총선을 앞두고는 공정거래법 개정을 통해 재벌의 사익추구나 일감몰아주기, 하도급 꺾기 관행을 근절하겠다는 공약도 발표되고 있다. 일부 야권에서는 재벌세를 신설하고 출자총액제한제도를 도입하겠다고도 한다.

❓ **재벌문제와 관련해서 다양한 측면들이 논란거리가 되고 있는데, 몇 가지로 구분해서 알기 쉽게 소개해 달라.**

🎤 재벌문제에 관련된 작금의 쟁점은 크게 네 가지로 나눠진다.

첫 번째는 근래 수년 동안 경제력집중이 극심하게 되어 왔는데 재벌이 그러한 양극화의 주된 원인이 되고 있다는 것이다. 실제로 자료를 보니, 30대 재벌의 계열 회사 수가 2006년에 500여 개였었는데 올해 4월 말에는 1천 개가 넘었다고 한다. 우리나라 국민생산에서 차지하는 10대 재벌의 자산비중이 75.6%나 되고, 주식시장 시가총액의 절반이 재벌이라고 하니 과히 재벌공화국이라고 할 만도 하다.

두 번째는 재벌들이 무분별한 사업 확장으로 중소기업이나 영세사업의 많은 영역을 침투해가고 있다는 점이다. 이마트피자나 통큰치킨의 골목상권 침범 논란뿐 아니라, 파리바게뜨의 중소빵집 접수와 대기업 슈퍼마켓들(SSM)의 지네발식 구멍가게 싹쓸이는 이미 과거지사이다. 얼마 전에는 재벌의 경영권을 3세에 넘겨주기 위한 방편으로 MRO와 같은 계열사에 일감 몰아주기가 문제가 됐다. 또 최근에는 재벌 오너의 딸들이 제과나 제빵, 그리고 커피전문점 사업에 진출하는 것에 대한 여론의 따가운 질책이 있었다.

그 와중에서 계열사 간 부당한 내부거래로 승계자금을 확보했다는 의혹과 불법 증여와 탈세문제가 부각되기도 했다.

? 명쾌한 관점으로 보인다. 세 번째와 네 번째의 쟁점은 무엇인가?

세 번째는 정부와 정치권의 직간접적인 압력에도 불구하고 재벌들의 이른바 동반성장이나 공생발전의 의지가 매우 약하다는 점이다. 중소기업의 기술과 인력을 빼가고, 무조건의 납품단가 인하를 요구할 뿐 아니라 유통채널 과정에서 손쉽게 폭리를 취하는 관행이 여론의 질타를 받고 있다.

내가 일하는 연구소에서 조사해 보니 우리 국민들 역시 중소기업과의 공생발전에 대한 재벌의 의지가 매우 낮은 것으로 인식하고 있었다(긍정평가는 17.6%에 불과했다). 사실 지금과 같은 '갑을관계'로 대표되는 수직적 거래관계로는 상생이나 공생발전이 불가능하며, 선진 경제로의 진입에도 애로가 많을 수밖에 없다.

마지막으로, 재벌들의 도덕성과 사회적 책임 회피에 관한 문제이다. 부산 영도 주민들이 몸살을 앓았던 한진중공업 사태에서 재벌총수의 흑자 정리해고 문제와 모 대기업총수 자녀의 초호화 황제결혼식, 대기업임원의 지나치게 높은 임금수준 등이 논란을 비껴가시 못했다.

❓ 국민들의 재벌 바라보기는 매우 경제적 식견과 인내력이 필요할 듯하다. 하지만 일반 국민들도 재벌에 대해 다양한 생각들이 있을 수 있고 또 어떤 자리에서나 재벌 애기들을 많이 하는 것 같다. 재벌에 대한 국민들의 관심도랄까……. 인식수준을 알려 달라.

🎤 설문이란 형식으로 물어보니 재벌이나 대기업에 대한 국민들의 관심이 예상외로 높았다. 우리 연구소에서 지난해 8월 하순과 올 초에 전국의 성인남녀 3천여 명을 대상으로 두 차례 전화 설문조사를 해 봤다. 국민들의 반응은 뜨거웠다. 대기업들의 계열회사 일감 몰아주기나 재벌총수의 경영권 승계를 강하게 질타했고, 중소기업들과의 동반성장 의지도 매우 낮다고 평가해 줬다. 한편으론 국가발전과 일자리 창출에 기여한 재벌이나 대기업의 공헌을 상당 부분 인정하고 있었다.

인상적인 결과는, 요즘 언론이나 정치권의 목소리와 같은 과히 혁명적 재벌개혁을 국민들이 원하지는 않는다는 것이다. 조사 결과 한국형 재벌경영 구조에 부정적 평가가 69.0%로 높았지만, 현 체제를 유지하되 문제점을 보완하자(75.1%)는 의견이 해체해야 한다(12.8%)는 경우보다 훨씬 높았다.

❓ 그렇다면, 문제해결 방법에 대한 당신의 생각은 어떤가?

🎤 내 생각을 정리하기 전에 설문조사 결과로 일반 국민의 재벌문제 대응 관점을 판단해 보면, 혁명적 변화보다는 현상 속에서의 혁신이라고 보는 것이 옳다고 생각된다.

이러한 여론을 감안하지 않더라도 **재벌에 대한 나의 생각은 분명하다. 재벌체제 해체와 같은 극단적 정치구호보다는 시장 중심의 발전적 재벌문제 해결을 지향해야 한다고 본다.** 단, 감세나 고환율, 출총제 폐지 등과 같은 현 정부의 친기업 정책에 대한 객관적이고 냉정한 평가가 필히 선행돼야 할 것이다.

❓ 그러한 재벌문제 해결 방향에서 구체적인 생각을 피력해 본다면?

🎤 무엇보다도 기존의 법제도가 잘 지켜지는 것이 중요하다. 재벌이나 대기업들이 공정거래법이나 금융과 조세에 관한 법들을 준수토록 하고, 위반 시에는 법에 따른 엄정한 처벌이 뒤따라야 한다. 당사자인 기업들 책임이 우선이지만 법의 집행은 공정거래위원회와 금융위원회, 금융감독원이나 국세청과 같은 정부기관들

과 사법부의 책임이다.

국민들이 재벌총수나 재벌가 하면 미결수 지강헌이 남긴 유전무죄무전유죄를 떠올리거나 대마불사라는 시니컬한 표현을 한다면 우리나라의 법치주의가 매우 취약하다고 봐야 될 것이다.

❓ 앞에서 살펴본 여러 재벌문제들에 대해 이미 다양한 해법들이 제시되고 있지 않나?

🎤 맞다. 예컨대 일감 몰아주기 문제에 대해서는 시행 중인 중소기업적합업종에 유통 등 서비스 업종을 추가적으로 지정하는 방안이 동반성장위원회에서 추진 중이다. 또한 상속과 증여세를 부과해서 계열사 간 내부거래를 규제하는 방안도 정치권에서 논의하고 있다.

오랫동안 논란이 되어 온 순환출자를 통한 재벌의 몸집불리기에 대해서는 현 정부에서 해제한 출총제를 부활하여 순환출자의 악습 고리를 단절해야 한다는 주장도 사회 저변의 호응을 얻고 있다. 국민연금과 같은 연기금의 주주권 행사 활성화를 통해 무소불위 재벌행태를 견제하고 감시해야 한다는 견해도 대안의 하나로 제시되고 있다.

그 밖에도 골목상권이나 전통적 소규모 자영업종에 대기업들이 진입하지 못하게 하자. 중소기업 고유업종제를 부활하고 강화하자. 징벌배상제도를 입법해서 대기업의 기술탈취나 인력 빼가기를 엄단하자 등등 수많은 대책들이 나오고 있다.

 그러한 대책들이 모두 이행된다면 재벌문제가 해결되나? 어떤 정책이든지 그로 인해 득이 되는 측면과 해가 되는 측면이 있다는 점을 간과해선 안 된다. 바람직한 정부의 역할에 대해 한 말씀 해 달라.

나 역시 이러한 대책들의 필요성에 공감하지만 근본적인 해결책은 아니라고 본다. 예컨대 선거를 앞두고 특히 야권에서 내세우는 '출총제 부활' 문제에는 신중해야 한다. 출총제 부활에 따른 기업의 경영활동 제약이 국가적 손실을 초래할 수도 있기 때문이다.

무엇보다도, 상생의 사회적 관행과 문화가 정착돼야 한다. 대기업과 중소기업 간의 신뢰구축이 우선이다. 모 재벌의 '협력업체 글로벌 강소기업 육성 프로그램'과 같은 시장 중심의 동반성장 문화 확산도 바람직하다.

정부가 할 수 있는 일이라면, 기술의 공동개발에 자금을 지원하거나 우수사례를 선정해서 포상하고 홍보해 주는 것, 그리고 사회적 공헌활동을 많이 하는 모범적 기업에 세제 혜택과 같은 일정한 인센티브를 주는 등의 일일 것이다. 물론 앞서도 강조했듯이 현행법을 엄정히 집행함으로써 재벌의 불공정한 행위를 억제해야 할 것이다. 재벌총수나 대기업 CEO들이 사회적 책임을 다하는지의 문제는 정부보다 국민들이 더 잘 안다.

❓ 여론의 뭇매가 부담스러웠겠지만 최근에 들어와서는 재벌이나 대기업의 불공정거래 관행이 조금씩 바뀌고 있는 듯하다.

🎤 맞다. 2차, 3차 협력사까지의 영향은 약하지만 대부분의 대기업이 어음 대신 현금으로 결제하고 있고, 대기업들이 자진해서 MRO사업을 포기하고 있다.(비록 여론에 떠밀린 것이긴 하지만) 재벌가 딸들의 제빵·커피전문점 사업 포기도 그러한 맥락으로 보여진다. 중소상공인들을 말을 들어 보면 무리한 납품단가 인하 요구도 상당 부분 줄어들었다고 한다.

모 재벌총수의 올림픽유치활동이나 거액 기부 발표, 모 재벌가 정치인의 사재출연 등 최근 재벌의 사회적 책임 분담 움직임에 우호적인 여론도 있는 것 같다.

한편으로, 후진적 정치가 세계적 기업들의 발목을 잡는다는 시각도 만만치 않다. 일부 정치권과 급진적 매체들이 상대의 실정을 부각시키기 위해 재벌문제를 악용한다는 견해도 무시할 수 없다. 정부와 재계 간 힘겨루기로 국민만 피해 본다는 부정적 인식도 우려되는 상황이다.

❓ **짧은 시간 동안 재벌문제에 관해 많은 것을 살펴봤다. 논의를 정리해 달라.**

🎤 요즘과 같이 정권 말기 큰 선거를 앞두고 재벌과 정치권이 대립되는 경우가 적지 않았다. 김대중 정부 말기에 김우중 대우그룹 회장과 해외 도피 중이던 최태원 SK그룹 회장이 구속됐다. 노무현 정부 말기에도 정몽구 회장이 투옥되는 장면이 세계적인 뉴스가 되었다. 당시에는 정부의 판정승으로 보였지만 만만해 보였던 재벌문제 해결이 모두 불발된 바 있다.

요란해 보이는 이른바 재벌개혁에 대해 국민들이나 재계의 시각은 어떨까? 한마디로 큰 선거들을 앞둔 소리만 요란한 '정치적 제스처' 정도로 인식할 것이다. 정권 말기에 접어드는 현 시점에서 개혁 추진의 역량에 한계가 있을 수밖에 없다. 그렇다고 손을 놓는 것은 국민들이 부여한 정부의 책임을 방기하는 것이다.

이 시점에서 분명한 현 정권과 정부의 책무는 재벌문제 해결의 목표와 방향을 분명히 설정하고, 핵심적 개혁 포인트를 국민에게 제시해야 한다는 것이다. 확신할 수 있는 정책방안이 있다면 적극적인 홍보를 통해서라도 국민의 공감대를 이끌어야 한다. 그렇게 함으로써 얻어진 국민들의 신뢰를 토대로 2013년에 출범할 다음 정부에서 강력한 재벌개혁 드라이브를 걸어야 한다.

그렇지 않으면 또다시 소모적인 논란일 수밖에 없는 것이 재벌개혁 문제이다.

에필로그:
세상을 바꿀 행복한 소비자

소시바 북콘서트에 참석했던 지인들의 더할 나위 없이 행복한 모습들. 대한민국 소비자들이 언제나 이런 모습이면 좋겠다.

새로운 일터인 여의도연구소에서도 소비자의 시선이 중요한 일거리였다. 매일같이 쏟아지는 생활경제 문제들, 민생과 서민 대책, 경제현안과 정책과제……. 달라진 건 지향하는 타깃이 '소비자의 만족'에서 '국민의 행복'으로 옮겨진 것뿐이었다.

지난 한 해 동안 한 표의 참정권을 가진 다양한 유권자들을 행복하게 하기 위한 정책 발굴 작업을 수행했다. 수십 건의 경제현안들에 대해 숨 가쁘게 고민하고 검토하고 분석했다. 짧은 시간에 아이디어를 선점해야 하는 고비 때마다 '소비자경제 연구자'의 배경이 튼튼한 버팀목이 돼 주었다.

프롤로그에 소개했듯이 이 책은 ^{소시바}의 후속편이다. 지난 한 해 동안에 준비한 손끝의 온기가 남아 있는 글이 대부분이지만, 조화로운 책의 구성을 위해 ^{소시바}의 일부 내용도 각색해서 포함시켰다.

독자와의 효과적인 교감을 위해 심플한 생활수필(essays) 형식을 취하되 꼭 필요한 지식이나 전문적인 경제용어는 토(tips)를 달아 두었다. 읽혀야 한다는 조바심으로 독자를 유혹(!)하기 위한 에피소드를 사이사이에 배치하는 무리수까지 감행했는데 독자의 반응이 자못 궁금해진다.

시장경제의 소비자에게 하고 싶은 말이 있다. 어느 독자가 귀뜸해 준 말과 같이, 행복한 소비자는 개선의 힘을 가졌을 뿐 아니라 불만족한 상황을 실제적으로 바꾸고 적극적으로 행동하는 사람이다. 그 점을 강조하기 위해 책의 타이틀도 '세상을 바꿀 행복한 소비자'로 정했다. 불만족을 만족으로 바꿀 힘을 가진 소비자는 행복해질 수 있기 때문이다.

이제 나는 더 넓은 세상에서 시장경제의 문제들을 소비자의 시선(視線)으로 바라보고 싶다. 그래서 시장의 문제들이 적극적인 소비자의 개선 의지로 인해 해결되는 데 방향타 역할을 하고 싶다.

풍자적인 즐거움이나 풍부한 전문지식을 전해 주지 못하더라도 이 책 속의 손때 묻은 경험담들이 소비자의 권리 회복과 행복한 소비생활을 위한 토양이 되었으면 한다. 아무쪼록 이 책의 이야기들 중 몇 편이라도 독자의 공감을 얻어 그분들의 소비생활에서도 활용되기를 기대한다. 그래서 일상에서 잠자고 있는 소비자로서의 권리가 일깨워져서 세상을 바꿀 **행복한 소비자**가 되었으면 좋겠다.

이종인(李種仁)

서울대학교(임산공학·농경제학)를 졸업하고 연세대학교에서 경제학 석사, 캘리포니아주립대학교에서 부동산도시계획학 석사, 서울시립대학교에서 경제학 박사학위를 받았다.

20여 년간 한국소비자원의 정책연구실에서 연구위원, University of California(Berkeley)의 로스쿨과 동 대학의 동아시아연구소 및 히토쓰바시(一橋)대학 법학연구과에서 객원연구원, 국회 국제경쟁력강화 및 제도개선 특별위원회에서 연구원으로 일했다. 서울시립대·인하대·강원대·명지대·건국대학교 등에서 경제학과 소비자경제학을 강의했다.

지금은 재단법인 여의도연구소의 정책개발실에서 연구위원으로 일하고 있으며, 건국대학교 겸임교수로도 활동 중이다.

『법경제학』(역저, Cooter & Ulen, 2000), 『제조물책임과 제품안전성의 법경제학』(2006), 『불법행위법의 경제학』(2010), 『소비자의 시선으로 시장경제를 바라보다』(2011) 등의 저서와 법경제학과 소비자정책에 관한 다수의 논문 및 연구보고서가 있다.

이메일 jongin_lee@yahoo.com

세상을 바꿀
행복한 소비자

초판인쇄	2012년 4월 30일
초판발행	2012년 4월 30일
지은이	이종인
펴낸이	채종준
펴낸곳	한국학술정보(주)
주 소	경기도 파주시 문발동 파주출판문화정보산업단지 513-5
전 화	031)908-3181(대표)
팩 스	031)908-3189
홈페이지	http://ebook.kstudy.com
E-mail	출판사업부 publish@kstudy.com
등 록	제일산-115호(2000.6.19)
ISBN	978-89-268-3247-9 03320 (Paper Book)
	978-89-268-3248-6 08320 (e-Book)

이담 Books 는 한국학술정보(주)의 지식실용서 브랜드입니다.